U0090004

# 民國文化與文學研究文叢

初　編

李　怡 主編

## 第2冊

## 民國經濟與現代文學（上）

李　怡、布小繼　主編

國家圖書館出版品預行編目資料

民國經濟與現代文學（上）／李怡、布小繼主編 -- 初版 -- 新北市：花木蘭文化出版社，2012〔民 101〕

序 2+ 目 2+196 面；19×26 公分

（民國文化與文學研究文叢 初編；第 2 冊）

ISBN：978-986-254-879-0（精裝）

1. 政治經濟學 2. 現代文學 3. 文學評論

541.26208 101012595

**民國文化與文學研究文叢**

**初 編 第 二 冊** ISBN：978-986-254-879-0

**民國經濟與現代文學**（上）

作 者 李怡、布小繼主編

主 編 李 怡

企 劃 北京師範大學民國歷史文化與文學研究中心（籌）
四川大學民國文學暨海外漢學研究中心（籌）
現代中國文化與文學研究中心

總 編 輯 杜潔祥

印 刷 普羅文化出版廣告事業

出 版 花木蘭文化出版社

發 行 人 高小娟

聯絡地址 新北市永和區中正路五九五號七樓
電話：02-2923-1455／傳眞：02-2923-1452

網 址 http://www.huamulan.tw 信箱 sut81518@gmail.com

初 版 2012 年 9 月

定 價 初編 18 冊（精裝）新台幣 30,000 元

國家社科基金專案重點專案
「民國社會歷史與中國現代文學的研究框架」
（12AZW010）

中央高校基本科研業務費研究專項專案
「民國歷史文化框架中的中國現代文學研究」
（skgt201105）

# 《民國文化與文學研究文叢》總序

李　怡

這是一套試圖從新的角度——民國歷史文化的視角重新梳理分析中國現代文學的叢書，計劃在數年內連續推出百餘種相關主題的論述，逐漸形成關於現代中國文學的新的學術思路。爲什麼會提出這樣的設想？與最近一些年大陸中國悄然出現的「民國熱」有什麼關係？最終，我們又有怎樣的學術預期呢？

近年來大陸中國的「民國熱」折射出了諸多耐人尋味的社會心理：對於一種長期被遮蔽的歷史的好奇？市民情懷復蘇時代的小資心態？對當前社會文化秩序的厭倦與不滿？或許，就是這幾種心理的不同程度的組合？作爲生活在「民國熱」時代的我們，自然很難將自己與這些社會心理切割開來，不過，在學術自身的邏輯裡追溯，我們卻不得不指出，作爲文學史敘述的「民國」概念，無疑有著更爲深遠的歷史，擁有更爲豐富的內涵。

## 一

迄今爲止，在眾多中國現代文學史的敘述概念中，得到廣泛使用的有三種：「新文學」、「近代／現代／當代文學」、「二十世紀中國文學」。值得注意的是，這三種概念都不完全是對中國文學自身的時空存在的描繪，概括的並非近現代以來中國具體的國家與社會環境，也就是說，我們文學眞實、具體的生存基礎並沒有得到準確的描述。因此，它們的學術意義從來就伴隨著連續不絕的爭議，這些紛紜的意見有時甚至可能干擾到學科本身的穩定發展。

「新文學」是第一個得到廣泛認可的文學史概念。從 1929 年春朱自清在清華大學講授「中國新文學」、編訂《中國新文學研究綱要》到 1932 年周作人在輔仁大學講演新文學源流、出版《中國新文學的源流》，從 1933 年王哲甫出版《中國新文學運動史》到 1935 年全面總結第一個十年成就的《中國新文學大系》的隆重推出，從 1950 年 5 月中央教育部頒佈的教學大綱定名為「中國新文學史」到 1951 年 9 月王瑤出版《中國新文學史稿》(上冊)，都採用了「新文學」這一命名。此外，香港的司馬長風和臺灣的周錦先後撰寫、出版了同名的《中國新文學史》。乃至在新時期以後，雖然新的學科命名——近代文學、現代文學、當代文學——已經確定，但是以「新文學」為名創辦學會、寫作論著的現象卻依然不斷地出現。

以「新」概括文學的歷史，在很大程度上來源於這一時段文學運動中的自我命名。晚清以降中國文學與中國文化的動向，往往伴隨著一系列「新」思潮、「新」概念與「新」名稱的運動，如梁啓超提出「新民說」、「新史學」、「新學」，文學則逐步出現了「新學詩」、「新體詩」、「新派詩」、「新民體」、「新文體」、「新小說」、「新劇」等。可以說，鴉片戰爭以後的中國進入了一個「求新逐異」的時代，「新」的魅力、「新」的氛圍和「新」的思維都前所未有地得到擴張，及至五四時期，「新文學運動」與「新文化運動」轟然登場，「新文學」作為文學現象進入讀者和批評界的視野，並成為文學史敘述的基本概念，顯然已是大勢所趨。《青年雜誌》創刊號有文章明確提出：「夫有是非而無新舊，本天下之至言也。然天下之是非，方演進而無定律，則不得不假新舊之名以標其幟。夫既有是非新舊則不能無爭，是非不明，新舊未決，其爭亦未已。」〔註 1〕今天，學界質疑「新文學」的「新」將其他文學現象排除在外了，以至現代的文學史殘缺不全。其實，任何一種文學史的敘述都是收容與排除並舉的，或者說，有特別的收容，就必然有特別的排除，這才是文學研究的基本「立場」。沒有對現代白話的文學傳統的特別關注和挖掘，又如何能體現中國文學近百年來的發展與變化呢？「新」的侷限不在於排除了「舊」，而在於它能否最準確地反映這一類文學的根本特點。

對於「新文學」敘述而言，真正嚴重的問題是，這一看似當然的命名其實無法改變概念本身的感性本質：所謂「新」，總是相對於「舊」而言，而在不斷演變的歷史長河中，新與舊的比照卻從來沒有一個確定不移的標準。從古文經學、荊公新學到清末西學，「新學」在中國學術史上的內涵不斷變化，「新文學」亦然。晚清以降的文學，時間不長卻「新」路不定，至「五四」已今非昔比，「新」能夠在多大的範圍內、在多長的時間中確定「文學」的性質，實在是一個不容

〔註 1〕汪叔潛：《新舊問題》，《青年雜誌》1915 年第 1 卷第 1 號。

忽視的學術難題。我們可以從外來文化與文學的角度認定五四白話文學的「新」，像許多新文學史描述的那樣；也可以在中國文學歷史中尋覓「新」的元素，以「舊」爲「新」，像周作人的《中國新文學的源流》那樣。但這樣一來，反而昭示了「新」的不確定性，爲他人的質疑和詬病留下了把柄。誠如錢基博所言：「十數年來，始之以非聖反古以爲新，繼之歐化國語以爲新，今則又學古以爲新矣。人情喜新，亦復好古，十年非久，如是循環；知與不知，俱爲此『時代洪流』疾卷以去，空餘戲狎懺悔之詞也。」〔註2〕

更何況，中國文學的「新」歷史肯定會在很長時間中推進下去，未來還將發生怎樣的變動？其革故鼎新的浪潮未必不會超越晚清－五四一代。屆時，我們當何以爲「新」，「新文學」又該怎麼延續？這樣的學術詰問恐怕不能算是空穴來風吧。

「新」的感性本質期待我們以更嚴格、更確定的「時代意義」來加以定義。「現代」概念的出現以及後來更爲明確的近代／現代／當代的劃分似乎就是一種定義「意義」的方向。

「現代」與「近代」都不是漢語固有的語彙，傳統中國文獻如佛經曾經用「現在」來表示當前的時間（《俱舍論》有云：「若已生而未已滅名現在」）。以「近代」、「現代」翻譯英文的 modern 源自日本，「近代」、「現代」係日文對 modern 的經典譯文。「現代」在一開始使用較少，但至遲在 20 世紀初的中國文字中也開始零星使用，如梁啓超 1902 年的《新民說》。〔註3〕只是在當時，modern 既譯作「現代」與「近代」，也譯作「摩登」、「時髦」、「近世」等。直到 30 年代以後，「現代」一詞才得以普遍使用，此前即便作爲時間性的指稱，使用起來也充滿了隨意性。「近代」進入文學史敘述以 1929 年陳子展的《中國近代文學之變遷》爲早，「現代」進入文學史敘述則以 1933 年錢基博的《現代中國文學史》爲先，但他們依然是在一般的時間概念上加以模糊認定。尤其是錢基博，他的「現代」命名就是爲了掩蓋更具有社會歷史內涵的「民國」：「吾書之所爲題『現代』，詳於民國以來而略推跡往古者，此物此誌也。然不

〔註2〕錢基博：《現代中國文學史》，長沙：嶽麓書社，1986 年，第 506 頁。

〔註3〕《新民說》有云：「凡此皆現代各國之主動力也，而一皆自條頓人發之成之，是條頓人不啻全世界動力之主人翁也。」參見《梁啓超全集》第 2 冊，北京：北京出版社，1999 年，第 658、659 頁。關於日文中「近代」、「現代」一詞的來源及使用情況可以參見柳父章：《翻譯語成立事情》，日本岩波書店 1982 年 4 月出版。

題『民國』而曰『現代』，何也？曰：維我民國，肇造日淺，而一時所推文學家者，皆早嶄露頭角於讓清之末年，甚者遺老自居，不願奉民國之正朔；寧可以民國概之？」〔註 4〕也就是說，像「民國」這樣直接指向國家與社會內涵的文學史「意義」，恰恰是作者要刻意迴避的。

在「現代」、「近代」的概念中追尋特定的歷史文化意義始於思想界。1915 年，《青年雜誌》創刊號一氣刊登了陳獨秀兩篇介紹西方近現代思想文化的文章：《法蘭西人與近世文明》和《現代文明史》，「近代（近世）」與「現代」同時成爲對西方思想文化的概括。《青年雜誌》〔註 5〕後來又陸續推出了高一涵的《近世國家觀念與古相異之概略》（第 1 卷第 2 號）和《近世三大政治思想之變遷》（第 4 卷第 1 號）、劉叔雅的《近世思想中之科學精神》（第 1 卷第 3 號）、陳獨秀的《孔子之道與現代社會》（第 2 卷第 4 號）和《近代西洋教育》（第 3 卷第 5 號）、李大釗的《唯物史觀在現代歷史學上的價値》（第 8 卷第 4 號）。《新潮》則刊發了何思源的《近世哲學的新方法》（第 2 卷第 1 號）、羅家倫的《近代西洋思想自由的進化》（第 2 卷第 2 號）、譚鳴謙的《現代民治主義的精神》（第 2 卷第 3 號）等。1949 年以後，大陸中國文學研究界找到了清晰辨析近代／現代／當代的辦法，更是確定了這幾個概念背後的歷史文化內涵，其根據就是由史達林親自審查、聯共（布）中央審定、聯共（布）中央特設委員會編的《聯共（布）黨史簡明教程》和由蘇聯史學家集體編著的多卷本的《世界通史》。《聯共（布）黨史簡明教程》於 1938 年在蘇聯出版，它先後用 67 種文字出版 301 次，是蘇聯圖書出版史上印數最多的出版物之一。就在蘇聯正式出版此書的二三個月後，該書的第七章和結束語就被譯成中文在《解放》上發表，隨後不久，在中國就出現了 4 種不同的中文譯本：由博古任總校閱、中國出版社 1939 年 2 月出版的「重慶譯本」，由吳清友翻譯、上海啓明社 1939 年 5 月出版的「上海譯本」，由蘇聯外文出版局主持翻譯和出版、任弼時等人擔任實際翻譯工作的「莫斯科譯本」，以及解放社於 1939 年 5 月出版的「延安譯本」。「上海譯本」多流行於上海和新四軍活動區域，陝甘寧邊區和華北各抗日根據地擁有「莫斯科譯本」與「延安譯本」，大後方各省同時流行「重慶譯本」與「莫斯科譯本」（見歐陽軍喜《論抗戰時期〈聯

〔註 4〕錢基博：《現代中國文學史》，第 9 頁。

〔註 5〕1916 年 9 月第 2 卷第 1 號起，《青年雜誌》改名爲《新青年》，文中爲了表述連貫，不作明確指出。

共（布）黨史簡明教程〉在中國的傳播及其對中國共產黨宣傳工作的影響》，載《黨史研究與教學》2008 年第 2 期）。早在延安時代，《簡明教程》就被列入「幹部必讀」書，建國之後，《簡明教程》中的三章加上「結束語」曾被指定爲廣大幹部學習的基本教材，在中國自己編寫的「國際共運史」教材面世之前，它也是高校馬列主義基礎課程的通用教材，直接參與構築了新中國教育的基本歷史觀念。作爲「學科」的中國現當代文學就是在這樣一種歷史觀念的形成中生成的。中譯本《世界通史》第一卷最早由生活・讀書・新知三聯書店於 1959 年初版，至 1978 年出版到第八卷，第九、第十卷由吉林人民出版社分別於 1975、1978 年出版，第十一卷繼續由三聯書店於 1984 年出版，第十二、十三卷由東方出版社 1987、1990 年出版，可以說也伴隨了 1990 年代之前中國的歷史認識過程。

就這樣，馬列主義的五種社會形態進化論成爲劃分近代與現代的理論基礎，由近代到現代的演進，在蘇聯被描述爲 1640 年英國資產階級革命－十月社會主義革命的重大發展，在中國，則開始於淪爲「半殖民地半封建」的 1840 年鴉片戰爭，完成於標誌著社會主義思想傳播的「五四」。大陸中國的史學家更是在「現代」之中另闢「當代」，以彰顯社會主義與共產主義社會的到來，由此確定了中國文學近代／現代／當代的明確格局——這樣的劃分，不僅在時間分段上不再模糊，而且更具有明確的思想內涵與歷史文化質地：資產階級文學（舊民主主義革命文學）、新民主主義革命文學與社會主義文學就是近代－現代－當代文學的歷史轉換。

當然，來自蘇聯意識形態的歷史劃分與西方學術界的基本概念界定存在明顯的分歧。在西方學術界，一般是以地理大發現與資本主義經濟及社會文化的興起作爲「現代」的開端，Modern Times 一般泛指 15～16 世紀地理大發現以來的歷史，這一歷史過程一直延續到今天，並沒有近代／現代之別，即使是所謂的「當代」（Late Modern Time 或 Contemporary Time），也依然從屬於 Modern Times 的長時段。〔註 6〕「現代」的含義也不僅與「革命」相關，而且指涉一個相當久遠而深厚的歷史文化的變遷過程，並包含著歷史、哲學、

〔註 6〕代表作有阿克頓主編的 14 卷本的《康橋近代史》（*The Cambridge Modern History , Cambridge university press .1902-1912*），後來康橋大學出版社又出版了克拉克主編的 14 卷本的《新編康橋近代史》（*The New Cambridge Modern History. Cambridge university press .1957-1959*），這套著作的中文譯本於 1987 年起，由中國社會科學出版社陸續出版，名爲《新編康橋世界近代史》。

宗教等多方面的資訊。德國美學家姚斯在《美學標準及對古代與現代之爭的歷史反思》中考證，「現代」一詞在 10 世紀末期首次被使用，意指古羅馬帝國向基督教世界過渡時期，與古代相區別；而今天一般將之理解爲自文藝復興開始尤其是 17、18 世紀以後的社會、思想和文化的全面改變，它以工業化爲基礎，以全球化爲形式，深刻地影響了世界各民族的生存與觀念。

到了新時期，在大陸中國的國門重新向西方世界開放以後，「走向世界」的強烈渴望讓我們不再滿足於革命歷史的「現代」，但問題是，其他的「現代」知識對我們而言又相當陌生，難怪汪暉曾就何謂「現代」向唐弢先生鄭重求教，而作爲學科泰斗的導師也只是回答說，這是一個「很複雜」的問題。〔註 7〕1990 年代，中國學術界開始惡補「現代」課，從西方思想界直接輸入了系統而豐富的「現代性知識」，這個「與世界接軌」的具有思想深度的知識結構由此散發出了前所未有的魅力。正是在「現代性知識」體系中，對現代、現代性、現代化、現代主義的辨析達到了如此的深入和細緻，對文學的觀照似乎也獲得了令人激動不已的效果和不可估量的廣闊前程，中國現代文學史至此有望成爲名副其實的「現代性」或「現代學」意義上的文學史敘述。

應當承認，1990 年代對「現代」知識的重新認定，的確爲我們的文學史研究找到了一個更具有整合能力的闡釋平臺。例如，藉助福柯式的知識考古，我們固有的種種「現代」概念和思想得到了清理，現代、現代性、現代化這些或零散或隨意或飄忽的認識，都第一次被納入一個完整清晰的系統，並且尋找到了在人類精神發展流程裡的準確位置。最近 10 年，「現代性」既是中國理論界所有譯文的中心語彙，也幾乎就是所有現當代文學史研究的話語支撐點。

但是，從另一角度來看，我們的「現代」史學之路卻難以掩飾其中的尷尬。無論是蘇聯的革命史「現代」概念還是今日西方學界的「現代」新知，它們的闡釋功效均更多地得力於異域的理論視野與理論邏輯，列寧與史達林如此，吉登斯、哈貝馬斯與福柯亦然。問題是，中國作家的主體經驗究竟在哪裡？中國作家背後的中國社會與歷史的獨特意義又何在？在革命史「現代」觀中，蘇聯的文學經驗、所謂的「現實主義」道路成爲金科玉律，只有最大程度地符合了這些「他者」的經驗才可能獲得文學史的肯定，這被後來稱爲

〔註 7〕汪暉：《我們如何成爲「現代的」？》，《中國現代文學研究叢刊》1996 年第 1 期。

「左」的思想的教訓其實就是失去了中國主體經驗的惡果。同樣，在最近 10 餘年的文學史研究中，鮮活的現代中國的文學體驗也一再被納入到全球資本主義時代的共同命題中，兩種現代性、民族國家理論、公共空間理論、第三世界文化理論、後殖民批判理論……大清帝國的黃昏與異域的共和國的早晨相遇了，兩個不同國度的感受能否替換？文學的需要是否就能殊途同歸？他者的理論是否真讓我們一勞永逸？中國文學的現代之路會不會自成一格？有趣的甚至還有如下的事實：在 90 年代初期，恰恰也是其中的一些理論（現代性質疑理論）導致我們對現代文學存在價值的懷疑和否定，而到了 90 年代中後期，當外來的理論本身也發生分歧與衝突的時候（如哈貝馬斯對現代性的肯定），我們竟又神奇地獲得了鼓勵，重新「追隨」西方理論挖掘中國文學的「現代性價值」——中國文學的意義竟然就是這樣的脆弱和動搖，只能依靠西方的「現代」理論加以確定？

除了這些異域的「現代」理論，我們的文學史家就沒有屬於自己的東西嗎？如我們的心靈，我們的感受，能夠容納我們生命需要的漢語能力。

現代，在何種意義上還能繼續成爲我們的文學史概念？沒有了這一通行的「世界」術語，我們還能夠表達自己嗎？

問題的嚴重性似乎不在於我們能否在歷史的描述中繼續使用「現代」（包括與之關聯的「近代」、「當代」等概念），而是類似的辭彙的確已被層層疊疊的「他者」的資訊所塗抹甚至污染，在固有的中國現代文學史敘述框架內，我們怎樣才能做到全身而退，通達我們思想的自由領地？

中國有「文學史」始於清末的林傳甲、黃摩西，隨著文學史寫作的持續展開，尤其是到了 1949 年以後，「現代」被單獨列出，不再從屬於「中國文學史」，這彷彿包含了一種暗示：「現代」是異樣的、外來的，不必納入「中國文學」固有的敘述程式。

「二十世紀中國文學」是中國文學研究界學術自覺，努力排除蘇聯「革命」史觀影響，尋求文學自身規律的產物。正如論者當年意識到的那樣：「以前的文學史分期是從社會政治史直接類比過來的。拿『近代文學史』來說，從一八四〇年鴉片戰爭到一八九八年戊戌變法，半個多世紀裡頭，幾乎沒有什麼文學，或者說文學沒有什麼根本的變化。……政治和文學的發展很不平衡。還是要從東西方文化的撞擊，從文學的現代化，從中國人『出而參與世界的文藝之業』，從文學本身的發展規律，從這樣的一些角度來看文學史，才比較準確。」「『二十世紀中國文學』這一概念首先意味著文學史從社會政治史的簡單比附中獨立出來，意味著把文學自身發生發展的階段完整性作爲研究的主要對象。」〔註 8〕這樣的歷史架構顯然具有重大的學術價值，「二十世紀中國文學」直到今天依然是影響最大的文學史理念，然而，它也存在著難以克服的一些問題。姑且不論「二十世紀」這一業已結束的時間概念能否繼續涵蓋一個新世紀的歷史情形，而「新世紀」是否又具有與「舊世紀」迥然不同的特徵，即便是這種歷史概括所依賴的基本觀念——文學的世界性、整體性與「現代化」，其實也和文學的「現代」史觀一樣，在今天恰恰就是爭論的焦點。

「二十世紀」作爲一個時間概念也曾被國外史家徵用，但是正如當年中國學者已經意識到的那樣，外人常常是在「純物理時間」的意義上加以使用，相反，「二十世紀中國文學」更願意準確地呈現文學自身的性質。〔註 9〕這樣一來，「二十世紀」的概念也同我們曾經有過的「現代」一樣，實際上已由時間性指稱轉換爲意義性指稱。那麼，構成它們內在意義的是什麼呢？是文學的世界性、整體性與「現代化」——這些取諸世界歷史總體進程的「元素」，它們在何種程度上推動了我們文學的發展，又在多大的程度上掩蓋了我們固有的人生與藝術理想，都是大可討論的。例如，面對同樣一個「世界」的背景，是遭遇了「世界性」還是我們自己開闢了「世界性」，這裡就有完全不同的文學感受；再如，將「二十世紀」看作一個「整體」，我們可能注意到「五四」與「新時期」在「現代化」方向上的一致：「我是從搞新時期文學入手的，慢慢地發現好多文學現象跟『五四』時期非常相像，幾乎是某種『重複』。比如，『問題小說』的討論，連術語都完全一致。我考慮比較多的是美感意識的問題。『傷痕』文學裡頭有一種很濃郁的感傷情緒，非常像『五四』時期的浪漫主義思潮，我把它叫作歷史青春期的美感情緒。」「魯迅對現代小說形式的問題很早就提出一些精彩的見解。我就感覺到當代文學提出的很多問題並不是什麼新鮮問題。」〔註 10〕但是，這樣的「整體性」的相似只是問題的一方面，認眞區分起來，「五四」與「新時期」其實更有著一系列重要的分歧。文

〔註 8〕黄子平、陳平原、錢理群：《二十世紀中國文學三人談》，北京：人民文學出版社，1988 年，第 36 頁、25 頁。

〔註 9〕黄子平、陳平原、錢理群：《二十世紀中國文學三人談》，第 39 頁。

〔註 10〕黄子平、陳平原、錢理群：《二十世紀中國文學三人談》，第 29～30、31 頁。

學的意義恰恰就是建立在細節的甄別上，上述細節的差異不是可有可無的，它們標識的正是文學本身的「形態」的差別，既然「形態」已大不相同，那麼粘合的「整體」的也就失去了堅實的基礎。

更有甚者，雖然已被賦予一系列「現代性」的意義指向，「二十世紀」卻又無法終結人們對它的「時間」指稱。新的問題由此產生：人們完全可能藉助這樣的「時間」框架，重新賦予不同的意義，由此在總體上形成了「二十世紀」指義的複雜和含混。在 80 年代，「二十世紀中國文學」的提出者是以晚清的「新派」文學作爲「現代性」的起點，努力尋找五四文學精神的晚清前提與基礎，但是近年來，我們卻不無尷尬地發現美國漢學界已另起爐竈，竭力發掘被五四文學所「壓抑」的其他文學源流。結果並不是簡單擴大了文學的源頭，讓多元的聲音百家爭鳴，而是我們從此不得不面對一個彼此很難整合的現代文學格局，在晚清的世俗情欲與「五四」的文化啓蒙之間，矛盾的力量究竟是怎樣被「整合」的？如果說，「五四」的文化啓蒙壓抑了晚清的世俗情欲，而後者在中國其實已有很長的歷史流變過程，那麼，這樣壓抑／被壓抑雙方的歷史整合就變得頗爲怪異，而「五四」、二十世紀作爲文學「新質」的特殊意義也就不復存在，我們曾引以自豪的新文學的寶貴傳統可能就此動搖和模糊不清。難道，一個以文學闡釋的「整體性」爲己任的學術追求至此完成了自我的解構？

我們必須認眞面對「二十世紀中國文學」這一概念，包括其並未消失的價値和已經浮現的侷限。

## 二

我們對近現代以來中國文學史的幾大基本概念加以檢討，其目的並不是要在現有的文學描述中將之「除名」，而是想藉此反思我們目前文學研究與文學史敘述的內在問題。「新文學」力圖抓住中國文學在本世紀的「新質」，但定位卻存在很大的模糊空間；「現代文學」努力建立關於歷史意義的完整觀念，但問題是，這些「現代」觀念在很大程度上來自異域文化，究竟怎樣確定我們自己在本世紀的生存意義，依然有太多的空白之處；「二十世紀」致力於「文學」輪廓的勾勒，但純粹的時間概念的糾纏又使得它所框定的文學屬性龐雜而混沌，意義的清晰度甚至不如「新文學」與「現代文學」。這就是說，在我們未來的文學史敘述中，有必要對「新文學」、「近代／現代／當代」、「二十世紀中國文學」等概念加以限制性的使用，盡可能突出它們揭示中國文學現象獨特性的那一面，盡力壓縮它們各自表意中的模糊空間。與此同時，更重要的是重新尋找和探測有關文學歷史的新的敘述方式，包括新的概念的選擇、新的意義範圍的確定，以及新的研究範式的嘗試等。

「新文學」作爲對近百年來白話文學約定俗成的稱謂，繼續使用無妨，且無須承擔爲其他文學樣式（如舊體文學）騰挪空間的道德責任，但未來的文學發展又將如何刷「新」，新的文學現象將怎樣由「新」而出，我們必須保留必要的思想準備與概念準備；「現代」則需要重新加以清理和認定，與其將西方資本主義文化的種種邏輯作爲衡量「現代性」的基礎，還不如在一個更寬泛的角度認定「現代」：中華帝國結束自我中心的幻覺，被迫與其他世界對話的特殊過程，直接影響了中國人與中國作家的人生觀與自我意識，催生了一種區別於中國古代文學的「現代」樣式。這種「現代」受惠與受制於異域的「現代」命題尤其是西方資本主義的命題，但又與異域的心態頗多區別，我們完全不必將西方的「現代」或「現代性」本質化，並作爲估價中國文學的尺度。異域的「現代」景觀僅僅是我們重新認識中國現象的比照之物，也就是說，對於「現代」的闡述，重點不應是異域（西方）的理念，而是這一過程之中中國「物質環境」與「精神生態」的諸多豐富形態與複雜結構。作爲一個寬泛性的「過程」概念的指稱，我們使用側重於特殊時間含義的「現代文學」，而將文學精神內涵的分析交給更複雜、更多樣的歷史文化分析，以其他方式確立「意義」似乎更爲可行；「二十世紀」是中國文學新的「現代」樣式孕育、誕生和發展壯大的關鍵時期，因爲精神現象發生的微妙與複雜，這種時間性的斷代對文學本身的特殊樣式而言也不無模糊性，而且其間文學傳統的流變也務必單純和統一，因此，它最適合於充當技術性的時間指稱而非某種文學「本質」的概括。

這樣一來，我們似乎有可能獲得這樣的機會：將已粘著於這些概念之上的「意義的斑駁」儘量剔除，與其藉助它們繼續認定中國文學的「性質」，不如在盡力排除「他者」概念干擾的基礎上另闢蹊徑，通過對近現代以來中國文學發生與發展歷史情景的細緻梳理來加以全新的定義。

一個民族和國家的文學歷史的敘述，所依賴的巨大背景肯定是這一國家歷史的種種具體的歷史情景，包括國家政治的情狀、社會體制的細則、生存方式的細節、精神活動的詳情等等，總之，這種種的細節，它來自於歷史事實的「還原」而不是抽象的理論概括。國家是我們生存的政治構架，在中國式的生存中，政治構架往往起著至關緊要的作用，影響及每個人最重要的生存環境和人生環節，也是文學存在的最堅實的背景；在國家政治的大框架中又形成了社會歷史發展的種種具體的情態：這是每個個體的具體生存環境，是文學關懷和觀照的基本場景，也是作爲精神現象的文學創造的基礎和動力。

從文學生存的社會歷史文化角度加以研究，並注意到其中「國家政治」與「社會背景」的重要作用，絕非始於今日。在「以階級鬥爭爲綱」的年代，就格外強調社會歷史批評的價值，新時期以後，則有「文化角度」研究的興起，90 年代至今，更是「文化批評」或「文化研究」的盛行。不過，強調「國家歷史情態」與這些研究都有很大的不同，它是屬於我們今天應當特別加強的學術方式。

傳統的社會歷史批評以國家政治爲唯一的闡釋中心，從根本上抹殺了文學自身的獨立性。在新時期，從「文化角度」研究文學就是要打破政治角度的壟斷性，正如「二十世紀中國文學」倡導者所提出的「走出文學」的設想：「『走出文學』就是注重文學的外部特徵，強調文學研究與哲學、社會學、政治學、民族學、心理學、歷史學、民俗學、文化人類學、倫理學等學科的聯繫，統而言之，從文化角度，而不只是從政治角度來考察文學。」〔註 11〕這樣的研究，開啓了從不同的學科知識視角觀察文學發展的可能。「文化角度」在這裡主要意味著「通過文化看文學」。也就是說，運用組成社會文化的不同學科來分析、觀察文學的美學個性。與基於這些「文化角度」的「審美」判斷不同，90 年代至今的「文化研究」甚至打破了人們關於藝術與審美的「自主性」神話，將文學納入社會文化關係的總體版圖，重點解釋其中的文化「意味」，包括社會結構中種種階級、權力、性別與民族的關係。「文化研究」更重視文學具體而微的實際經驗，更強調對日常生活與世俗文化的分析和解剖，更關注文學在歷史文化經驗中的具體細節。這顯然更利於揭示文學的歷史文化意義，但是，「文化研究」的基本理論和模式卻有著明顯的西方背景。一般認爲，「文化研究」產生於 50 年代的英國，其先驅人物是威廉姆斯（R.Williams）與霍加特（R.Hoggart）。霍加特在 1964 年創辦的英國伯明罕當代文化研究中心是第一個正式成立的「文化研究」機構，從 80 年代開始，「文化研究」在加拿大、澳大利亞及美國等地迅速發展，至今，它幾乎已成爲一個具有全球影響的知識領域。90 年代，「文化

〔註 11〕黃子平、陳平原、錢理群：《二十世紀中國文學三人談》，第 61 頁。

研究」傳入中國後對文學批評的影響日巨，但是，中國「文化研究」的一系列主題和思路（如後殖民主義批判、文化／權力關係批判、種族與性別問題、大眾文化問題、身份政治學等等）幾乎都來自西方，而且往往是直接襲用外來的術語和邏輯，對自身文化處境獨特性的準確分析卻相當不足。〔註 12〕

突出具體的歷史情景的文學研究充分肯定國家政治的特殊意義，但又絕對尊重文學自身的獨立價值；與 80 年代「文化角度」研究相似，它也將充分調動哲學、社會學、政治學、民族學、心理學、歷史學、民俗學、文化人類學、倫理學等學科知識，但卻更強調具體國家歷史過程中的「文學」對人生遭遇「還原」；與「文化研究」相似，這裡的研究也將重點挖掘歷史文化的諸多細節，但需要致力於來自「中國體驗」的思想主題與思維路徑。

傳統的中國文學詮釋雖然沒有「社會歷史批評」這樣的概念，但卻在感受、體驗具體作家創作環境方面頗多心得，形成了所謂「知人論世」的詮釋傳統，正如章學城在《文史通義・文德》中說：「不知古人之世，不可妄論古人之辭也。知其世矣，不知古人之身處，亦不可以遽論其文也。」這都是我們今天跳出概念窠臼、返回歷史感受的重要資源。不過，中國現代文學的歷史敘述需要完成的任務可能更爲複雜，在今天，我們不僅需要爲了「知人」而「知世」，而且作爲「世」的社會歷史也不僅僅是「背景」，它本身就構成了文學發展的「結構」性力量，正是在這個意義上，我們更傾向於使用「情景」而不是「背景」；挖掘歷史的我們也不僅要以「世」釋「人」，而且要直接呈現特定條件下文學精神發展的各種內在「機理」，這些「機理」形成了中國文學的「民國機制」，文學的民國機制最終導致我們的現代文學既不是清代文學的簡單延續，也不是新中國文學的前代榜樣。

新的文學史敘述範式將努力完整地揭示近現代以來中國文學生存發展的基本環境，這種揭示要盡可能「原生態」地呈現這個國家、社會、文化和政治的各種因素，以及這些因素如何相互結合、相互作用，並形成影響我們精神生產與語言運行的「格局」，剖析它是如何決定和影響了我們的基本需求、情趣和願望。這樣的揭示，應盡力避免對既有的外來觀念形態的直接襲用——雖然我們也承認這些觀念的確對我們的生存有所衝擊和浸染，但最根本的觀念依然來自於我們所置身的社會文化格局，來自於我們在這種格局中體驗人生和感受世界的態度與方式。眾說紛紜、意義斑駁的「現代性」無法揭開

〔註 12〕參見陶東風：《社會轉型與當代知識份子》，上海：上海三聯書店，1999 年。

這些生存的「底色」。我們的新研究應返回到最樸素的關於近現代以來中國國家與社會的種種結構性元素的分析清理當中，在更多的實證性的展示中「還原」中國人與中國作家的喜怒哀樂。過去的一切解剖和闡釋並非一無是處，但它們必須重新回到最樸素的生存狀態的分析中——如中外文化的衝突、現代資本主義文化的入侵、現代民族國家的建立、現代性的批判、全球化時代的文化趨勢等。我們需要知道，這些抽象的文化觀念不是理所當然就覆蓋在中國人的思想之上的，只有在與中國人實際生存和發展緊密結合的時候，它們的意義才得以彰顯。換句話說，最終是中國人自己的最基本的生存發展需要決定了其他異域觀念的進入程度和進入方向。如果脫離中國自己的國家與社會狀況的深入分析，單純地滿足於異域觀念的演繹，那麼，即便能觸及部分現象甚至某些局部的核心，也肯定會失去研究對象的完整性，最終讓我們的研究和關於歷史的敘述不斷在抽象概念的替代和遊戲中滑行。近百年來中國文學研究的最深刻教訓即在於此。今天，是應該努力改變的時候了。

作爲生存細節的歷史情景，屬於我們的物質環境與精神追求在各個方面的自然呈現。不像「ｘｘ文化與中國現代文學」式的特定角度進行由外而內的探測（這已經成爲一種經典式的論述形式），歷史情景本身就形成了文學作爲人生現象的構成元素。如在「政治意識形態與中國文學」的研究模式中，我們論述的是這些政治觀念對中國文學的扭曲和壓抑，中國作家如何通過掙脫其影響獲得自由思想的表達，而在作爲人生現象的文學敘述中，一切國家政治都在打造著作家樸素的思想意識，他們依賴於這些政治文化提供的生存場域，又在無意識中把國家政治內化爲自己的思想構成，同時，特定條件下的反叛與抗爭也生成了思想發展的特定方向——這樣的考察，首先不是觀念的應用和演繹，而是歷史細節、生活細節的挖掘和呈現，我們無須藉「文化理論」講道理，而是對這些現象加以觀察和記錄。

國家歷史情態的意義也是豐富的，除了國家的政治形態之外，還包括社會法律形態、經濟方式、教育體制、宗教形態以及日常生活習俗以及文學的生產、傳播過程等，它們分別組成了與特定國家政治相適應的「社會結構」與「人生結構」。我們的研究，就是在「還原性」的歷史敘述中展開這些「結構」的細部，並分析它們是如何相互結合又具體影響著文學發展的。

作爲一種新的文學史敘述方式，我們應特別注意那種「還原性」的命名及其背後的深遠意義，比如「民國文學史」的概念。

1999 年，陳福康藉助史學界的概念，建議中國文學的「現代」之名不妨「退休」，代之以民國文學之謂。近年來，張福貴、湯溢澤、趙步陽、楊丹丹等人都先後提出這一新的命名問題，〔註 13〕我之所以將這樣的命名方式稱之爲「還原」式，是因爲它所指示的國家社會的概念不是外來思想的借用——包括時間的借用與意義的借用——而是中國自己的特定生存階段的眞實的稱謂，藉助這樣具體的歷史情景，我們的文學史敘述有可能展開過去所忽略的歷史細節，從而推動文學史研究的深入。

## 三

肯定「民國文學」式的還原性論述，並不僅僅著眼於文學史的概念之爭，更重要的是開啓一種新的敘述可能。國家歷史情態的諸多細節有可能在這樣的敘述中獲得前所未有的重視，從而爲百年中國文學轉換演變的複雜過程、歷史意義和文化功能提出新的解釋。

學術界曾經有一種設想：藉助「民國文學」這樣的「時間性」命名可以容納各種各樣的文學樣式，從而爲現代中國文學的宏富圖景開拓空間。這裡需要進一步思考的問題包括兩個方面：其一，「民國文學」是否就是一種單純的時間性概念？其二，文學史敘述的目標是否就是不斷擴大自己的敘述對象？顯然，以國家歷史情態爲基準的歷史命名本身就包含了十分具體的社會歷史內容，它已經大大超越了單純的「時間」稱謂。單純的時間稱謂，莫過於西元紀年，我們完全可以命名「中國文學（1911～1949）」，這種命名與「民國文學」顯然有著重大的差異。同樣，是否眞的存在這麼一種歷史敘述模式：沒有思想傾向，沒有主觀性，可以包羅萬象？正如韋勒克、沃倫所說：「不能同意認爲文學時代只是一個爲描述任何一段時間過程而使用的語言符號的那種極端唯名論觀點。極端的唯名論假定，時代的概念是把一個任意的附加物加在了一堆材料上，而

〔註 13〕參看張福貴《從意義概念返回到時間概念——關於中國現代文學的命名問題》（香港《文學世紀》2003 年第 4 期）；湯溢澤、郭彥妮《論開展「民國文學史」研究的必要性與可行性》（《當代教育理論與實踐》2010 年第 2 卷第 3 期）；湯溢澤、廖廣莉《論開展「民國文學史」研究的迫切性》（《衡陽師範學院學報》2010 年第 2 期）；趙步陽、曹千里等《「現代文學」，還是「民國文學」？》（《金陵科技學院學報》2008 年第 1 期）；張維亞、趙步陽等《民國文學遺產旅遊開發研究》（《商業經濟》2008 年第 9 期）；楊丹丹《「現代文學史」命名的追問與反思》（《長春師範學院學報》2008 年第 5 期）。

這材料實際上只是一個連續的無一定方向的流而已；這樣，擺在我們面前的就一方面是具體事件的一片渾沌，另一方面是純粹的主觀的標簽。」「文學上某一時期的歷史就在於探索從一個規範體系到另一個規範體系的變化。」〔註 14〕

在此意義上，作爲文學史概念的辨析只是問題的表面，更重要的是我們新的文學史敘述需要依託國家歷史情態，重新探討和發現近現代以來中國文學的「一個規範體系到另一個規範體系的變化」。面對日益高漲的「民國文學史」命名的呼籲，我更願意強調中國文學在民國時期的機制性力量。忽略國家歷史情態，我們對現代中國文學發展內在機理的描述往往停留在外來文化與傳統文化二元關係的層面上，而對中國現代歷史本身的構造性力量恰恰缺少足夠的挖掘；引入「民國文學機制」的視角，則有利於深入開掘這些影響——包括推動和限制——文學發展的歷史要素。

在歷史的每一個階段，文學之所以能夠出現新的精神創造與語言創造，歸根結底在於這一時期的國家歷史情態中孕育了某種「機制」，這種「機制」是特定社會文化「結構」的產物，正是它的存在推動了精神的發展和蛻變，最終撐破前一個文化傳統的「殼」脫穎而出。考察中國文學近百年來的新變，就是要抓住這些文化中形成「機制」的東西，而「機制」既不是外來思想的簡單輸入，更不是「世界歷史」的共識，它是社會文化自身在演變過程中諸多因素相互作用的最終結果。

強化文學史的國家與社會論述，自覺挖掘「文學機制」，可能對我們的研究產生三個方面的直接推動作用。

首先，從中國文學研究的中外衝撞模式中跨越出來，形成在中國社會文化自身情形中研討文學問題的新思路。百年來，中外文化衝突融合的事實造就了我們對文學的一種主要的理解方式，即努力將一切文學現象都置放在外來文化輸入與傳統文化轉換的邏輯中。這固然有其合理性，但是，在實際的文學闡釋與研究當中，我們又很容易忽略「衝突融合」現象本身的諸多細節，將中外文化關係的研究簡化爲異域因素的「輸入」與「移植」辨析，最終便在很大程度上漠視了文學創作這一精神現象的複雜性，忽略了精神產品生成所依託的複雜而實際的國家與社會狀況，民國文學機制的開掘正可以爲我們展開關於國家與社會狀況的豐富內容。我們曾倡導過「體驗」之於中國現代

〔註 14〕韋勒克、沃倫：《文學理論》，劉象愚等譯，北京：三聯書店 1984 年，第 302、307 頁。

文學研究的意義，而作家的生命體驗就根植於實際的國家與社會情景，文學的體驗在「民國文學機制」中獲得了最好的解釋。

其次，對「文學機制」的論述有助於釐清文學研究的一系列基本概念，如「現代」、「現代化」、「民族」、「進化」、「革命」、「啓蒙」、「大眾」、「現實主義」、「浪漫主義」、「現代主義」等概念，都將獲得更符合中國歷史現實的說明。在過去，我們主要把它們當作西方的術語，力圖在更接近西方意義的層面上來加以運用，近年來，爲了弘揚傳統文化，又開始對此質疑，甚至提出了回歸古典文論、重建中國文論話語的新思路。問題在於，中國古典文論能否有效地表達現代文學的新體驗呢？前述種種批評話語固然有其外來的背景，但是，一旦這些批評話語進入中國，便逐步成了中國作家自我認同、自我表達的有機組成部分，在看似外來的語彙之中，其實深深地滲透了中國作家自己的體驗和思想。也就是說，它們其實已經融入了中國自己的話語體系，成爲中國作家自我生命表達的一種方式。當然，這樣的認同方式和表達方式又都是在中國現代社會文化的場域中發生的，都可以在特定國家歷史情態中獲得準確定位。經過這樣的考辨和定位，中國現代學術批評的系列語彙將重新煥發生機：既能與外部世界對話，又充分體現著「中國特色」，眞正成爲現代中國話語建設的合理成分。

再次，對作爲民國文學機制具體組成部分的各種結構性因素的剖析，可以爲近百年來中國文學的研究提供新的課題。這些因素包括經濟方式、法律形態、教育體制、宗教形態、日常生活習俗以及文學的生產、傳播過程等等。作爲文學的經濟方式，我們應注意到民國時期的民營格局之於中國近現代的出版傳播業的深刻影響，一方面，出版傳播業的民營性質雖然決定了文學的「市場利益驅動」，但另一方面，讀者市場的驅動本身又具有多元化的可能性，較之於一元化思想控制的國家壟斷，這顯然更能爲文學的自由發展提供較大的空間；作爲文學的法律保障，民國時期曾經存在著一個規模龐大的法律職業集團，這樣一個法律思想界別的存在加強著民國社會的「法治」意識，我們目睹了知識份子以法律爲武器，對抗專制獨裁、捍衛言論自由的大量案例，知識者的法律意識和人權觀念在很大程度上保證了爭取創作空間的主動性，這是我們理解民國文學主體精神的基礎；民國教育機構三方並舉（國立、私立與教會）的形式延遲了教育體制的大統一進程，有助於知識份子的思想自由，即便是國立的教育機構如北京大學，也能出現如蔡元培這樣具有較大自主權力並且主張「兼容並包」、「學術自由」的教育管理者；也是在五四時期，知識份子形成了一個巨大的生存群落，他們各自有著並不相同的思想傾向，有過程度不同的文化論爭，但又在總體上形成了推動文化發展的有效力量。歐遊歸來、宣揚「西方文明破產」的梁啓超常常被人們視作「思想保守」，但他卻對新文化運動抱有很大的熱情和關注，甚至認爲它從總體上符合了自己心目中的「進化」理想；甲寅派一直被簡單地目爲新文化運動的「反對派」，其實當年《甲寅》月刊的努力恰恰奠定了《新青年》出現的重要基礎，後來章士釗任職北洋政府，《甲寅》以周刊形式在京復刊，與新文化倡導者激烈論爭，但論戰並沒有妨礙對手雙方的基本交誼和彼此容忍；學衡派也竭力從西方文化中尋找自己的理論支援，而且並不拒絕「新文化」這一概念本身；與《新青年》「新文化派」展開東西方文化大論戰的還有「東方文化派」的一方如杜亞泉等人，同樣具有現代文化的知識背景，同樣是現代科學文化知識的傳播者——正是這樣的「認同」，爲這些生存群體可以形成以「五四」命名的文化圈創造了條件。而一個存在某種文化同約性的大型文化圈的出現，則是現代中國文化發展十分寶貴的「思想平臺」——它在根本上保證了新的中國文化從思想基礎到制度建設的相對穩定和順暢，所有這些相對有利的因素都在「五四」前後的知識份子生存中聚集起來，成爲傳達自由思想、形成多元化輿論陣地的重要根基。我們可以這樣認爲五四新文化運動第一次呈現了「民國文學機制」的雛形，而這樣的「機制」反過來又藉助五四新文化運動的思想激蕩得以進一步完善成型，開始爲中國文學的自由創造奠定最重要的基礎。

「民國文學機制」在中國現代文化後來的歷史中持續性地釋放了強大的正面效應。我們可以看到，無論生存的物質條件有時變得怎樣的惡劣和糟糕，中國文學都一再保持著相當穩定的創造力，甚至，在某種程度上，由國家與社會各種因素組合而成的「機制」還構成了對國民黨專制獨裁的有效制約。中國在20年代後期興起了左翼文化，而且恰恰是在國民黨血腥的「清黨」之後，左翼文化得到了空前的發展，並且以自己的努力、以影響廣大社會的頑強生命力抵抗了專制獨裁勢力的壓制。抗戰時期，中國文學出現了不同政治意識形態的分區，所謂的「國統區」與「解放區」。有意思的是，中國文學在總體上包容了如此對立的文學思想樣式，而且一定程度上還可以形成這兩者的交流與對話，其支撐點依然是我們所說的「民國文學機制」。民國文學的基礎是晚清－五四中國知識份子的文化啓蒙理想，在文化結構整體的有機關係中，這樣的理想同時也流布到了左翼文化圈與中國共產黨人的文化論述當中，雖然他們另有自己的政治主張與政治信仰。過去文學史敘述，往往突出了意識形態的不可調和性，也否認社會文化因素的有機的微妙關係，如「啓蒙」與「救亡」的對立面似乎理所當然地壓倒了它們的通約性。只有依託中國文學的具體歷史情景，在「民國文學機制」的歷史細節中重新梳理，我們才能發現，在抗戰時期的文壇上，至少在抗戰前期的文學表達中，「啓蒙」並沒有因爲「救亡」而消沉，反而藉「救亡」而興起，這就是抗戰以後出現的「新啓蒙運動」。

引入「民國文學機制」的觀察，我們還可以進一步發現，中國文學在「民國時期」呈現了獨特的格局：國家執政當局從來沒有眞正獲得文化的領導權，無論袁世凱、北洋政府還是蔣介石獨裁，其思想控制的企圖總是遭遇了社會各階層的有力阻擊，親政府當局的文化與文學思潮往往受到自由主義與左翼文化的多重反抗，尤其是左翼文化的頑強生存在很大程度上形成了民國文學爭取自由思想的強大推動力量，民國文學的主流不是國民黨文學而是左翼文學與自由主義文學。有趣的是，在民國專制政權的某些政策執行者那裡，他們試圖控制文學、壓縮創作自由空間的努力不僅始終遭到其他社會階層的有力反抗，而且就連這些政策執行者自己也是矛盾重重、膽膽突突的。例如，在國民黨掌控意識形態的宣傳部長張道藩所闡述的「文藝政策」裡，我們既能讀到保障社會「穩定」、加強思想控制的論述，也能讀到那些對於當前文藝發展的小心翼翼的探討、措辭謹慎的分析，甚至時有自我辯護的被動與無奈。而當這一「政策」的宣示遭到某些文藝界人士（如梁實秋）的質疑之後，張道藩竟然又再度「退卻」：「乾脆講，我們提出的文藝政策並沒有要政府施行文藝統治的意思，而是赤誠地向我國文藝界建議一點怎樣可以達到創造適合國情的作品的管見。使志同道合的文藝界同仁有一個共同努力的方向。」「文藝政策的原則由文藝界共同決定後之有計劃的進行。」〔註 15〕由「文藝界共同決定」當然就不便於執政黨的思想控制了，應該說，張道藩的退縮就是「民國文學機制」對獨裁專制的成功壓縮。

強調「民國文學機制」之於文學研究的意義，是不是更多侷限於強調文學史的外部因素，從而導致對於文學內部因素（語言、形式和審美等）的忽略呢？在我看來，之所以需要用「機制」替代一般的制度研究，就在於「機制」是一種綜合性的文學表現形態，它既包括了國家社會制度等「外部因素」，

〔註 15〕張道藩：《關於「文藝政策」的答辯》，《文化先鋒》1942 年第 1 卷第 8 期。

又指涉了特定制度之下人的內部精神狀態，包括語言狀態。例如，正是因為辛亥革命在國家制度層面為中國民眾「承諾」了現代民主共和的理想，「民主共和國觀念從此深入人心」，〔註16〕以後的中國作家才具有了反抗專制獨裁、自由創造的勇氣和決心，白話文最終成為現代文學的基本語言形式，也源自於中國作家由「制度革命」延伸而來的「文學革命」的信心。所以，「民國文學機制」的研究同樣包括對民國時期知識份子所具有的某種推動文學創造的個性、氣質與精神追求的考察，這就是我們今天所謂的「民國範兒」。我認為，「民國範兒」既是個人精神之「模式」，也指某種語言文字的「神韻」，這裡可以進一步開掘的文學「內部研究」相當豐富。

不理解「民國範兒」的特殊性，我們就無法正確理解許多歷史現象。如今天的「現代性批判」常常將矛頭直指「五四」，言及五四一代如何「斷裂」了傳統文化，如何「偏激」地推行「全盤西化」，其實，民國時期尚未經過來自國家政權的大規模的思想鬥爭，絕大多數的論爭都是在官方「缺席」狀態下的知識界內部的分歧，「偏激」最多不過是一種言辭表達的語氣，思想的討論並不可能真正形成整個文化的「斷裂」，就是在新文化倡導者的一方，其儒雅敦厚的傳統文人性格昭然若揭。在這裡，傳統士人「身任天下」的理想抱負與新文明的「啓蒙」理想不是斷裂而是實現了流暢的連接，從「啓蒙」到「革命」，一代文學青年和知識份子真誠地實踐著自己的社會理想，其理想主義的光輝與信仰的單純與執著顯然具有很大的輻射效應，即便在那些因斑斑劣跡載入史冊的官僚、軍閥那裡，也依然可以看到以「理想」自我標榜的情形，如地方軍閥推行的「鄉村建設運動」和「興學重教」，包括前述張道藩這樣的文化專制的執行人，也還洋溢著士大夫的矜持與修養。總之，歷史過渡時期的現代知識者其實較為穩定地融會了傳統士人的學養、操守與新時代的理想及行動能力，正是這樣的生存方式與精神特徵既造就了新的文明時代的進取心、創造力，又自然維持了某種道德的底線與水準。

一旦我們深入到歷史情景的「機制」層面，就不難發現，僅僅用抽象的「現代化」統攝近現代以來的中國文學史，的確掩蓋了歷史發展的諸多細節。從某種意義上看，「民國文學機制」的出現和後來的解體恰恰才在很大程度上分開了20世紀上下半葉的文學面貌，從根本上看，歷史的改變就在於曾有過的影響文化創造的「機制」的解體和消失；不僅是社會的「結構」性因素的

〔註16〕見《建國以來毛澤東文稿》第4冊，中央文獻出版社，1990年，第546頁。

消失和「體制」的更迭，同時也是知識份子精神氣質的重大蛻變。

自然，我們也看到，還原歷史情景的文學史敘述同樣也將面對一系列複雜的情形，這要求我們的研究需包含多種方向的設計，如包括民國社會機制之於文學發展的負面意義：官紳政權的特殊結構讓「人治」始終居於社會控制的中心，「黨國」的意識形態陰影籠罩文壇，扭曲和壓制著中國文學的自然發展，作家權益遠沒有獲得眞正的保障，「曲筆」、「壕塹戰」、「鑽網」的文化造就了中國文學的奇異景觀，革命／反革命持續性對抗強化了現代中國的二元對立思維，在一定程度上妨礙了現代文化思想的多維展開。除此之外，我們也應當承認，國家與社會框架下的文學史敘述需要對國家與社會歷史諸多細節進行深入解剖和挖掘，其中有大量的原始材料亟待發現，難度可想而知。同時，文學作爲國家歷史的意義和作爲個體創作的意義相互聯繫又有所區別，個體的精神氣質可以在特定的國家歷史形態中得到解釋，但所有來自環境的解釋並不能完全洞見個體創造的奧妙，因此，文學的解讀總是在超越個體又回到個體之間循環。當我們藉助超越個體的國家歷史情態敘述文學之時，也應對這一視角的有限性保持足夠的警惕。

以上的陳述之所以如此冗長，是因爲我們關於文學歷史的扭曲性敘述本來就如此冗長！今天，呈現在讀者諸君面前的這一套文叢試圖重新返回民國歷史的特殊空間，重新探討從具體國家歷史情景出發討論文學的可能，當然，離開民國實在太久了，我們剛剛開始的討論可能還不盡圓熟，對一些問題的思考有時還會同過去的思想模式糾纏在一起，但是我想，任何新的研究範式的確立均非一朝一夕之功，每一種思想的嘗試都必然經過一定時間的蹣跚，重要的是我們已經開始了！從「民國文化與文學研究文叢」第一輯出發，我們還會有連續不斷的第二輯、第三輯……時間將逐漸展開我們新的思想，揭示現代中國文學研究在未來的宏富景觀。

這一套規模宏大的學術文叢能夠順利出版，也得益於花木蘭文化出版社，得益於杜潔祥先生的文化情懷與學術遠見，我相信，對歷史滿懷深情的注視和審察是我們和杜潔祥先生的共同追求，讓我們的思想與「花木蘭文化」一起成長，讓我們的文字成爲中華文明的百年見證。

二〇一二年三月五日，農曆驚蟄

# 民國經濟與現代文學（上）

李怡、布小繼主編

## 作者簡介

李怡，1966年6月生於重慶，文學博士。北京師範大學文學院教授、四川大學文學與新聞學院教授。《現代中國文化與文學》學術叢刊主編，主要從事中國現代詩歌、魯迅及中國現代文藝思潮研究。出版《中國現代新詩與古典詩歌傳統》、《現代四川文學的巴蜀文化闡釋》、《大西南文化與新時期詩歌》、《閱讀現代——論魯迅與中國現代文學》、《中國現代詩歌欣賞》、《日本體驗與中國現代文學的發生》等。先後成為教育部新世紀人才支持計畫入選、全國百篇優秀博士論文獲獎者。

布小繼，1972年生於雲南大姚，文學博士。現為雲南紅河學院講師。主要從事現當代文學思潮、雙語寫作和雲南地方文化的研究。出版過《張愛玲・沈從文・賈平凹文化心理研究》（合著）等。

## 提　　要

這是同人學術聚落「西川論壇」第一屆年會的論文彙集，本次年會以「民國經濟與現代文學」為題，系統討論了民國時代經濟狀況對現代中國文學的深刻影響，內容涉及經濟方式與文學思潮、作家個性心理、作品形態的相互關係，也探討了經濟作為文學研究「方法」的意義，是華文世界研究經濟與現代文學關係的第一部學術論文集，代表了中國現代文學研究特別是「民國文學機制」研究的最新成果。同時，本書也是籌畫中的「民國文化與文學學術年刊」2012年卷。這一種分年度推出的論文精粹將連續展示這一研究領域的動態與走向。

# 民國經濟與文學：一個熟悉而陌生的話題——代序

李　怡

經濟與文學的關係，我們似乎一點也不陌生。在我們幾十年的學校教育中，早已經一再被灌輸了各種「經濟」的定理，諸如「經濟基礎決定上層建築」「上層建築反作用於經濟基礎」，現代中國文學就是現代中國（舊中國）社會生活（包括經濟狀況）的反映等等，像茅盾這樣的現代作家如何反映二十年代中國農村的凋敝，三十年代民族資產階級喪失前途等等，都是我們耳熟能詳的結論。但是，平心而論，我們過去所謂的「經濟」定理更接近「政治經濟學」，而且是中國自己的「政治經濟學」，並非更豐富的經濟學視野與知識。

如何認識「經濟」，如何看待「經濟」和「人」的關係？這在最近一些年已經有了突破性的進展。只有到了今天，我們才深深地意識到，在過去，當我們將所謂「經濟」定理約等於中國式的「政治經濟學」思維，這種思維其實是將「經濟基礎決定上層建築」這樣的判斷簡單化、單一化了，即只關注在經濟基礎之上的階級對立和階級鬥爭，而忽略了經濟之於社會生活的更為廣闊的影響；只堅持從經濟形態引發政治意識形態的解讀，最終達到對資本主義的痛斥和批判，卻忽略了歷史上每一個階段（包括資本主義）的經濟形態都具有諸多的正面價值；只描述了經濟現象的某些外在形式，而嚴重忽略了「經濟欲望」之於人內在情感、思維的深刻作用。

跳出單一的思維，我們便可以發現，其實舊中國經濟薄弱、民不聊生之類的概括並不能完全解釋現代中國文學，在那時，中國文學能夠呈現出一系列新的特點同樣與民國時期經濟形態的具體特徵關係密切，例如作為文學繁榮背後的出版傳播的繁榮就在很大程度上得力於當時的經濟政策與經濟方式。從 1913 年張謇擔任農商務部總長，提出原則上撤廢公營事業、優先振興民間企業起，側重以民營資本爲主體的利伯維爾場經濟體制便開始建立，後來國民政府的經濟管理高層如陳公博、宋子文等均大力鼓勵民營經濟的發展，反對強化國家對經濟的管理，抑制政府財政支出。其間雖有孔祥熙提出以化學工業爲主導的國營企業發展計劃，有抗戰時期向計劃統治經濟的傾斜，但民營經濟發展的主導格局則基本確定。中國近現代的出版傳播業就是在這樣的格局中發展起來的，出版傳播業的民營性質雖然決定了文學的「市場利益驅動」，但讀者市場的驅動本身又具有多元化的可能性，較之於一元化思想控制的國家壟斷，這顯然更能爲文學的自由發展提供較大的空間。不仔細考察這一背景，就不能解釋中國現代文學發生發展的眞正的「經濟基礎」。

當然，我們強調從「經濟」形態的角度研究文學並不意味著將受制這一角度的封閉和排他，對問題豐富性和複雜性的呈現依然是必須的考慮。例如現代經濟與現代中國政治的糾纏，在資本主義的經濟規律之外，中國式「權力經濟」的特殊意義何在？在中國歷史的複雜演變中，自然經濟\市場經濟\計劃經濟等各自的流變帶給人的精神現象何種影響？作爲創造者的作家本身，更不是「經濟動物」，他如何反抗經濟的力量，包括反抗自己的「經濟欲望」，都是一些可以深入展開的話題。

例如一般認爲 1930 年代左翼作家的現實揭弊都來源於他們生活的困窘，其實認眞的民國生活史考察可以告訴我們，但凡在上海等地略有名氣的作家（包括左翼作家）都逐步走上了較爲穩定的生活，他們之所以堅持抗爭在很大程度上還是來自理想與信念。再如目前的文學史認爲茅盾的《子夜》揭示了民族資產階級在現代中國沒有前途，但問題是民國的制度設計並非如此，其實民營經濟是有自己的生存空間的，尤其 1927～1937 被稱作民國經濟的黃金時代，這怎麼理解？顯然，在這個時候，茅盾作爲左翼作家的批判性佔據了主導地位，而引導他如此寫作的也不是什麼「按照生活本來面目加以反映」的 19 世紀歐洲的「現實主義」原則，而是新進引入的馬克思主義的階級觀念。民國體制與作家實際追求的兩廂對照，我們看到的恰恰是民國文學的獨特景象：這裡不是什麼遵循現實主義原則的問題，而是作家努力尋找精神資源，完成對社會的反抗和拒斥的問題，在這裡，文學創作本身的「思潮屬性」是次要的，構建更大的精神反抗的要求是第一位的。

在這個意義上，我們今天關於「經濟與文學」的討論就不再是「舊題新做」，更不是「舊題舊做」，而是要尋找新鮮的「主題」，研討新鮮的內容。

目 次

# 第一編　問題與方法

# 壹、現代文學研究的民國經濟視野：有效性及其限度

楊華麗

## 摘　要

驗諸中國文學史，經濟與中國古代、近現代以及當代文學都密切相關。從總體趨勢來看，近代以來的中國文學與經濟的扭結日趨密切，這種複雜的糾纏關係不僅存在於文學外部，也存在於文學內部，較之於中國古代文學而言顯然更為複雜，也更值得我們從經濟學角度對其中的文學生產、流通與消費等過程中的細節進行詳細的梳理、辨析與論證，解釋一些從以前的政治、文化角度切入時所無法或者無法有效地解釋的問題。從研究對象來看，較之從經濟角度對傳統文學的研究，「民國經濟」維度的研究對象已然轉變至中國現代文學；較之此前已有的從經濟角度對中國現代文學的研究，「民國經濟」維度的研究對象將是在這基礎之上的「民國」，更具有整體性。從研究目的來看，以「民國經濟」為視角對中國現代文學進行的研究，其目的不在於建構現代經濟學，也不在於梳理現代歷史中的政治紛爭，而在於對文學、文學中的人性進行更深入的分析。與此相關，我們必須警惕這一視角闡釋力度上的有限性，細心甄別研究對象，並力求回歸文學本位。

關鍵字：民國經濟，中國現代文學研究，民國機制，有效性，有限性

當我們憑藉「民國經濟」來重新思考、觀照中國現代文學時，「民國經濟」所蘊含的獨特所指很顯然指引給了我們一種新的方法論。依照這種方法論的燭照，我們毫無疑問會洞見前此未曾注意到的一些事實：中國現代文學整體生成中的經濟因素；中國現代作家走上文壇的獨特姿態、現代作家社團與流派的形成背後的經濟因素；某部中國現代文學作品之所以如此的經濟因素；中國現代文學作品的生產、流通、傳播與大眾接受的經濟背景之間的關聯，等等。這些事實的被髮現，無疑有助於敞亮我們對中國現代文學的經濟因素的認知，建構經濟學視野下的中國現代文學圖景。但驗諸20世紀的文學研究之路，我們發現，經濟學視野的運用並非始自今日，如若我們要理直氣壯地運用「民國經濟」這一範疇來研究中國現代文學，很顯然我們需要從方法論上做出檢討。換言之，我們需要回答這樣相關聯的兩個問題：一、民國經濟視野之於中國現代文學研究有無合理性，若有，其依據何在？二、中國現代文學研究的民國經濟視野與20世紀中一度佔據主流的政治經濟學視野等有無區別，若有，其區別何在？

## 一、經濟與中國文學：歷史的考察

事實上，由生活於現世社會的人所創作的文學，從來都沒有離開過，也不可能離開與其現實生存密切相關的經濟。

對中國古代文學而言，借助於沈端民先生從1980年代以來對中國古代文學中的經濟問題的研究〔註1〕，我們發現，一部從先秦到明清的古代文學史，其實就是一部別樣的文學經濟史。這種對古代文學內容的重新發現，無疑有利於衝破古代文學研究固有的學術框架，但這種從文學內容層面考量並得出文學與經濟密切相連的論析，需要輔以對文學外部諸多因素——作家本人的經濟狀況、文學作品的生產與流通環節、文學受眾的經濟狀況等等——的論析，才會更有衝擊力。然而，我們不得不發現，中國古代作家是恥於談錢而樂於談官的，其寫作和重製問世作品，在絕大多數情況下沒有經濟目的，可以說是拒絕進入市場的一群，而出版家既不組織稿源也不組織市場，雖然從隋唐起就有大量重製、出版和公開買賣《四書》、《五經》的行為，但「這種出版和買賣，不是為了文學，而是為了獨尊儒術的意識形態和科舉考試的需要」〔註2〕，也就是說，

〔註1〕出版了著作《中國古代文學作品中的經濟問題》，西南財經大學出版社1995年版，以及《沈端民古代文學經濟研究論文選集》，湖南文藝出版社2000年版。

〔註2〕魯湘元：《稿酬怎樣攪動文壇——市場經濟與中國近現代文學》，紅旗出版社

古代文學的外部因素中幾乎沒有狹義市場經濟的影子〔註3〕。

中國文學與經濟日漸複雜的扭結，始於 1872 年 4 月 30 日《申報》的創刊。據魯湘元先生考察，1872～1897 年是中國市場經濟文學的初創時期，1897～1910 年是中國市場經濟文學的第二期，1911～1925 年是市場經濟文學向全方位的深層次方向發展的時期，1925 年五卅運動後，中國文學的狹義市場經濟體制更加健全，1937 年以後至 1950 年前，雖沒有脫離市場經濟文學的體制，但更多的是戰時機制，從 1950 年代起文學的生產和銷售也採用了計劃經濟體制〔註 4〕。可見，「狹義的作爲社會經濟形態而存在的市場經濟，是中國近、現代文學生產者——作家和出版家——賴以存在的基礎，也是讀者賴以讀到各種各樣作品的客觀條件。」他由此得出結論說：「沒有狹義的市場經濟，就沒有中國近、現代文學的大部分。」〔註5〕並認爲應該建立一種「從經濟形態、商品和價值，即主要從作品的交換價值，去瞭解文學的發展和變化，瞭解作品和作家的文學觀，也就是馬克思說的以市民社會史、商業史和工業史爲基礎的『世俗』文學觀」即「市場文學學」〔註6〕。

在這種學術背景下，我們重新進入中國現代文學的歷史場域，就會發現經濟對世界、作家、作品、讀者這文學四要素的全面滲透，就會發現經濟變革怎樣部分地左右了中國現代作家的文學選擇以及中國現代文學的精神面貌，就會發現中國現代的現實主義作家們，尤其是 1930 年代前後的左翼作家們，在其作品中如此深刻地通過文學傳達了他們的經濟關懷，就會發現中國現代讀者的狀況如何部分左右了張恨水等等作家對小說人物形象、故事結構的型構……

對於我們常以「中國當代文學」命名的文學而言，經濟作爲一種最重要的歷史因素，作用於政治，也作用於文學。其與文學的扭結關係在 1980 年代以來顯得更爲複雜，它對文學的牽制力和影響力較之以往任何時候也都要強大。當代文學書寫中不能忽略的反崇高、反理想甚至媚俗化傾向，部分當代

---

1998 年版，第 7 頁。

〔註 3〕參見魯湘元：《稿酬怎樣攪動文壇——市場經濟與中國近現代文學》第一章的內容。

〔註 4〕參見魯湘元：《稿酬怎樣攪動文壇——市場經濟與中國近現代文學》，紅旗出版社 1998 年版，第 257～259 頁。

〔註 5〕魯湘元：《稿酬怎樣攪動文壇——市場經濟與中國近現代文學》，紅旗出版社 1998 年版，第 259 頁。

〔註 6〕魯湘元：《稿酬怎樣攪動文壇——市場經濟與中國近現代文學》，紅旗出版社 1998 年版，第 261 頁。

作家對自己「玩文學」的重新定位，對文學炒作的駕輕就熟，都與經濟形態的變遷、經濟對作家全面深入的影響密切相關，而直接反映經濟關係的財經小說、以經濟變遷爲敘事背景的諸多小說等等的大量出現，則與經濟大潮的洶湧澎湃直接相關。在 21 世紀這個知識經濟時代中的文學作品、文學現象、作家體驗與文學世界，都離不開全球化這個宏大背景，其與經濟關係之密切，較之以往只有過之而無不及。

可以這麼說，從總體趨勢來看，近代以來的中國文學與經濟的扭結關係日趨密切；二者複雜的糾纏關係不僅存在於文學外部，也存在於文學內部，較之於中國古代文學而言顯然更爲複雜，因此，也更值得我們從經濟學角度對之進行詳細的梳理、辨析與論證，解釋一些從以前的政治、文化角度切入時所無法或者無法有效地解釋的問題。對我們常以「現代」命名的文學而言，經濟角度的引入之於研究的進一步拓展、文學場域的進一步還原，亦是一個必要甚至必須的舉措。

## 二、「民國經濟」視野：新方法論的有效性

我們目前學科設置中所謂的「中國現代文學」，通常是以 1915 年新文化運動開始至 1949 年中華人民共和國成立期間的作家作品、文學社團、文學流派、文學思潮以及文學現象爲重點研究對象，並將研究上限延伸至戊戌前後。在這樣的考察視域中，經濟與文學的關係曾經被給以一定的關注。以教材《中國現代文學三十年》爲例。在論述新文化運動發生的緣由時，論者就關注到了中國民族工業在一戰後的趁勢發展、新興的社會力量的增長，新型知識份子的出現，現代印刷技術的引入促成現代出版業、雜誌業的發展和現代文學市場的形成，現代稿費制度的確立和職業作家的出現等等非常重要的經濟因素；在以現代性構建文學史的過程中，論者還特意關注到了雅俗互動的文學態勢，關注到新文學並非掌握了全部讀者和文學市場的事實，以及新感覺派在 1930 年代的出現與市民讀者群的變化之關係；論析《子夜》時，論者密切結合了 1930 年代中國社會性質大論戰以及那一時期的文學與經濟革命的關係。加上魯湘元先生從稿酬制度出發對中國現代文學做出的研究，陳明遠先生對中國現代作家的經濟生活情況的切實研究，近年來一些學者對現代出版市場、都市傳媒、稿費制度與職業作家的關係的研究，現代期刊的編輯發行制度研究，文學社團或書局的出版策略研究，等等，這些已顯豐碩的成果傳

遞給我們一個信息：從經濟角度研究文學，或者說探究文學背後的經濟機制，已經存在並且已經取得重要成果。

但我們的研究很顯然還存在進一步拓展的空間。

比如對作家的研究。

「要理解作家職業的本質，必須想到：一個作家，即使是最清高的詩人，他每天也要吃飯和睡覺。」〔註 7〕作家的經濟體驗是生存感知中最基本也最重要的一種，只有尊重作家包括經濟體驗在內的生存感知，我們才能更準確地理解作家的思想、行爲以及作品。以魯迅爲例。在祖父入獄、父親生病而導致的家道中落中，魯迅對經濟窘困的感知，對進當鋪的記憶，構成了他少年經驗中最觸目驚心的部分；他在日本滿懷信心籌劃的《新生》，也主要是因爲資本的逃走而流產，從而帶給他寂寞的悲哀，而他和周作人所譯的《域外小說集》的滯銷，更是澆滅了他年輕時候的好夢。這些體驗與後來他和李小峰的版稅糾紛，與他和章士釗的對簿公堂，以及他一貫的對經濟權的重視等等之間，我以爲是有聯繫的。從這個意義上，我們也才能理解，當《娜拉》在中國各地熱演，當「娜拉」成爲「新青年」們的偶像，一大批青年隨時準備瀟灑地關上性別歧見或者封建家庭的門出走的時候，1923 年 12 月 26 日晚，魯迅應邀赴女高師這個娜拉的集中「出產地」做演講時，他演說的題目爲什麼卻是《娜拉走後怎樣》。他對她「或者墮落，或者回來」的命運的推測，對「自由固不是錢所能買到的，但能夠爲錢而賣掉」〔註 8〕的提醒，對「她除了覺醒的心以外，還帶了什麼去？」〔註 9〕的追問，「給沉浸在『出走』浪漫激情中的女大學生當頭棒喝」〔註 10〕。我們以前都認爲《娜拉走後怎樣》體現了魯迅少有的睿智，事實上，這種睿智背後，正包括了魯迅多年以來痛苦的經濟體驗。又如，中國現代文學史上的一大批作家——郭沫若、郁達夫、張恨水、沈從文、李劼人等等——的經濟狀況，部分決定了他們的文學生產狀況。郭沫若、郁達夫自敘傳小說中那些爲經濟所困的知識份子，正是他們某

〔註 7〕羅貝爾·埃斯卡爾皮：《文學社會學》，符錦勇譯，上海譯文出版社 1988 年版，第 54 頁。

〔註 8〕魯迅：《墳·娜拉走後怎樣》，《魯迅全集》第 1 卷，人民文學出版社 2005 年版，第 168 頁。

〔註 9〕魯迅：《墳·娜拉走後怎樣》，《魯迅全集》第 1 卷，人民文學出版社 2005 年版，第 167 頁。

〔註 10〕楊聯芬：《新倫理與舊角色：五四新女性身份認同的困境》，《中國社會科學》2010 年第 5 期，第 212 頁。

一時期的影像。張恨水曾說：「我的生活負擔很重，老實說，寫稿子完全爲的是圖利……所以沒什麼利可圖的話，就鼓不起我寫作的興趣」〔註 11〕，這段自白，我想決不是謊言。沈從文在北京一邊用手捂著鼻血，一邊寫作，解決其母返湘路費問題是其中的重要因素。李劼人的《死水微瀾》、《暴風雨前》與《大波》三部的寫作進度，與他經濟的短缺密切相關。比如《大波》上卷絕大部分的寫作，李劼人僅只花了 19 天，而其原因，乃是「以債臺高築，無可再借之時，始發奮續寫」〔註 12〕……而對於當時在北京大學就讀的馮沅君來說，寫作以獲取稿費，乃是獲得經濟上的相對獨立的重要手段；蘇青的開始寫作、邁出朝向女作家的關鍵一步，與其丈夫譏諷她不能掙錢密切相關……可以說，從經濟角度研究這些作家的創作動因、思想形成、作品內容以及他們的職業作家身份，可以使我們的研究從平面變成立體，從單一變得豐富。這種研究甚至可以推廣至作家群落，例如將文學桂軍的崛起與經濟欠發達的廣西聯繫起來，就是一個以文化學盤活文學研究的案例〔註 13〕，例如將經濟上的自立與當代溫州作家對文學的純粹性追求聯繫起來考察，發現了「經濟上的自立帶來了事業上的自信，從而帶來了精神上的自由和創作上的文學自覺」〔註 14〕，也是一個可以重視的案例。

當然，我們必須注意到，有些作家的有些作品是因爲缺錢而寫作，但這並不意味著這些作品就一定不是佳作。「爲糊口而寫出的文學作品並不一概都是最糟糕的。需要錢使塞萬提斯寫出了小說，從而使《堂吉訶德》得以問世；需要錢使沃爾特·司各特從詩人變爲小說家。」〔註 15〕我們可以「接著說」的是，需要錢使沈從文寫出了小說，從而使《邊城》得以問世；需要錢使張恨水寫作出了《金粉世家》；需要錢使李劼人寫作出了《死水微瀾》、《暴風雨前》與《大波》三部……經濟在這裡，是一種類似於酵母的東西，對於作家的精神產出是有益的。此外還必須注意到，對經濟的重視並不意味著所有的作家都會選擇相

〔註 11〕張恨水：《寫作生涯回憶錄》，中國華僑出版社 1994 年版，第 34 頁。

〔註 12〕李劼人 1936 年 3 月 4 日致舒新城信，見李劼人研究學會編：《李劼人研究》，四川大學出版社 1996 年版，第 208 頁。

〔註 13〕李建平、黃偉林等從此角度順利申請成爲 2004 年國家社會科學基金專案，並在 2007 年由中國社會科學出版社出版了《文學桂軍論——經濟欠發達地區一個重要作家群的崛起及意義》一書。

〔註 14〕鄭曉林：《經濟獨立與文學的自覺》，《文藝報》2007 年 2 月 15 日，第 6 版。

〔註 15〕羅貝爾·埃斯卡爾皮：《文學社會學》，符錦勇譯，上海譯文出版社 1988 年版，第 54～55 頁。

似的人生路徑。以李劼人爲例，他寫作《大波》等小說前後，劉大杰曾再三邀請經濟窘困的他去四川大學任教，可他堅決不幹，他說，「我現在寫小說極感興趣，好不好不管，自信有些見地，殊非時賢所及，每於疲不可支之餘，而興會猶濃也。設不幸而有戰事，我仍開館子，終不教書也。」〔註 16〕又如，同是需要錢，張資平的小說很快趨向三角、多角戀的媚俗之路，而郁達夫、郭沫若的文學選擇則比較純粹……也就是說，我們既應注意到作家的文學選擇與其經濟情況之間的聯繫，但我們也應注意其文學選擇與經濟情況之外的諸多因素的聯繫。剖析作家在複雜可能中的選擇與應對方式，既是尊重作家的眞實生存狀態，也是我們儘量避免經濟決定論的有效途徑。

比如對作品的研究。

當我們從經濟角度研究中國現代文學作品時，1930 年代社會剖析派作家的那些現實主義小說首先應該納入我們的考察範圍，因爲「個人和社會經濟的關係也許是現實主義的一個經典的模式。」〔註 17〕事實上，要研究茅盾、沙汀、艾蕪、吳組緗等在 1930 年代所創作的那批反映破產題材的小說，突破以前的階級論視角而以經濟角度切入，會是一種有效的解讀方式。早在 1990 年代後期，金宏宇先生就曾將這類小說命名爲「破產題材小說」，認爲其「主要特點是從經濟～政治角度切入展示社會的破產影像，從經濟關係入手描寫社會關係的惡化情態，從生存層面起始再現人性的變異程度，從而構成一幅幅整體性的反映 30 年代中國社會現實的『破產圖』」〔註 18〕，指出這類文學具有「經濟關懷」特質。如果深入下去，我們可以發現，此一時期文學的經濟關懷，不僅與左翼作家們的文學自覺密切相關，而且與新文學～新文化中心由文化北京南移至摩登上海，作家的生存壓力變大有關，也與文學從關注思想革命轉移到關注經濟革命的現實有關。對後二者的觀照，又可以串聯起我們對新感覺派以及那一時期的京派乃至京海之爭的考察。此外，抗日戰爭開始後，經濟的戰時特徵又怎樣影響到了文學作品在內容、傳播、閱讀等方面的狀態，它們與那一時期的整體文學風貌之間又有何種關聯，等等，都是與作品相關，而又有待於從經濟角度去加以考量的內容。

〔註 16〕李劼人研究學會編：《李劼人研究》，四川大學出版社 1996 年版，第 210 頁。

〔註 17〕弗德里克・傑姆遜：《後現代主義與文化理論》，唐小兵譯，陝西師大出版社 1987 年 8 月版。

〔註 18〕金宏宇《文學的經濟關懷——中國 30 年代破產題材小說綜論》，《武漢大學學報》（哲學社會科學版）1998 年第 1 期，第 76 頁。

比如對讀者的經濟狀況與作者的文學生產之關係的研究。我們知道，中國現代文學的生產，由於現代傳媒尤其是報紙與期刊的大量出現而與古代文學有了不同的傳播特質。現代作家走上文壇的最初標誌，常常是在報紙副刊或者文學期刊上發表作品，而作家們那些後來影響深遠的小說、詩歌、散文或者戲劇集，也幾乎都是首先通過這些載體走向讀者。報紙副刊與期刊由於自身特性而產生的對作品的內在規約性，在一定程度上影響到了作家爲文的長度、風格等，如魯迅大量雜文的短而精、現代長篇小說新的敘事模式的形成、短篇小說的大量湧現，與其多首先刊載於報刊上關係甚大。與此相關，作者的文學生產與讀者的關聯更趨緊密。比如張恨水等作家的長篇小說的型構、人物形象的塑造乃至主人公結局的選擇等，就與擁有購買力的都市讀者的要求密切相關。比如魯迅對青年讀者的愛護和行文時常見的猶疑，就與一個無名青年讀者僅有的發著溫熱的一個銀元的故事相關〔註 19〕。此外，由於身份、經濟狀況的差異，現代文學作品的讀者在閱讀方式、批評、傳播與再創造等方面，其實有著不小的差異。陳平原先生曾經將讀者分爲一般讀者和理想讀者，前者如上海的店員，他們是《禮拜六》這樣的雜誌的讀者，他們的購買與閱讀，是純粹的文學消費，而後者如北京的大學生，他們是《新青年》這樣的雜誌的讀者，他們不只閱讀，還批評、傳播、再創造，他們的努力，甚至影響到了現代文學作品的經典化過程〔註 20〕。可以說，對讀者這文學四要素之一的研究，是顯得相對比較薄弱的，而從經濟角度來研究現代文學，我們或許有必要思考與此相關的一些問題：是哪些讀者在哪種情況下讀哪些現代文學作品，其接受、背離情況如何，他們在怎樣的意義上參與了現代文學的經典化過程？

比如對一些現象的研究。在吳虞身上，我們可以看到一些鮮明的矛盾，如他在反孔非儒方面不遺餘力，可對於文學革命卻從不熱心；他非孝、反孔，可與自己不孝的女兒關係緊張；他積極從事思想革命，可到 1924 年，卻因寫作「豔體詩」而引發新文學陣營的攻擊……對這看似複雜的「吳虞現象」，當我們從他早年的經濟體驗角度出發，尤其是尊重他與父親 1910 年前後因家庭

〔註 19〕「還記得三四年前，有一個學生來買我的書，從衣袋裏掏出錢來放在我手裏，那錢上還帶著體溫。這體溫便烙印了我的心，至今要寫文字時，還常使我怕毒害了這類的青年，遲疑不敢下筆。」見魯迅：《寫在〈墳〉後面》，《魯迅全集》第 1 卷，人民文學出版社 2005 年版，第 301 頁。

〔註 20〕陳平原：《文學的周邊》，新世界出版社 2004 年版，第 119 頁。

財產而爭訟的過程中的痛苦體驗，那麼，我們會發現，他的反孔之所以從非孝出發，從反抗家族制度的不合理性出發，正與他辛亥前體驗到的「家庭苦趣」密切相關。他對個體經濟體驗的重視，使得他贊成反孔的思想革命，但是並不贊同《新青年》從2卷5號開始的文學革命的主張，也使得1924年他寫作了那麼些「豔體詩」，從而引來新文化陣營的批判。有許多學者爲其寫作「豔體詩」而感到遺憾，認爲吳虞從反孔非儒的前線向後退縮，成了一個思想保守的人物。我以爲，我們與其將1924年的吳虞看成是思想趨向了保守，不如說，1905年，尤其是1910年開始，吳虞的思想就已經形成了特殊的內核，這個內核來自於他與其父親的爭訟，來自於他的喪子之痛。他的這個內核，在1920年代依然沒有變。在反孔非儒這條路上，他只能走那麼遠。

此外，對中國現代文學史上的一些論爭，如新舊文學之爭、文學研究會與創造社之爭、京海派之爭等等，如果我們注意到論戰雙方對經濟因素的追求，可能會更利於我們重返歷史現場，接近複雜的眞相；而這些論爭的「論戰」性而非「辯論」性，其鮮明的以戰勝論敵爲目標，以氣勢雄健而不是邏輯嚴密取勝等特徵〔註21〕，與其在報章上發起並展開的特殊言說語境，與現代傳媒抓讀者眼球以獲取更大經濟利益的驅動密切相關。此外，對於我們以前眾說紛紜的某些論題，如果我們聯繫當時的包括經濟問題在內的實際情況，說不定可以重新獲得有力的闡釋。比如，有論者就發現了既有現代文學研究以及文學史寫作中，對汪靜之的詩有「纏綿的」與「非纏綿的」兩種評價，且兩種說法各有所本的問題，並對《蕙的風》的出版運作與各家序言進行了校讀，刷新了我們關於《蕙的風》的出版與序言寫作情況方面的認知，而他對朱（朱自清）序、胡（胡適）序的誕生及其差異與汪靜之當時的經濟狀況的聯繫的論說，爲其觀點提供了重要支撐〔註22〕。對研究中國現代文學的出版、傳播、消費而言，經濟更是一個必不可少但仍有待加強的角度。

以上所言，均是經濟角度大有可爲之處。但我以爲，還有最爲重要的一

〔註21〕陳平原認爲，「晚清至五四的思想文化界，絕少眞正意義上的『辯論』，有的祇是你死我活的『論戰』。這與報刊文章的容易簡化、趨於煽情不無關係。」「晚清以降絕大部分文學論爭，都有這種傾向——難得細心體會對方的立場，更多地是以戰勝論敵爲目標，故以氣勢雄健而不是邏輯嚴密取勝。」見其《文學的周邊》，新世界出版社2004年版，第143、144頁。

〔註22〕郭懷玉：《汪靜之的詩到底纏綿否？——〈蕙的風〉的出版運作與各家序言之校讀》，《中國現代文學研究叢刊》2009年第3期。

個問題——中國現代文學的歷史特徵與中國社會經濟形態變化的關係——值得我們關注。當我們以經濟爲入口，更加立體地論析以前通稱的「中國現代文學」時，我們會發現，更多以前可能被忽略或遮蔽的研究對象將被勾連進我們的視野。比如，中國現代文學發生期，尤其是 1912～1917 年這幾年裏，新成立的中華民國所頒佈的一系列重視民生的舉措，尤其是經濟法規的頒佈和實業的興建，在怎樣的意義上爲「中國現代文學」準備了文學生產、傳播與消費等的歷史條件，甚至孕育了文學革命？「中國現代文學」的每一個時段裏，經濟有什麼特徵，這樣的特徵又與當時的文學有怎樣的聯繫？北伐戰爭、抗日戰爭與國內戰爭等導致的國內經濟生態的變化，又在怎樣的意義上影響了各自時期的文學生態？國民黨與共產黨在民國時期各自的經濟政策，又怎樣影響到了各自統轄地域的作家、作品以及文學生產、流通與消費的各個環節？在這些問題討論的基礎之上，我們有必要探討的是：所有探討中的經濟是否都因「民國」而不同，即是說，「民國經濟」是否自成一個獨立且具有觀照其他問題的能力的角度？如果是，那麼所有的文學作家、文學作品、文學社團與流派、文學現象，是否都因爲具有籠罩性的「民國經濟」，而與民國以前和中華人民共和國時期的具有了不同特質？如果是，那麼，以前以現代性爲線索書寫的「中國現代文學史」，是否已經囊括不了這麼豐富的研究對象，而應考慮「民國經濟」相對應的「民國文學史」的歷史合理性？

## 三、「民國經濟」視野：新方法論之「新」及其限度

### （一）新方法論之「新」

經濟與文學的歷史性扭結關係幾乎是不證自明的，而從經濟角度來研究文學，也早已不是什麼全新的發明。我們從沈端民等先生對中國古代文學中的經濟問題的研究，錢理群等先生對新文學發生的經濟背景、雅俗並存背後的經濟原因等問題的論析，魯湘元等先生從稿酬、職業作家、編輯出版機制等角度對中國現代文學所做的研究，以上海財經大學學者們爲主體的研究團隊對中國傳統文學與經濟生活所做出的探析等等中，都可以發現這些事實。但具體化到「民國經濟」，則並非炒從經濟角度研究文學的冷飯，而是有著獨特考慮的新研究維度。

首先，從研究對象來說。

儘管以前已有學者從經濟角度研究文學，但無論是沈端民還是上海財大

等學者的研究，都將關注重心置於中國傳統文學領域，而我們用「民國經濟」維度加以研究的，是政治、經濟、文化均已實現轉型後的中國現代文學。對有異於中國傳統文學的中國現代文學而言，其特質與轉型後的經濟形態之間的關係，正是拓寬研究的一條可能的途徑。此其一。另一方面，在中國現代文學研究領域，目前已經出現了一大批涉及到經濟角度的研究成果：我們曾欣喜不已的關乎出版傳媒制度研究、稿酬制度研究等等的論文及專著，就是其中的重要組成部分。但我們必須注意到，這些研究的共同特徵，是都從民國時期內具體的經濟現象入手來對研究對象加以把捉，而引入的「民國經濟」維度，試圖在前述研究成果的基礎上，特別強調「民國經濟」所體現出來的「民國」特徵，即將此前已有的和將繼續展開的研究作爲民國機制在事實上存在的有力支撐，它最終凸顯出來的將是「民國」在整體上的機制特徵。因而，較之從經濟角度對傳統文學的研究，「民國經濟」維度的研究對象已然轉變；較之此前已有的從經濟角度對中國現代文學的研究，「民國經濟」維度的研究對象將是在這基礎之上的「民國」，更具有整體性。

此外，從研究目的來說。

仔細考察沈端民先生對古代文學的經濟問題的研究成果，我們可以發現，他的研究目的更多地傾向於呈現中國古代各時段的經濟狀況、經濟政策等等。如《中國古代文學作品中的經濟問題》一書中的章節設置，依次爲「先秦文學作品中的經濟問題」、「秦漢文學作品中的經濟問題」、「魏晉南北朝文學作品中的經濟問題」、「隋唐五代文學作品中的經濟問題」、「宋遼金元文學作品中的經濟問題」、「明清文學作品中的經濟問題」；每章又分爲「概述」、「作品表現的經濟內容」、「作品中的經濟問題例析」三節；每節的具體論述中，都是以文學作品作爲證據，去論證某個時代的經濟問題。也就是說，文學作品只是材料，經濟問題才是論析的目的。陳貽焮先生就曾指出他的論證是「以文學爲對象，以經濟爲目的，以歷史爲線索」，在他眼裡，《中國古代文學作品中的經濟問題》出版的意義在於「通過文學這面鏡子總結了一定歷史時期經濟發展的經驗和教訓，起到了古爲今用的作用，有利於現代經濟的發展。」〔註 23〕另一位評論者在讀了《沈端民古代文學經濟研究論文選集》之後，認爲他的研究「爲文學經濟學的問世作了輿論準備。」說「文學經濟學就是研

---

〔註 23〕陳貽焮：《中國古代文學作品中的經濟問題・序》，《中國古代文學作品中的經濟問題》，西南財經大學出版社 1995 年版。

究文學生產、交換、分配、消費中的經濟屬性，特徵和規律，應屬經濟學的一門應用學科。」〔註 24〕這樣的研究當然有它的價值，但事實上，其研究方法、研究目標以及研究的最終成果，已經不再具有多少文學性了。

如果我們認可經濟角度僅僅是一種研究文學的切入方式，那麼，我以爲，我們有必要重讀胡明先生的這個意見：

> 我們今天討論中國傳統文學與經濟生活不只是將經濟現象鈎稽出來、羅列展覽，搭掛在文學發展的鏈條上，平面地闡述兩者之間的關係，也不是用傳統文學的材料來作中國古代經濟學的論文，更不是要構築我們自己的別出心裁的經濟理論體系。我們要緊做的是在對象的學理評判和倫理認可中表明我們在這個問題上的高格調的價值訴求，熔鑄入我們的人文關懷與社會批判。〔註 25〕

他是在論析從經濟生活角度解讀中國傳統文學的有效性後，睿智地指出的應該規避的研究陷阱。其實，置於中國現代文學與民國經濟這個論題來考量，他的提醒同樣重要。即是說，我們應該時刻牢記，「民國經濟」只是一個切入的研究角度，其落腳點不是經濟學，也不是文學經濟學，而是經濟角度觀照下的文學。這是我們在研究目的上與既有研究的差異之一。

另一方面，「民國經濟」視角與 20 世紀曾一度流行的政治經濟學視角也有不同的目的。對此，胡明先生也曾論析過：

> 文學史的政治經濟學觀察、文學與生產力生產關係的研究、傳統文學作品中體現的不合理分配關係與剝削體制、馬列主義經濟學理論對文學史進程的決定意義，尤其是其對文學研究方向的指導意義，我們耳熟能詳。……我們過去的「經濟」闡釋層面的主題詞是：剝削、壓迫、階級鬥爭、農民起義、反動統治階級驕奢淫逸、封建制度必然滅亡、人民創造歷史，背後的主脈是經濟決定論的一元史觀。表面上是經濟關係分析，骨子裡仍是政治教條掛帥，政治是文學史的核心，政治又是研究史貫穿的靈魂。經濟——經濟形態與經濟生活——只是雲裡霧裡一堆抽象的概念，甚至只是一個道德譴責的符

〔註 24〕周楚漢：《開拓文學研究領域的新局面——讀〈沈端民古代文學經濟研究論文選集〉》，《長沙大學學報》2000 年第 3 期。

〔註 25〕胡明：《中國傳統文學與經濟生活・序二》，許建平，祁志祥主編：《中國傳統文學與經濟生活》，河南人民出版社 2006 年版，第 9 頁。

> 號：——這正是20世紀五六十年代（也可以加上70年代）政治經濟學爲主幹的文學研究與文學史撰述的主調，幾乎所有的大型文學史教材、文學史研究成果、文學作品選本、文學鑒賞讀物都深深烙上那一層「經濟形態」、「經濟生活」的印痕（連錢鍾書先生著名的《宋詩選注》選到「農村」時都不能僥倖於例外）。〔註26〕

證諸胡明先生曾提到的以前對《水滸傳》成書時代背景的研究，對《紅樓夢》「反封建」思想主旨的探討，尤其是1970年代對包括薛蟠遭遇強盜之類的詮釋〔註27〕可見，當時對文學與經濟關係的探析，最終落腳點正是「政治」：此時的文學，僅僅是一面折射「政治」鬥爭的鏡子，而經濟，在其中充當了橋梁作用。其實，20 世紀中對包括《子夜》在內的經濟特徵鮮明的小說，我們在重視其經濟描寫、對其進行分析的同時，也常常將目光最終鎖定爲階級鬥爭：買辦資產階級——民族資產階級——無產階級，以及三者間的複雜關聯，正是我們曾經花很多筆墨加以闡釋的問題。同樣地，我們關注的是階級，是政治，而不是人性。

而我們以「民國經濟」爲視角對中國現代文學進行的研究，其目的不在於建構現代經濟學，也不在於梳理現代歷史中的政治紛爭，而在於對文學、對文學中的人性進行更深入的分析。這種研究，會涉及到經濟、政治，也會涉及到階級鬥爭，但其研究，終究是「文學的」而非其他。

### （二）新方法論之限度

對以高能力的印刷條件、商品化的快捷傳送方式爲基礎發展起來的，作家、作品、讀者都日漸物質化的中國現代文學而言，從民國經濟角度切入研究，是具有合理性的，值得探索的一種路徑。循此進入中國現代文學的歷史場域，當會發現並解決以前從政治、文化等角度進入時簡化甚至忽略掉的一些問題，而透過對中國現代文學生產、流通、消費等過程中那些細節的有效論析，中國現代文學將呈現出它別樣的豐富來。不僅如此，通過這樣的研究以挖掘「民國機制」，將促使我們重新思考「中國現代文學」、「中國當代文學」以及「20 世紀中國文學」等文學史分期概念的合理性及其局限，促成我們重

〔註26〕胡明：《中國傳統文學與經濟生活．序二》，許建平，祁志祥主編：《中國傳統文學與經濟生活》，河南人民出版社2006年版，第2頁。

〔註27〕胡明：《中國傳統文學與經濟生活．序二》，許建平，祁志祥主編：《中國傳統文學與經濟生活》，河南人民出版社2006年版，第3頁。

新思考、建構那一時期的文學史。

但我們在爲這一角度的有效性歡呼雀躍，以爲找到了一個合適的籃子，可以重新裝入我們撿拾到的現代文學圖片，從而部分重構現代文學的歷史場景時，我們必須清醒地認識到，「民國經濟」視角並不是一個大到無所無包的籃子。和其他研究視角一樣，這一視角在敞亮我們前此未曾注意到的圖景時，也會部分遮蔽掉我們對其他圖景進行感知的可能。故而，對這一研究視角的有限性，我們必須保持足夠的警惕。

首先，有效甄別研究對象。我們知道，1911～1949 年這一長歷史時段裏，中國社會有著不同的小時段：動蕩不安的民初到 1920 年代；經濟危機與部分城市經濟的迅猛發展並存的 1930 年代；戰爭狀態的 1940 年代。而且，每一時段內、每一地域之間的經濟狀況也有著不可化約的差異。故而，在「民國經濟與中國現代文學」這一論題之下，我們必須注意到民國經濟本身的複雜特徵，而對各時段的民國經濟與文學的聯結方式，以及這近 40 年裏的經濟是否形成了一種體制性特徵，進行認眞考量。在此前提下，我們還必須考慮到哪個時段的哪些作家、作品、文學現象等，更適合從經濟角度來進行解讀，而哪些作家、作品、文學現象等，如果從此角度切入則會顯得比較牽強。此外，前面已經提及，我們有必要關注作家的文學選擇、文學生產與經濟生活之間的關聯，但這關聯本身也有著各樣複雜的可能，也決不是用經濟決定論能籠而統之地加以論析的，更何況，我們還必須明白，作家的文學選擇、文學生產與經濟生活之外的其他因素之間的關聯，也是我們達至全面認知所必須考慮的。

此外，注意回歸文學本位。

從沈端民先生研究中國古代文學中的經濟問題的成果來看，正是文學性的缺失，使得論者們多將其理解爲文學經濟學式的研究文本；從上海財大諸學者對中國古代文學與經濟生活之關係的研究成果來看，能關注到經濟生活，並最終回歸到文學本身的、令人信服的研究實績也並不多；在 20 世紀流行的政治經濟學視野下的研究成果，由於政治經濟學本身對階級、政治鬥爭的看重，導致這種視角下的文學研究必然地偏離了文學本位，而使得文學成了一種說明政治經濟學原理的形象化工具。這些既有的探索，爲我們認識經濟學視野的有效性提供了借鑒，但也爲我們理智地認識經濟學視野的限度提供了基礎。

我們以爲，論者在從民國經濟角度進入現代文學研究時，必須確定研究的邊界：到底是研究民國文學中的經濟問題，還是研究民國經濟視角下的現代文學？從我們的根本訴求來看，應選擇後者而非前者。以回歸文學爲本位，將不僅使我們的這種研究與近年來流行的文學的外部研究區別開來，也使我們在一定程度上規避既往經濟學視野下的研究曾落入的一些陷阱。當然，要做到這一點，我們還有漫長的路要走。

【論文修改得到了范智紅老師、尹富老師的幫助，特此致謝。】

【作者簡介】

楊華麗：女，1976 年生，四川武勝人，綿陽師範學院文學與對外漢語學院副教授，文學博士，主要從事中國現代文學與文化研究。

# 貳、論民國生存語境的文學詮釋與經濟重構

王玉春


## 摘　要

新文學敘事對「生之艱」的摹寫與詮釋，與經濟視角審視下對現代知識份子生存語境的重審，二者構成鮮明的反差。悖論的形成既體現出啓蒙主義文學觀念下，知識份子的自我體認與主動選擇，也顯露出文學研究中的某些概念化與片面化弊端。從對民國生存語境的重新考察，既需要相對全面綜合的考量，警惕局部視閾下細節呈現所帶來偏頗，又要注意到現代知識份子豐富的精神世界與價值取向。


關鍵字：生存語境，民國經濟，詮釋

1911～1949 年的三十八年間，被史學界稱之為中國歷史上的「民國時期」。這一時期的中國遭逢前所未有之大變局，古與今、新與舊、中與西的碰撞交融，建構起民國文化的獨特風景。穿越近一個世紀的歷史風塵，昔日繁榮之文化、自由之思想，特立獨行之「民國範兒」，夾雜著紛飛的戰火、動蕩的時局，在「回望」的視線中搖曳生姿。近年來，「民國熱」持續升溫越來越受到人們關注，與此同時，重新審視民國歷史，對民國生存語境的探討也引起研究者重視，日益成為中國現代文學研究有待開拓的新課題。

## 一、「生之艱」的詮釋與重構

「哀民生之多艱」，屈原在《離騷》的聲聲「長太息」，所體現出的憂國憂民意識，作為中國文學的優良傳統，在新文學敘事中得到充分發揮。一方面，現代作家通過小說等虛構性作品，表達對民生疾苦的關注，注重摹寫生存處境的艱難。以魯迅為例，作為現代小說開端的《吶喊》《彷徨》，貫穿著作者對如何療救社會病苦、改造國民性的思考，其在敘事中所提倡的「在高的意義上的寫實主義」，究其實質正是在強調物質匱乏困苦的基礎上，進一步揭示人的精神病態，從而達到對人物靈魂的拷問。無論是《奔月》中作為符號意義的「烏鴉炸醬麵」所隱喻的飲食男女的生存困境，還是《藥》中對暗示華老栓一家生活拮据的「滿幅補丁的夾被」的不經意間地一瞥，以及《孔乙己》中「站著喝酒而穿長衫」的唯一人的窮酸潦倒人生的集中呈現，和《傷逝》中對社會經濟壓力下失去附麗的愛情悲劇的渲染，小說的敘事動因或者說文本所側重強調的都是對「生之艱」的生存語境的呈現。再如郭沫若，其早期小說的絕大部分都以困窘的日常生活為中心，如《鼠災》、《函谷關》、《月蝕》、《聖者》、《十字架》、《陽春別》、《行路難》、《後悔》、《紅瓜》等，均以大量篇幅和細緻筆觸親切地摹寫主人公現實生活中的生存困境，傾訴貧困與饑餓。而在左翼作家茅盾、沙汀、葉紫等的筆下，無論是都市還是鄉村都瀕臨破產凋敝的絕境，工商業的衰敗，經濟的蕭條，故鄉的衰敗，民不聊生，賣兒鬻女，餓殍遍野……，幾乎成為左翼經濟敘事的共同特徵。

另一方面，現代作家通過序跋、自敘傳、散文等帶有「紀實」色彩的作品，建構起現代知識份子困厄傾頹的生存語境。包括魯迅在《吶喊》自序中對「從小康人家而墜入困頓」的家庭變故的描述與對棄醫從文的個人心路歷程的剖析，《朝花夕拾》中對世態炎涼與飽受侮辱的慘傷童年記憶的舊事重提，以及《野草》中對苦悶人生、灰暗命運的冷峻呈現等等，「時常躲在黑暗的角落裏冷笑」的魯迅，對人生苦難精神底色的書寫可以說是貫穿始終的。諸如此類的「痛說革命家史」「直面慘澹人生」的自我詮釋，在現代作家的個人敘事中屢見不鮮。「我們的物質生活簡直像伯夷叔齊困餓在首陽山上」，郭沫若在長達萬言的書信《孤鴻——致成仿吾的一封信》中，可謂寫盡貧困潦倒、饑餓絕望，其「萬事都是錢。錢就是命！」〔註 1〕的喟歎令人感慨。而現代都會主義作家穆時英在《白金的女體塑像・自序》裡則以「在生命的底線上游移著的旅人」自喻，《父親》、《舊宅》、《第二戀》等帶有自敘傳色彩的小說都在訴說著同一個主題，即生存的不易。

與文學世界所摹寫詮釋的困厄慘澹、水深火熱的「生之艱」相比，近年來研究者從經濟視角對民國生存語境的重構，則顯示出另外一番面貌。1990 年代以來，以陳明遠爲代表，重新審視現代知識份子生存語境的系列研究成果，包括《知識份子與人民幣時代》（2006）、《文化名人的經濟背景》（2007）、《文化人的經濟生活》（2010）、《魯迅時代何以爲生》（2011）等，在讀者中引起強烈反響。這些研究旨在從經濟視角入手考察文化人生活、瞭解現代知識份子生存發展，不僅爲讀者瞭解二十世紀二三十年代文化人的生活細節、經濟狀況與社會生活提供全面、翔實的史料，更提示研究者對民國知識份子生存環境與地位的重新考量。

「魯迅、胡適、蔡元培爲首的一批文化名人的生存狀況眞如我們想像中那般清貧嗎？他們的收入從哪裡來？他們怎麼養活一家老小？」《文化名人的經濟背景》一書在「內容簡介」中提出了上述質疑。可以說，對讀者「想像」的質疑，既是著者立論謀篇的出發點，也是發掘、運用史料的一個重要維度。在這一基礎上，書中對民國知識份子的經濟狀況與生存狀態作了相當細緻的考察，尤其是對「年可坐得版稅萬金」的魯迅的生存「眞相」的披露頗具顛覆力：魯迅愛逛琉璃廠、淘古物字畫，愛吃館子、擺酒席，孝敬老母，資助親友，前期在北京住四合院時就雇用女工和車夫；後期在上海住大陸新村三層樓房，他和許廣平、幼子海嬰三人更雇有兩個女傭，晚年全家經常乘計程車看電影、兜風、赴宴席；魯迅經濟獨立以後，開始每個月給浙江家人五六百塊錢的資助。這筆錢，大致相當於當時 100 個三輪車夫一月的收入；魯迅

〔註 1〕郭沫若：《孤鴻——致成仿吾的一封信》，《郭沫若全集》（文學編 16 卷），人民文學出版社，1989 年，第 9 頁。

就在1919年和1924年買過兩個四合院，一大一小，大者3500元，小的1000元……如此優越的物質生活條件，如此闊綽休閒的日常生活，既與魯迅筆下詮釋的「生之艱」迥然不同，更與很多讀者心目中的那個「荷戟獨彷徨」「怒向刀叢覓小詩」的魯迅形象大相徑庭。

於是，經濟視角審視下對民國生存語境的重構，與文學敘事中對「生之艱」的摹寫詮釋之間行成鮮明的反差。那麼，爲什麼會形成上述言說的悖論？我們應該如何看待民國知識份子的生存語境？它又對現代文學研究提供了哪些啓示？

## 二、悖論的形成與反思

長期以來，現實主義被視爲現代文學的重要創作方法，讀者往往習慣於從「文學是社會生活的反映」的角度來解讀作品。但是，當人民從反映論的視角試圖從文學作品的詮釋中，來獲得對社會生活等生存環境的眞切瞭解時，其得出的結論往往是片面和簡單的。現代知識份子在文學創作中對生存困境的書寫、對人生苦難的透視，常常充滿著對國家民族的多重想像與建構。正因如此，閱讀者如果將文學作品中所呈現的這些「被詮釋」的生存語境，視爲不證自明的生活「眞相」，並將其與客觀現實一一對應坐實，以期獲得對當時歷史背景與現實社會的認知，所得出的結論可能與史實相去甚遠。這可能也是陳明遠爲魯迅所開列的經濟賬單，在讀者中引起不小衝擊的原因之一。〔註2〕

悖論形成的另一重要原因，還在於主觀意圖在創作與研究中的過度彰顯。從新文學敘事的角度，在啓蒙主義文學觀念的宏大建構下，對「生之艱」的摹寫，成爲魯迅一代知識份子的自我體認與主動選擇，繼而成爲現代文學史書寫中力圖張揚的「顯在寫作」。「國計民生」是現代民族國家的根本要務，也是啓蒙現代性的重要維度。中國現代文學誕生在民族危機深重的年代，啓蒙國民性成爲新文學的根本使命，這在很大程度上影響了現代知識份子的題材選擇與敘事立場。魯迅在談到「我怎麼做起小說來」時，反覆強調「我仍抱著十多年前的『啓蒙主義』，以爲必須是『爲人生』而且要改良這人生。……

〔註2〕當然，也要看到生存體驗對作家創作的制約，同樣寫「貧困」，生活「優越」的魯迅更多是形而上的精神領域的叩問，而彼時生活困窘的郭沫若則更多形而下的日常敘述。

所以我的取材，多採自病態社會的不幸的人們中，意思是在揭出病苦，引起療救的注意」。〔註 3〕因此，在「啓蒙」觀念統率下，對「生之艱」的摹寫與對「萬惡的舊社會」的批判一起成爲時代的「共名」。

其實，早在 1930 年代，林徽因爲《大公報・文藝副刊》編選小說選時，就對這一創作現象有所警覺：「如果我們取鳥瞰的形勢來觀察這個小小的局面，至少有一個最顯著的現象展在我們眼下。在這些作品中在題材的選擇上似乎有個很偏的傾向：那就是趨向農村或少受教育份子或勞力者的生活描寫」。〔註 4〕林徽因認爲這一傾向並不是偶然的，「說好一點是我們這個時代對於他們——農人與勞力者——有濃重的同情和關心；說壞一點，是一種盲從趨時的現象」，因爲「描寫勞工社會、鄉村色彩已成一種風氣，且在文藝界也已有一點成績，初起的作家，或個性不強烈的作家就容易不自覺的，因襲這種已有眉目的格調下筆。尤其是在我們這時代，青年作家都很難過自己在物質上享用，優越於一般少受教育的民眾，便很自然的要認識鄉村的窮苦，對偏僻的內地發生興趣，反倒撇開自己所熟識的生活不寫。拿單篇來講，許多都寫得好，還有些特別寫得精彩的，但以創造界全盤試驗來看，這種偏向表示貧弱，缺乏創造力量。並且爲良心的動機而寫作，那作品的藝術成分便會發疑問。」〔註 5〕這種「偏向表示貧弱」的作品，雖然「缺乏創造力量」，但卻在新文學史敘事中得到進一步彰顯，與此同時對其他所謂「潛在敘事」的遮罩就順理成章了。

同樣的道理，陳明遠從經濟角度對生存語境的「重構」，其潛在的寫作意圖中無疑既包含著是對之前五四文學敘事中所詮釋的現代知識份子困厄傾頹的生存語境的反撥，又寄託著研究者對當下中國知識份子生存環境的關注和潛在對比。在這樣的主觀意圖之下，對魯迅所謂優越生活條件的「張揚」就可想而知了。事實上，研究者的這種主觀意圖在大眾媒介傳播過程中得到極大的彰顯。不少轉載、評論都突出了這樣的關鍵語句：「魯迅一生總收入竟達 408 萬」，「魯迅 30 歲時年薪約爲 09 年 34 萬」。而魯迅的「豪宅」更成爲關注的重點：「在 20 世紀二三十年代，文人買個四合院住住，似乎是家常便飯。

〔註 3〕魯迅：《南腔北調集・我怎麼做起小說來》，《魯迅全集》（4 卷），人民文學出版社，1981 年，第 512 頁。

〔註 4〕林徽因：《〈文藝叢刊・小說選〉題記》，載天津《大公報・文藝》，1936.3.4。

〔註 5〕林徽因：《〈文藝叢刊・小說選〉題記》，載天津《大公報・文藝》，1936.3.4。

魯迅就在1919年和1924年買過兩個四合院，一大一小，大者3500元，小的1000 元。」有評論者進一步作了比較，「2007 年，在北京五環外買一處安居之所，即使最小的房子，也要40～50萬，如果要達到魯迅先生的住房條件，沒有3000萬元是不能的。而當時，這套房子的總價值相當於魯迅先生和周作人兄弟二人 7 個月的薪金總和，今天，相當於一個年輕人 500～1000 年的薪金總和（以年薪3～6萬元計）」〔註6〕。這的確是一筆「讓人苦笑不得的賬」，且不論這樣的計算、折合是否科學，單就研究者對數字細節的過分強調，所關注的焦點已經轉移了讀者對五四生存狀態的探究，無疑容易導致對魯迅以至五四整體生存語境的片面化理解。

實際上，除了相對「優越」的魯迅，現代作家中生活窘迫，爲生計奔忙的比比皆是。「鬻文爲生」的不穩定性，常令作家在經濟上捉襟見肘，沈從文在《第二個狒狒》小引中，曾講述自己「寂寞可傷」的生活，「來到北京，因爲窮，學著人寫著一點小說之類，……從每千字中取出五毛左右的報酬來，養活著自己，在我一年來，是如此度過。未來的生活，又包圍了我。回頭既不能，寫五毛錢或一塊錢一千字的文章因爲病也不人容易寫出了」。可以說，現代知識份子中經濟窘迫的比比皆是，甚至諸多因債臺高築而發憤著述的個案，只是在研究者主觀意圖的彰顯下，往往自動過濾或淡化了上述與立論觀點不一致的枝節。當對「生存語境」的呈現與研究，成爲創作者或研究者實現主觀意圖的一種佐證時，其得出的結論出現偏頗，也就是必然的了。

## 三、重審民國生存語境

對民國生存語境的重審，需要相對全面綜合的考量，因其涉及到經濟社會生活的方方面面，而尤需整體大局眼光。需要指出的是，「歷史」爲生存語境的探討留下了大量鮮活豐富的細節，但是當這些細節作爲「以管窺豹」的力證，進而成爲作者謀篇立論的重要依據時，這樣的細節往往是不夠「可靠」的。

一方面，在對民國生存語境的「細部」考察上，既要注意到同一作家在不同時間段的生存境況變遷，又要關注到同一時間段內不同作家的迥異生存狀態。例如，1920 年代的老舍，彼時出任勸學員，每月的工資高達一百元之多。一百元的購買力，根據老舍下面的這段描述不難推斷：「一份炒肉絲、三個油火燒，一碗餛飩兼臥兩個荷包蛋，也不過一毛一二。要是有一毛五，還

〔註6〕 李陽泉：《一把真實而有趣的尺子》，載《科學時報》2007.7.18。

可以外叫一壺老白乾兒來喝喝了（《小型的復活》）；而抗戰時期的老舍，因為戰時經濟形勢逆轉，物價飛漲，生活狀況已不可同日而語。在文協決定撤離武漢遷往重慶時，老舍幾乎無力購買船票。到重慶後的老舍生活愈加困難，爲了省錢戒煙戒酒，隨著經濟壓力的增大，身體也越來越差，貧血，打擺子、頭暈的毛病不時發作，「苦悶得像一條鎖在柱子上的啞狗」。〔註 7〕再如，1929 年的魯迅與朱湘，其生存狀況可謂天壤之別。這一年的魯迅，據統計共收入 15382.334 圓，平均每月 1281.86 圓；而朱湘則上演了「一分錢難倒英雄好漢」的現實悲劇，其出世不到一歲的孩子竟因爲沒有奶吃而被活活餓死。經濟拮据，精神憤懣，難以爲繼的朱湘幾年後最終縱身躍入清波，年僅 29 歲。只有注意到這些「細部」的不同，才有可能進行更爲全面地考察。民國生存語境的相關研究，是一個十分複雜的課題，往往涉及到政治、經濟、文化、精神心理等方方面面，很多情況是無法「一言以蔽之的」。而對生存語境的或艱難或優越的極端書寫，都是「局部視閾」下細節呈現所帶來偏頗的表現。

另一方面，從經濟視角對民國生存語境的重新考察，尤其需要注意到現代知識份子豐富的精神世界與價值取向。正如傳統研究因「諱言錢」對作家生計問題的忽略而導致研究上的概念化、片面化，新的研究趨勢對經濟問題的過分彰顯同樣帶來新的偏至。陳明遠的重要觀點之一即對「經濟」與「思想自由，個性解放、人格獨立」之間關係的論述，強調經濟之於精神的重要性。「自由固不是錢所能買到的，但能夠爲錢而賣掉」，正是有了自由獨立的經濟生活作爲自由思想與獨立人格之堅強後盾和實際保障，現代知識份子方才成爲啓蒙運動中傳播和創新現代化知識的社會中堅。這種經濟決定論不僅顛覆了作家形象的傳統認知，也是對五四精神的誤讀。例如，《文化人的經濟生活》一書就將《新青年》同人不要稿酬的原因歸結爲「《新青年》成員都有相當穩定的中等階層收入，所以他們辦的『同人刊物』方能做到不以盈利爲目的」。〔註 8〕如此論斷在強調經濟決定論的同時，已悄然構成對「同人精神」「五四精神」的遮蔽。事實上，五四一代知識份子如陳獨秀自 1904 年創辦《安徽俗話報》，所有編輯、排版、校核、分發、郵寄等均一一親自動手。「三餐食粥，臭蟲滿被」，亦不以爲苦，所秉持的正是「我辦十年雜誌，全國思想都全改觀」的理想與信念。而讀書期間的朱湘，在窮到常連吃飯的錢都沒有時，

〔註 7〕 老舍：《老舍書信集》，百花文藝出版社，1992 年，第 156 頁。
〔註 8〕 陳明遠：《文化人的經濟生活》，陝西人民出版社，2010 年，第 149 頁。

仍然自費創辦了不定期文藝刊物《新文》，儘管因經濟窘迫出版兩期後就停刊了。不論陳獨秀視爲「人生最高尙優美的生活」的「出了研究室就入監獄，出了監獄就入研究室」；還是魯迅提出的「眞的知識階級」應該「永遠站在底層平民這一邊，是永遠的批判者」，蘊積其中的精神內涵都不是簡單的經濟決定論所能涵蓋的。誠如陳明遠先生所言，離開了錢的魯迅不是完整的魯迅，那麼，過分強調錢，無視精神維度的考量，更是對魯迅的「誤讀」。「從生活窘迫過來的人，一到了有錢，容易變成兩種情形：一種是理想世界，替處同一境遇的人著想，便成爲人道主義；一種是什麼都是自己掙來的，從前的遭遇，使他覺得什麼都是冷酷，便流爲個人主義。」《文藝與政治的歧途》一文中所闡釋的「人道主義」金錢觀，正是魯迅個人對生計問題的自我注解。通過稿酬、版稅、兼課等解決了個人生存問題的魯迅，不僅在生活中慷慨解囊給予葉紫、蕭紅、蕭軍、曹靖華、李霽野等青年作家諸多經濟上的支持，更通過文學作品毅然發出鐵屋中的吶喊以「替窮人想想法子，改變改變現狀」。可見，只有在更爲開闊的視野中才有可能深入揭示民國生存語境，正是在這一意義上，對民國生存語境的更爲深入的重審，研究者責無旁貸。

【作者簡介】

王玉春（1980～），女，山東威海人，文學博士，大連理工大學人文學院中文系講師，碩士生導師，主要從事中國現當代文學與文化研究。

# 參、民國時期傳媒與現代學院互動機制的形成

周維東

民國時期傳媒與現代學院的頻繁互動，是中國近代社會的重要現象，也是考察許多文化現象的社會基礎。報紙與現代學院的互動，爲聚集在學院中的知識份子提供了參與社會改造、實現社會理想的平臺，正是擁有這個平臺，中國知識份子才可能在近代社會變革中起到「啓蒙者」、「導引者」的作用。當然，報紙與現代學院的互動，也使現代學院中的專業知識、思想見解迅速向更大範圍傳播，推動了文明的進程，也逐步確立了報紙作爲近代中國「公共領域」的地位和作用。新文化運動的興起，便得益於報紙和現代學院的良好互動。由於二者互動機制的形成，以「同人」形式開始的新文化運動才可能迅速在全國範圍內形成影響，也才可能使新文化倡導者形成可以呼應的「陣營」。民國報業的輝煌局面也得益於二者之間的良好互動。民國著名報紙如《大公報》、《京報》、《晨報》、《益世報》、《申報》、《新華日報》等等，在全國乃至全球形成重大影響，離不開現代學院的支持。現代學院的知識優勢和人才優勢，提升了這些媒體的文化底蘊和思想深度。然而，傳媒與現代學院的互動也造成「學術問題社會化」的現象，它使得民國時期的很多文化討論更加複雜多疑，譬如眾所周知的「科玄論戰」、「整理國故」之爭、「打倒孔家店」之爭、「民族形式」大論戰等，純粹學術化的認識和結合社會現實的認識，可能就會有完全不同的見解。正是基於這些原因，本文對民國時期報紙與現代

學院互動的現象及歷史成因進行探討，希望找到這種互動機制形成的深層原因，並對我們認識民國歷史有所啓示。

## 一、民國報紙與現代學院互動的方式

民國時期報紙與現代學院的互動形式主要表現爲三個方面：

### 1、文人論政

「文人論政」是近代報刊形成的重要傳統，學界一般將這一傳統的源頭追溯至王韜創辦的《循環日報》，這份報紙開創的「論說」欄，爲「文人論政」提供了重要陣地，也爲近代報刊的歷史定位立下了標杆。自此之後，中國近代有影響的報刊，如《時務報》、《清議報》、《新民叢報》、《民報》、《新青年》、《獨立評論》、《努力周刊》、《新月》、《京報》、《大公報》、《晨報》、《新華日報》、《生活》周刊、《群眾》、《觀察》等，無不以大膽而獨到的「論政」著名於世，形成自己的聲望。「文人論政」造就一大批以論政著名的文人，他們中有傳媒人和社會活動家，如王韜、梁啓超、章太炎、陳獨秀、英斂之、張季鸞、陳布雷、邵飄萍、于右任、鄒韜奮、儲安平等，還有很大一部分則是學院派知識份子，如胡適、傅斯年、馬寅初、梁實秋、陳衡哲、羅隆基、費孝通、宗白華、周作人、蔡元培、錢玄同、劉半農、毛子水、馮至、馮友蘭、梁漱溟、陳垣、林紓、辜鴻銘等，如果再加上如魯迅等階段性在學院逗留的知識份子，學院知識份子參與「論政」的人數和規模還會增加。可以毫不誇張地說，民國時期的知識份子，無論是學院內外，基本不存在沒有在媒體上參與「論政」的人。正是由於「文人論政」傳統的興盛，不僅民國時期的「文人」樂於論政，媒體也願意廣開言路聘請更多的知識份子參與其中。譬如上世紀 30 年代創刊於北京的《經世日報》，聘請了一大批學院派知識份子爲特約撰稿人，如胡適、馮友蘭、顧頡剛、沈兼士、毛子水、湯用彤、陳紀瀅、邱椿、馮至、楊振聲、齊思和、陶元珍、鄧恭三、陳垣等，都曾經爲報紙寫稿。再如在上世紀 40 年代聞名的著名雜誌《觀察》，作者就不乏胡適、馬寅初、傅斯年、陳衡哲、王芸生、費孝通、宗白華等大學者，有研究者統計過《觀察》作者群的職業分佈，認爲「除了個別人爲政府官員外，大部分是當時中國第一流大學的教授，其中尤其以從事經濟學、法學、社會學、新聞學

和文學的居多，並且多數是無黨派人士。」〔註1〕

2、學者辦刊

除了參與論政，學者辦刊也是民國時期非常常見的現象。這種現象的興起可追溯到晚清，但它成爲一種潮流當推「五四」。「五四」新文化運動的革新力量促成了中國近代史上的辦刊潮，爲了弘揚新知、標榜思想，大家紛紛辦報辦刊，其中很大一部分就誕生在校園之中。大家都知道，「五四」時期最著名的《新青年》雜誌是由北大教授「同人」主辦，而這一時期以北京大學爲中心擴散開來的報刊還有：《新潮》、《國民》、《國故》、《莽原》、《每周評論》、《晨報》、《歌謠》、《語絲》、《努力周刊》等；如果把視野擴大，這一時期出現的校園刊物，如《湘江評論》、《天津學生聯合會報》、《五七》日刊（北京）、《上海學生聯合會日報》、《學生周刊》（武漢）、《新生活》、《新湖南》、《浙江新潮》等等，都是學院知識份子的產物。

民國時期的學院派知識份子除了獨立辦刊，爲報紙擔任專門副刊主編的現象更是非常普遍。如 20 年代享譽全國的《京報》，除最富盛名的《京報副刊》外，還先後創辦幾十種專業副刊，著名如《海外新聲》、《經濟周刊》、《婦女周刊》等，蔡元培、李石、馬寅初、國立女子師大薔薇社與它們有著密切的聯繫。新記時代的《大公報》先後創辦二十多個專業性副刊，如《科學周刊》、《市政周刊》、《社會研究》、《醫學周刊》、《政治副刊》、《讀者論壇》、《社會科學》、《現代思潮》、《世界思潮》、《社會問題》、《經濟周刊》、《軍事周刊》、《文藝副刊》、《明日之教育》、《鄉村建設》、《圖書周刊》、《史地周刊》、《縣鎮建設》，張申府、蔣百里、夏堅白、何廉等著名學人在這裡擔任主持，一大批學院派知識份子爲刊物撰稿。因爲學院派知識份子是很多副刊的主要撰稿人或主持者，爲了編輯的方便，一些報紙的副刊編輯部乾脆設在大學校園裡。如《大公報・史地周刊》編輯部設在燕京大學，《益世報・人文周刊》編輯部設在輔仁大學，《北京晨報・社會研究》編輯部設在燕京大學，《大公報・經濟周刊》編輯部設在南開大學，《北京晨報・國劇周刊》編輯部設在清華大學，《益世報・益世小品》編輯部設在國立山東大學，《大公報・文學副刊》編輯部設在清華大學，《益世報・文學周刊》編輯部設在國立北京大學文學院。〔註2〕

〔註1〕袁新潔：《近現代報刊「文人論政」傳統研究》，江西人民出版社，253 頁，2009。

〔註2〕王曉寧、雷世文：《中國現代報紙文藝副刊的學院派文化特色概述》，《鹽城師範學院學報》（人文社會科學版），2006 年第 1 期。

### 3、大眾傳媒上的學術活動

民國時期媒體與學院文化的互動，除了學者參與論政、編輯，大眾傳媒上的學術活動也是重要的形式之一。1934 年 1 月 1 日，《大公報》在要聞版以顯著地位，加框刊出了「本報特別啓事」:「本報今年每星期日，敦請社外名家擔任撰述『星期論文』在社評欄地位刊佈。現已商定惠稿之諸先生如下：一、丁文江先生；二、胡適先生；三、翁文灝先生；四、陳振先先生；五、梁漱溟先生；六、傅斯年先生；七、楊振聲先生；八、蔣廷黻先生。」〔註 3〕此後，任鴻雋、張奚若、吳景超、梁實秋、馬君武、何廉、吳其昌、陳衡哲、竺可楨、太虛、范旭東、蔣百里、穆藕初、雷海宗、郭沫若、茅盾、老舍、費孝通、蔡尙思等不斷加入，成爲中國大眾傳媒史上最具特色、最富盛名的欄目之一。「星期論文」的創作隊伍中除個別軍政顯要和和一些社會名流，主要是大學教授;「星期論文」的主題，多數是以時政爲主，但也涉及了大量無關時局的基礎研究，而且即使是時政話題，報紙的編輯思想也體現出與單純「論政」的差別，它不在乎政治立場，更關注學術自由，使其成爲學術與大眾交流的重要平臺。

如果說僅僅發表專業論文還不能說明問題，孫伏園主編《晨報副刊》時期，副刊與新潮社的互動則更將媒體與學院文化的親密互動表現了出來。作爲五四時期北京大學內的著名社團，新潮社以「介紹西洋近代思潮，批評中國現代學術上、社會上各問題爲職司」〔註 4〕，其中骨幹在走出校門後多以學術研究見長。孫伏園作爲新潮社曾經的重要成員，在擔任副刊編輯時爲同人的學術活動十分出力，《晨報副刊》廣告欄多次刊登新潮社曾經同人進行學術活動的廣告，如《北京大學研究所國學門風俗調查表》(1923 年 7 月 7 日)、《國立北京大學研究所國學門古跡古物調查會啓事》(1923 年 9 月 22 日)、《北京大學國學門研究所調查河南新鄭孟津兩縣出土古物紀事》(1923 年 10 月 18～31 日)、《北京大學研究所國學門方言調查會成立紀事》(1924 年 2 月 13、14 日)、《國立北京大學研究所國學門歌謠研究會常會迎新會員紀事》(1924 年 3 月 7、8 日）等〔註 5〕。這些廣告的刊出，固然因爲《晨報》的主要讀者是在校大學生，但也讓人感到有學校校刊的感覺，學院化傾向十分明顯。

〔註 3〕《大公報》，1934 年 1 月 1 日。

〔註 4〕《新潮·發刊詞》，國立北京大學出版部，1919 年 1 月。

〔註 5〕陳捷：《現代學術與大眾傳媒的互動——以〈京報副刊〉廣告欄與北京大學研究所國學門爲例》，《江西社會科學》，2010 年第 1 期。

民國時期大眾傳媒上的類似學術活動還有很多，中國近代學術史上的許多論戰，如「科玄之爭」、「古史辨之爭」、「整理國故之爭」、「民族形式之爭」等等，都在大眾媒體上有所反映，這也體現出民國媒體與學術親密互動的一個側影。

## 二、報紙公信力塑造與對學院文化的需求

民國時期報紙與現代學院形成良性互動的原因很多，其中很重要的原因來自報紙運營的需要。1941 年，《大公報》被美國密蘇里大學新聞學院評爲最佳外國報紙，張季鸞在《本報同人的聲明》中說：「中國報原則上是『文人論政』的機關，不是實業機關。這一點可以說是中國落後，但也可以說是特長。」〔註 6〕張季鸞的話對於今人理解民國時期的傳媒、以及傳媒與學院文化的關係很有啓發意義。

認爲中國報「是『文人論政』的機關，不是實業機關」，強調的是民國報業非純粹盈利性的特點，聯繫《大公報》以及民國時期的報業實際，可以從民國報紙的社會定位及運營實際來理解。不將報紙視爲「實業機關」，在中國報業發展史上有一個形成發展的過程。中國報業興起之初，辦報者看重的恰恰是報業興起帶來的商機。戈公振在《中國報業史》中說：「我國人民所辦之報紙，在同治末已有之，特當時只視爲商業之一種，姑試爲之，固無明顯之主張也。〔註 7〕」「其時開報館者，惟以牟利爲目的」〔註 8〕。然而，僅僅將報紙視爲盈利機關，中國報紙並沒有獲得社會的認同，梁啓超這樣評價此時的報紙：「每一展讀，大抵『滬賓冠蓋』、『瀛眷南來』、『祝融肆虐』、『圖竊不成』、『驚散鴛鴦』、『甘爲情死』等字樣，闐塞紙面，千篇一律甚。乃如臺灣之役，記劉永福之娘子軍；團匪之變，演李秉衡之黃河水，明目張膽，自欺欺人。觀其論說，非《西學原出中國考》，則《中國宜亟圖富強論》也。輾轉抄襲，讀之唯恐臥。以故報館之興數十年，而於全國社會無纖毫之影響。」〔註 9〕這種境況在報紙記者的社會地位中也能得到印證，「故一報社之主筆訪員，均爲不名譽之職業。不僅官場仇

〔註 6〕張季鸞：《本報同人的聲明》，《大公報》，1941 年 5 月 5 日。

〔註 7〕戈公振：《中國報學史》，上海古籍出版社，2003 年，121 頁。

〔註 8〕戈公振：《中國報學史》，上海古籍出版社，2003 年，122 頁。

〔註 9〕梁啟超：《中國報館之沿革及其價值》，楊光輝、熊尚厚、呂良海、李仲明編：《中國近代報刊發展狀況》，新華出版社，1986 年，10～11 頁。

視之，即社會亦以撥弄是非輕薄之。」〔註10〕如此不屑之地位，足以可見初期商業報紙的蕭條處境。

最初有意提高報紙在國人心目中之地位的報人是《循環日報》的創辦者王韜。這份報紙創辦之初，王韜明確指出：「本局是用博采眾言，兼收並蓄。凡民生之休戚，故國之機宜，製造之工能，舟山之往來及山川風土禍福災祥，無不朗若列眉……。其有關中外者必求實錄，不敢以杜撰相承」〔註11〕；「俾眾生感發善心，消除惡念，發幽光於潛德，開悔悟於愚民而已。」〔註12〕兩條宣言強調了辦報者嚴肅認眞的態度，也有意體現報紙在社會中舉足輕重的作用。自此之後，中國報紙繼承了王韜的辦報思想，報紙之地位和社會影響爲之一變。「甲午挫後，《時務報》起，一時風靡海內，數月之間，銷行至萬餘份，爲中國有報以來所未有，舉國趨之，如飲狂泉。」〔註13〕梁啓超對《時務報》風靡海內的描述，可以窺見報業觀念改變後，報紙社會影響的改變。《時務報》是維新派人士創辦的報紙，「以提倡變法爲主旨」，「以紀載中外大事，評論時政得失」〔註14〕，可見其辦報思想與早期報紙的差距，而其「數月之內，銷行至萬餘份」的市場情況，足見報紙在改變自身定位後獲得得巨大成功。自此之後，中國報非「實業機關」的社會定位逐漸形成：「其可得而稱者，一爲報紙以捐款而創辦，非以謀利爲目的；一爲報紙有鮮明之主張，能聚精會神以赴之。斯二者，乃報紙之正軌」〔註15〕。之後的報紙，《大公報》在創刊之際，英斂之這樣爲報紙「定調」：「報之宗旨，在開風氣，牖民智，挹彼歐西學術，啓我同胞聰明。」「故本報斷不敢存自是之心，剛愎自用，亦不敢取流俗之悅，顛倒是非，總期有益於國是民依，有裨於人心學術。」〔註16〕《益世報》創刊時也宣稱：「蓋必有良社會，而後有眞道德，此本報發刊之唯一宗旨也。」「必當折中輿論，體察群情，事之有利於社會者詳言以指導之，事之不便於社會者，直言以糾正之，革舊染而開新機，使人類享無窮之幸福；然後以智識輔道德之

〔註10〕戈公振：《中國報學史》，上海古籍出版社，2003年，123頁。
〔註11〕王韜：《論法在因時變通》，《循環日報》，1880年5月15日。
〔註12〕王韜：《本館日報略論》，轉引夏啟才：《王韜的近代輿論意識和〈循環日報〉創辦》，《歷史研究》，1990年2期。
〔註13〕梁啟超：《中國報館之沿革及其價值》，楊光輝、熊尚厚、呂良海、李仲明編：《中國近代報刊發展狀況》，新華出版社，1986年，11頁。
〔註14〕戈公振：《中國報學史》，上海古籍出版社，2003年，171頁。
〔註15〕戈公振：《中國報學史》，上海古籍出版社，2003年，207頁。
〔註16〕英斂之：《大公報序》，《大公報》，1902年6月17日。

不逮，以道德助社會之進行。」〔註 17〕報業發展到 20 世紀 3、40 年代，競爭加劇導致報業運營成本提升，一份報紙在創辦過程中不可能只強調理想而不考慮盈利，但這些大報的「宣言」也並非虛詞。當中國報業的傳統已經形成，一份報紙要想做大做強，必須要有承擔社會責任的「非實業」理想，否則這些報紙只能再回到晚清小報的命運。戈公振在總結民初報業時說：「且人民因讀報而漸有判斷力，當安福系專政時代，報紙多爲收買，凡色彩濃厚者，俱爲社會所賤惡，而銷數大跌。年來報紙之主張不時變易者，雖竭力刷新精神，而終不得社會之信仰。」〔註 18〕

此外，從《大公報》和民國諸多報紙的運營實際看，張季鸞認爲民國時期的中國報不是「實業機關」，也是指它背後的諸多投資者多不將之視爲純粹的經濟活動。《大公報》就是一個典型的例子。新記《大公報》的投資人吳鼎昌在接手《大公報》時，正值賦閒在家，他辦報的目的主要不是賺錢盈利，而是利用報紙參政議政，撈取政治資本以東山再起。吳鼎昌有句名言：「政治資本有三個法寶：一是銀行；二是報紙；三是學校，缺一不可。」果然，他在擔任南京政府實業部長後，便辭去了《大公報》社長的職務。與吳鼎昌相似的情況在民國時期比比皆是，這其實與中國報「非實業」的社會定位有很大關係，正是因爲中國報紙在大眾當中形成了這樣的公信力，才可能吸引諸多政客以此參政議政，形成對當局產生的政治影響。張季鸞稱「可以說是中國落後」，指出的也正是這一點，這裡的所謂「落後」是指中國民主政體尚未建立，文人、政客將報紙視爲「論政」的領域，忽略了報紙多樣的功能。但其也認爲是「特長」，不僅說明這是中國報紙的特點，也是對民國報紙作爲「非實業機關」而擁有的社會公信力和言論自由度的肯定。

正是由於民國報紙「開風氣，牖民智」、「革舊染而開新機」的自身傳統和社會定位，民國時期的報紙要想獲得市場的認可，要想在激烈的競爭中長期處於不敗之地，就必須始終走在時代的前列，這不僅體現在報紙編輯上，更要求報紙與創造知識的學院派知識份子的互動當中。在一份報紙興衰存亡的過程中，我們可以非常明顯地看到它與學院文化互動情況的回應變化。在大公報最爲興盛的「新記」時期，僅 1929～19368 年間，便先後創辦 20 多個專業性副刊，與清華大學、南開大學、丙寅醫學社等多所高校和科研單位保

〔註 17〕夢幻：《本報發刊辭》，《益世報》，1915 年 10 月 1 日。

〔註 18〕戈公振：《中國報學史》，上海古籍出版社，2003 年，237 頁

持緊密的聯繫，涉及學科包括政治、經濟、軍事、醫學、市政、社會學、人類學、文學、藝術學、農學等等，名副其實是一份報紙版「百科全書」。而在《大公報》較爲艱難的王郅隆時期，雖然有固定的副刊，「但基本都是小說、詩歌、散文幾類，有文言文、有白話文。在當時的社會潮流來講，絕算不上先進，是當時比較保守的副刊類型」〔註 19〕。兩廂比較就不難看出學院文化對報紙興衰的重大意義。

## 三、現代知識份子：未盡政治理想的實現之途

學者葉啓政曾經談到知識份子的理想和社會現實的關係，他認爲：知識份子之理想要有實現的可能，若不是自己進入政治體系中，一般有兩個主要渠道：一是通過種種方法直接或間接影響政權擁有者的認知，二是掌握大眾以集體行動來貫徹。然而要緊的是，無論通過怎樣的方式，很明顯都要求社會有便捷而自由流暢的溝通渠道（尤其是大眾傳媒渠道），也都必須有相當開放的言論自由保障。〔註 20〕葉啓政的話對於理解民國時期傳媒與知識份子的互動很有幫助。民國知識份子是不幸也是幸運的一代。不幸在於他們是從「士」向「知識份子」過渡的第一代讀書人，他們大多接受了「士」的教育和熏陶，但又無法正常走上「士大夫」的道路，其中理想與現實的衝突讓他們經受了太多的人生煎熬。但幸運又在於，民國相對自由的言論空間，給予了他們「便捷而自由流暢的溝通渠道」，他們可以通過媒體完成未盡的政治理想。

中國讀書人在從「士」向「知識份子」的過渡中，大致分爲兩脈，一脈如王韜、包天笑至後來的魯迅等，就職於媒體或成爲自由撰稿人；一脈進入學術機關，成爲學院派知識份子，後者的比例更加龐大。本文研究的主角——中國最早的學院派知識份子，其學術的顯赫與他們政治抱負不相上下。1927 年 6 月，學術巨擘王國維自沈於北京頤和園，顧頡剛在悼詞中曾痛心發問誰害了王國維：「國家沒有專門研究學問的機關害死了王國維！我們應該建設專門的研究機關。士大夫階級的架子害死了王國維！我們應該打倒士大夫階級！我們不是士大夫！我們是老百姓。」〔註 21〕顧頡剛的追問不可謂不沉痛，而愈是沉痛愈反

〔註 19〕方漢奇等著：《〈大公報〉百年史》，中國人民大學出版社，2004 年，163 頁。

〔註 20〕葉啓政：《「理論——實踐」的轉型與安置：知識份子的理想和社會的現實》，收入氏著：《社會、文化和知識份子》，東大圖書公司，1991 年，112 頁。

〔註 21〕顧頡剛：《悼王靜安先生》，《文學周報》，1928 年第 5 卷第 1 期。

映出「士大夫」情結對於他們這一代知識份子的壓力之沉、之重。「士大夫情結」源於中國古代社會的「士大夫政治」，「士大夫」在其功能分化或角色分化過程中，經歷了由「合」到「分」、又由「分」到「合」的過程，特別是經歷兩漢四百年的發展，士大夫政治大致確立了其最基本的形態：民間學士「學優則仕」，通過科舉制度進入帝國政府成爲文人官僚，由此形成的士大夫階層與「士大夫政治」，構成了古代官僚政治的獨特之處。〔註22〕讓這些立志爲國之棟梁的人進入書齋，從「四民之首」變成普通老百姓，雖然顧頡剛呼喚的迫切，但要徹底去掉這份「情結」並非易事。

所以，如果要回顧晚清至民國的學術史，政治是不得不考察的一個維度。我們可以以京師大學堂向北京大學過渡中文科教授的變遷來看待這一問題。京師大學堂成立之初，主要學者和督辦官員有總辦：康有爲、梁啓超；官學大臣：孫家鼐、許景澄、張白熙、李端棻；總教習：柯邵忞、勞乃宣、吳汝綸；譯書局總辦、副總辦：嚴復、林紓；經史教習：孫詒讓；副總教習：辜鴻銘、屠寄、林啓、汪鳳藻、羅振玉等。其構成主要是開明官僚和改良派知識份子，而就其學術淵源來說，可分爲「康梁」和「桐城」兩脈，是晚清之際的兩大顯學，與清廷的良好關係是二者的共同之處。民國建立前後，黃侃、馬裕藻、沈兼士、朱希祖、朱宗萊、沈步洲、沈尹默和錢玄同等章太炎的弟子先後進入北大（京師大學堂），北大的學術風氣爲之一變。章氏弟子對中國近代學術的影響頗盛，他們秉承了章太炎獨特的治學方式，從而在現代學院文化有著較爲清晰的承傳痕跡。而談到章太炎的學術，這位「有學問的革命家」必須要涉及到他的政治理念和革命思想。對近代學術史有深入研究的王富仁先生對章太炎的學術思想有這樣的看法：「章太炎的主要思想基礎是民族主義的，其實質就是清代學者在學術研究活動中自然蘊涵著得民族主義意識的進一步發展，是有清一代漢族知識份子的集體意識或集體無意識的由內向外的爆發。」〔註23〕近代史研究學者鄭師渠、羅志田在研究中也注意到這一點。〔註24〕王富仁先生在這裡所說的「集體意識」和「集體無意識」，是指清代漢族知識份子爲尋找人格獨立而產生的民

〔註22〕閻步克：《士大夫政治演生史稿》，北京大學出版社，1996年。

〔註23〕王富仁：《「新國學」論綱（上）》，《社會科學戰線》，2005年1期。

〔註24〕鄭思渠先生在著作《晚清國粹派——文化思想研究》（北京師範大學出版社，1997年），羅志田先生在論文《溫故可以知新：清季民初的「歷史眼光」》（見《裂變中的傳承：20世紀前期的中國文化與學術》，中華書局，2003年）中都有類似判斷，祇是他們各自論述的角度有所差異。

族主義，它在學術上的表現則是由顧炎武、黃宗羲、王船山、戴震、章學誠等開創的清季實學，這種學術傳統也影響到章太炎和他的弟子。不過，章太炎及其弟子與他們前輩的歷史境遇發生了很大的變化，清廷動蕩和現代傳媒的出現，給了他們更直接表現政治理想的機會，他們參加「革命黨」的活動，可以在現代傳媒上直接表達自己的政見，這種淤積了幾代人的情感需要一個溝通渠道進行排解。

我們再回到梁啓超、嚴復和林紓等改良派知識份子，他們曾經在清廷動蕩時獲得直接參與政治的機會，但在保守派和革命黨的雙重衝擊下，更多時候是「在野」的政治失意者。他們很早就發現現代傳媒可以作爲延續其政治活動的一種途徑，因此熱衷於辦報並利用報紙傳播思想，清末民初的許多重要報刊都與他們有著或明或隱的聯繫。

很多學者都注意到從「士」向「知識份子」轉化中的「權勢轉移」，簡單地說，在讀書目的發生變化後，不同的教育背景和知識結構對一個知識份子的命運可以造成重大影響，這種變化便是「留學生」的崛起。在章氏弟子充實北大之後，新一批進入北大的「新貴」，是胡適、陳獨秀、李大釗、周作人等留學生新秀。相對於一直在傳統教育中成長起來的知識份子，意氣風發的「留學生」們受到「士」牽擾和負累教少，但他們的「精英意識」讓他們的政治理想和社會理想並不亞於其他知識份子，而且他們更善於利用傳媒。

作爲中國現代學院派知識份子的代表，胡適曾經在北大校慶大會上反思自己「開風氣則有餘，創造學術則不足」，我們不去討論這是否是其自謙，但「開風氣」和「創造學術」的兩分法，可以看出其對自己人生道路的概括。結合胡適人生經歷，其「創造學術」可以理解爲具體的學術研究，而「開風氣」則是他在學界、政界、文化界掀起的種種新潮，這些新潮可以理解爲新、舊文化轉型期的必然結果，但對於「開風氣」的人來說，其目的也顯然並非只是爲了學術——特別是那些學界之外「風氣」。學者章清在談到以胡適爲代表的新派知識份子的自我定位時說：要擺脫「士」的糾纏，似乎就要自我定位於「老百姓」或「被統治階級」；而知識份子的精英意識及讀書人本身的稀少，又意味著納入「老百姓」亦非易事。因此，在爲現代讀書人尋求新的階級定位時，相應凸顯了這一角色類似「士大夫」的使命感。〔註 25〕這種

〔註 25〕章清：《「胡適學人派」與現代中國自由主義》，上海古籍出版社，2004 年，318 頁。

類似「士大夫」的使命感，用新式詞語便是「精英意識」，它的外在表現便是「開風氣」，採取的方式則是掌控媒體。章清分析「胡適派學人群」「根深蒂固的精英觀念」，主要例證便是：「他們出來辦刊物，只是其精英意識最眞實的寫照；相應地他們所拓展的『論述空間』，尤其重視精英階層對於改造社會的作用，便也不足爲怪了。」〔註 26〕

胡適的精英意識和表現形式中國現代另一位影響人物——魯迅的身上得到了印證。魯迅在其著名的小說集《吶喊》的自序中，講述了自己爲中國強大而苦苦尋覓的過程，他最終找到施展自己社會理想的途徑——「從文」和「辦刊」，這兩種途徑都是通過媒體產生社會影響力。在這篇序言中，魯迅沉痛地回憶了自己找到這兩條道路的辛酸歷程，在《新生》失敗後的沮喪和寂寞，他以抄古碑自慰——但這種純粹的學術活動顯然難以平復他內心激昂的情感和抱負——這是在民族危亡時機的責任感和使命感，如果它不是「士大夫」情結，那麼便是知識份子的「精英意識」。魯迅復出的標誌也非常有趣，魯迅在自序中這樣描述，那是他與錢玄同的一場對話：

> 「你鈔了這些有什麼用？」有一夜，他翻著我那古碑的鈔本，發了研究的質問了。
>
> 「沒有什麼用。」
>
> 「那麼，你鈔他是什麼意思呢？」
>
> 「沒有什麼意思。」
>
> 「我想，你可以做點文章……」〔註 27〕

當時的錢玄同是北京大學語言學教授，見魯迅抄錄古碑鈔本，竟質問「有什麼用？」入情入理都有些說不過去。而且，有研究者也證實，魯迅這一時期的古碑抄錄爲其中國古典小說研究打下基礎，這些都是重要學術經典，怎麼能說「沒有什麼用」、「沒有什麼意思」呢？問題的癥結，在於在他們這一代知識份子看來，推動社會變革顯然重於純學術研究——這是他們的共識，因此他們的問答能夠達到默契。而錢玄同邀請魯迅復出的辦法也很特別——做點文章，而這也竟引發了魯迅關於「鐵屋子」的聯想和躊躇，可見他們對於實現社會理想的方

〔註 26〕章清：《「胡適學人派」與現代中國自由主義》，上海古籍出版社，2004 年，314 頁。

〔註 27〕魯迅：《吶喊・自序》，《魯迅全集》（第一卷），人民文學出版社，1981 年，418 頁。

式也很一致——那便是走上媒體。

胡適和魯迅的例子可以代表一代知識份子的歷史選擇，他們的社會理想可能不盡相同，他們通過媒體傳遞的東西也可能各有差異，但通過媒體對社會產生影響，是這一代知識份子大致相同的選擇。

## 結　語

民國報紙與現代學院互動格局的形成是中國社會近代化過程中的必然產物。作爲一種新型媒體，報紙要想爲中國社會所接受，就必須承擔起「公共領域」的功能，而依靠現代學院是其提升自身公信力和公共性的必然選擇。中國學院派知識份子的「士大夫」情結和精英意識，使他們難以置民族危機於不顧而獨守書齋，通過報紙傳遞社會理想、承擔社會責任也就成爲現實需要。正是兩者的共同作用，這種互動格局才得以迅速形成，並貫穿整個民國。

民國報紙與現代學院互動格局的紐帶是政治，它使民國報紙成爲名符其實的「論政機關」。這裡的「論政」不僅僅是對時政提出見解，也包括對專業知識、文學趣味的介紹和傳遞。專業知識和文學趣味，當其僅僅在學院中傳播，它是諸種知識和趣味中的一種；當它進入到「論政機關」，它就代表了一種姿態和立場，間接地參與到「論政」當中。理解民國時期的文化現象，不能脫離了「論政」的語境，如果僅僅在純粹學術的立場上抽象理解，所得結論可能就謬之千里。

民國報紙與現代學院互動格局的基礎是平等，是相互需要的結果。如果這種基礎遭到破壞，這種格局也隨之解體。新中國建立後，雖然報紙與學院派知識份子也有互動，但由於報紙的主要功能是充當「喉舌」，因此平等互動的基礎遭到破壞，二者之間的互動格局也隨之解體。失去了現代學院支持的報紙便成了政治和市場的附庸，而失去表達平臺的學院派知識份子也失去了聯繫的紐帶。分析民國報紙與現代學院的互動機制，對於反思當下媒體和學院文化有重要的借鑒意義。

【作者簡介】

周維東，四川大學文學與新聞學院副教授。

# 肆、民國時期新疆經濟政策與文學發展

胡昌平


## 摘　要

民國時期新疆的經濟政策主要由地方割據政權製定和實施，這使得新疆現代多民族文學的發展呈現出獨特的一面。儘管楊增新時期的經濟政策帶有很大的閉關自守性，但其屯墾戍邊政策及新蘇（俄）經濟貿易促進了新疆現代文學的發生，維吾爾、哈薩克等少數民族文學都因此而開始了早期的現代轉型。盛世才時期的經濟政策大力地促進了新疆的經濟和社會發展，也使得新疆各民族的抗戰文學出現了繁榮的景象。在金樹仁時期和國民黨統治時期，新疆因戰亂而無有效的經濟政策，其文學發展也受到制約。


關鍵字：民國時期，新疆，經濟政策，文學，影響中華民國的建立，使新疆各族人民擺脫了幾千年的封建統治，新疆多民族文學也由此進入到新的歷史階段。新疆多民族文學的發展在很大程度上受到經濟政策的影響。由於地理位置的偏遠及地方割據政權的存在，民國時期中央政府的經濟政策沒能在新疆得到貫徹實施。孫中山的《建國方略》曾提議在西北地區修築鐵路以發展西北經濟，然而民國初期的條件使其無法實現。楊增新主政新疆十七年（1912～1928）雖聽命於北洋政府但往往政由己出。1930 年，南京國民政府提出「開發西北」的口號，1932 年，國民黨第四屆中央執行委員會第三次全體會議通過了「開發西北案」，但這些重要的經濟政策未能在盛世才時期（1933～1944）的新疆得到實施。民國時期新疆的經濟政策主要由地方政府製定與實施，因此與其他地方有著顯著的不同。經濟政策的不同是否導致新疆多民族文學的發展與其他省區不同呢？在新疆，現代文學的發展與經濟政策又有著怎樣的關係呢？我們主要通過對楊增新和盛世才時期新疆經濟政策與文學發展的考察來對此進行探討。

## 一、楊增新時期的經濟政策與新疆現代文學的發生

漢族（漢語）文學在由古典向傳統的轉換過程中經歷了藝術觀念、語言工具、文學體裁、題材內容等多方面的深刻變革，而以維吾爾文學和哈薩克文學爲主的新疆少數民族文學的轉換則更多地表現在藝術觀念和題材內容方面。促進新疆文學現代轉換的主要原因是社會生活的變遷，其中由經濟政策推動的經濟生活是一個重要的原因。劉鋒傑認爲：「經濟對文學的影響，是提供了新的生活場景，新的人物，新的社會心理，新的人性故事，正是這些新的東西，使得文學在進行審美活動時有了嶄新的領域，形成了新的風貌。」〔註 1〕可以說，新疆現代文學的發生之初是與楊增新的經濟政策密切相關的。

1912 年 5 月，楊增新被任命爲新疆都督而掌握了新疆的軍政大權。楊增新上臺之際，因爲戰亂及英俄的侵略，新疆財政混亂，經濟凋敝。爲了鞏固在新疆的統治，楊增新採取了一系列措施來扭轉局面。首先是清理財政、整頓稅收與金融，這改變了新疆財政的混亂狀況，但由於濫印紙幣依賴「鈔票財政」而導致通貨膨脹。其次是振興實業。1917 年，楊增新政權成立了新疆

〔註 1〕 劉鋒傑，略論經濟對文學的正面影響〔A〕，許建平、祁志祥主編，中國傳統文學與經濟生活，鄭州：河南人民出版社，2006，P33。

實業廳，並派人到天津、濟南、南京、上海等招商引資。「楊增新在全國民族企業發展的大潮衝擊下，曾試圖招商引資振興新疆的經濟，又以狹隘的保護新疆紳商經濟利益爲口實，很快地關上了招商引資的大門，致使新疆失去了良好的經濟發展的歷史機遇。」〔註 2〕

楊增新振興實業的成效並不大，但開辦的造紙傳習所爲新疆各民族報刊業的發展奠定了物質基礎，進而爲文學的傳播提供了媒介。維吾爾現代文學的先驅者庫圖魯克・阿吉・肖柯（1876～1937）於 1918 年在喀什創辦了《意識報》（一名《覺悟》），並在創刊號上發表的詩歌中寫道：「求上帝給我一把劍，／並命令它砍掉人民身上的鎖鏈。／如果祖國人民的命運還是那麼苦，／我願這把劍就砍下我的頭。／肖柯死也不願看。／祖國命運的悲慘。」〔註 3〕庫圖魯克利用報刊積極宣傳科學、民主與愛國主義，進行思想啓蒙。《意識報》的出版發行依賴於經濟的發展，又因封建頑固勢力在經濟上製造困難而迫使它出版幾期後就停刊，這是經濟直接制約文學的結果。

爲鞏固在新疆的統治，楊增新先在經濟上閉關自守，在文化上則實行愚民政策，欲「把新疆各族人民變爲『不通文字，不讀詩書』和『蠢蠢而居，嬉嬉而遊』的『混沌之民』，以實現他的『無爲而治。』」〔註 4〕俄國十月革命和我國「五四」運動之後，楊增新曾採取「堵住嘉峪關」的措施，阻止馬列主義和「五四」新文化在新疆的傳播。正因爲如此，新疆少數民族現代文學在發生之初缺少「五四」新文化運動的影響而在相對封閉的環境中沿自身的軌跡艱難地行進。

儘管楊增新的統治帶有很濃的封建性，但他勵精圖治，且未捲入軍閥混戰而使新疆處於相對的和平之中。斯文・赫定曾對楊增新讚揚有加，認爲他博學多才，「在治疆過程中，他鼓勵商業，修建道路，進口汽車，創置了電站和一個工業作坊，現在還在忙於新的建設計劃」。〔註 5〕楊增新最有成效的經濟政策應是屯墾戍邊。他組織開墾官有荒地，實行軍屯和民屯，重視興修

〔註 2〕魏長洪，試析楊增新的招商引資〔A〕，吳福環、魏長洪主編。新疆近現代經濟研究文集，烏魯木齊：新疆大學出版社，2002，P113。

〔註 3〕轉引自阿紮提、蘇裏坦等。二十世紀維吾爾文學史〔M〕，烏魯木齊：新疆大學出版社，2001，P19。

〔註 4〕方英楷主編，中國歷代治理新疆國策研究〔M〕，烏魯木齊：新疆人民出版社，2006，P236～237。

〔註 5〕斯文・赫定，亞洲腹地探險八年 1927～1935〔M〕，烏魯木齊：新疆人民出版社，1992，P220～221。

水利，充分安置無業游民，並對屯墾突出的官吏進行獎勵。「楊增新統治新疆時期，是新疆屯墾的繼續發展時期。從 1912 年 5 月到 1928 年 7 月，增加耕地 140 多萬畝，靠新疆軍民自己的力量解決了衣食問題。」〔註 6〕基本生活得到了保障，新疆各族人民自然有了更高的追求，教育和文化事業的發展也就有了基礎。儘管楊增新實行愚民政策而不熱心於教育事業，但經濟的發展與形勢的需要迫使他突破了愚民政策而推動了新疆教育事業的發展。除了經文學校，新疆各少數民族在此期間陸續開辦了許多新型學校，爲文學的發展培養了大量人才和受眾。如哈薩克著名詩人唐加勒克・卓勒德（1903～1947）在 10 歲時學習經文，1916 年進入新型學校接受現代教育，1918 年轉入新源縣夏波柯的一所新型學校學習，後來進入「惠遠學堂」（1917 年創辦）學習了三年漢語，這些受教育的經歷爲他成爲哈薩克現代文學的奠基人打下了基礎。

新疆少數民族現代文學發生的內在動因是社會生活的變遷與思想觀念的轉變，導致這些變化的主要推動力還在於經濟政策及其引起的經濟生活。楊增新統治新疆時期，除了上述經濟政策之外，還有一個重要的方面是對外經濟貿易政策。「楊增新主政新疆期間，新疆除和蘇聯有貿易關係外，也和英國及其控制下的印度、阿富汗等國有貿易往來，其地在南疆一帶，中心是喀什噶爾。」〔註 7〕儘管與英國等的貿易沒有相關條約，貿易額也不大，但它對新疆南疆維吾爾族的經濟和文化的影響不可低估。新疆南疆的維吾爾知識份子大多以此爲窗口瞭望世界，有的也因經濟條件較好而出國朝拜或留學。庫圖魯克・阿吉・肖柯跟隨父親到沙烏地阿拉伯朝拜，並到埃及和土耳其接受高等教育，這多少受到晚清以來新疆南疆對外經濟和文化交流的影響。然而，由於楊增新時期新疆南疆的經濟落後，對外經濟貿易也不發達，所以在維吾爾現代文學發生之初，南疆作家的數量明顯比北疆的要少得多。

十月革命之後，帝國主義對蘇聯進行經濟封鎖，北洋政府也曾一度中斷與蘇聯的經濟貿易。但「1928 年以前楊增新統治新疆時期，新疆與蘇聯一直保持著正常的通商關係，這種關係沒有受到華北、東北中蘇關係變化的影響。……新疆派駐蘇聯中亞的五個領事館，也由新疆省政府自行領導，與民

〔註 6〕方英楷主編，中國歷代治理新疆國策研究〔M〕，烏魯木齊：新疆人民出版社，2006，P239。

〔註 7〕陳慧生、陳超，民國新疆史〔M〕，烏魯木齊：新疆人民出版社，2007，P194。

國中央政府不發生直接關係。結果形成雙邊貿易無成約而自由往來的奇特局面。」〔註 8〕1920 年初，新疆與蘇聯草簽了《塔城臨時通商合同》，是年 5 月，又簽訂了《伊寧會議定案》（亦名《伊犁臨時通商協定》）。這一通商條約基本上是平等互利的，改變了晚清以來新疆對外經濟貿易的不平等地位。新蘇經濟貿易的發展給新疆經濟帶來了活力，促進了新疆各族人民傳統觀念與風俗習慣的改變。如哈薩克族原來鄙視經商，還迷信賣馬奶子會招來災禍，但新蘇經濟貿易促進了哈薩克族的經濟發展與生產關係的轉變，並對其傳統觀念和風俗習慣造成巨大的衝擊。到二十世紀二、三十年代，塔城、額敏、阿爾泰等城鎮的哈薩克族由從事牧業轉向了從事小型手工業、個體行業和商業，社會生活發生了巨大變化，因此爲文學提供了新的內容。

經濟貿易並不是純粹的經濟活動，它必然帶來文化的交流與相互影響。新蘇貿易的發展，使新疆一些少數民族作家拓寬了文化視野，有的還到蘇聯留學，這對新疆少數民族現代文學的發生有著巨大的推動作用。楊增新時期到過蘇聯的維吾爾族作家有阿布都哈裏克・維吾爾（1901～1933）（隨父經商、留學，1926 年回國）、哈斯木江・康巴爾（1910～1956）（隨父移居、留學，1932 年回國）、買買提力・托合塔吉（1901～1936）（防止迫害而出國留學，1933 年回國）等，哈薩克族作家唐加勒克・卓勒德則偷渡到蘇聯留學，1925 年回國。此外，因爲新蘇（俄）經濟貿易及沙皇俄國的迫害，一些出生於俄國的作家到新疆定居，如維吾爾族的瑪熱甫・賽義德（1898～1942）（1918 年到中國）、哈薩克族的庫迪克（1888～1937）（1916 年到中國又回蘇聯，之後定居中國）、阿熱甫江・江吾紮克（1878～1946）（1915 年到中國）等。這些作家對新疆維吾爾和哈薩克文學的現代發生與發展作出了重要的貢獻。作家在新疆與蘇聯（俄國）間的雙向流動，使得新疆少數民族文學深受蘇聯（俄國）文學的影響，其從古典向現代的轉換就有了蘇聯（俄國）文學作爲外因，這與其他地方一些少數民族文學更多地受漢族文學（「五四」新文學）影響而發生現代轉換有很大的不同。

楊增新時期的新疆經濟政策及其引起的社會生活的變遷促進了新疆少數民族文學的現代發生，它既爲文學提供了新的內容，又爲其現代轉型帶來了外國文學的影響。新疆少數民族現代文學發生的主客觀條件與「五四」新文

〔註 8〕厲聲，新疆對蘇（俄）貿易史（1600～1990）〔M〕，烏魯木齊：新疆人民出版社，1993，P340。

學運動相似，但其主要標誌除了表現新的社會生活之外，更重要的還在於充分發揮了文學的思想啓蒙作用。

維吾爾現代文學的先驅者主要有阿布都哈得爾大毛拉、阿布都哈裏克・維吾爾、納蘇哈・伊敏、庫圖魯克・阿吉・肖柯、玉素甫・居拜爾等人。庫圖魯克・阿吉・肖柯的《一切已醒來》呼喚人們「清醒吧，沉睡的時候已過，／由於科技，整個四周已醒。」他以詩歌爲武器大膽地反對愚昧落後，要求人們學習科學技術以創造美好未來。阿布都哈裏克・維吾爾作於 1921 年的《我的維吾爾民族》是具有濃厚思想啓蒙色彩的詩歌，詩人對維吾爾族的陋習與劣根性進行了痛心疾首的批判：「我們對今日的世界一無所知，……掌握科學技術的人們已在藍天遨遊，／我們卻連匹驢也沒有，只憑兩片腳板。／見到了汽車，狂呼『主啊，這是何物？』／不知動腦筋，只知傻眼驚歎。」詩人的《痛苦的時代》、《不願……》、《麻木不仁》等都是向本民族人民進行思想啓蒙的詩歌。哈薩克族著名詩人唐加勒克・卓勒德在 1920 年代創作了一些啓蒙主義詩歌，但他利用文學進行思想啓蒙成果最多的時期是在二十世紀三、四十年代。在盛世才時期，新疆少數民族文學有了一場深刻的思想啓蒙運動，其經濟基礎是楊增新時期奠定的。

雖然楊增新時期新疆各族人民的衣食基本上能得到保證，但當時的稅收繁多，人民的負擔很重，許多人仍然生活貧困。因此，反抗剝削、反抗壓迫、反抗殘暴統治就成爲新疆少數民族現代文學發生期的又一重要內容。阿布都哈裏克・維吾爾的著名詩篇《憤怒與痛呼》，宣揚革命以反對壓迫：「維吾爾啊，可憐你遭受如此的境遇，／別無他法，只有提著腦袋，踏上征程！」在這一時期，他還寫了《反對暴政》、《心的嚮往》、《能見到的山絕不遙遠》等詩歌，揭露和抨擊了統治階級的罪惡，謳歌人民的反抗鬥爭，飽含著詩人旺盛的戰鬥激情。〔註 9〕1926 年，楊增新當局以「用詩歌進行反動宣傳，鼓吹蘇俄」爲藉口而將唐加勒克・卓德勒逮捕入獄。在監獄裏，詩人懷著滿腔憤恨，寫下了《宣言》、《期冀》、《在伊犁的監獄中》等詩篇，揭露了黑暗的牢獄生活，控訴了劊子手的殘酷迫害。形成新疆少數民族現代文學的戰鬥精神、革命傳統的原因，除了嚴酷的社會現實之外，還有俄蘇革命文學的巨大影響。從時間上來說，新疆少數民族現代文學受俄蘇革命文學的影響總體上早於創造

〔註 9〕 阿紮提・蘇裏坦等，二十世紀維吾爾文學史〔M〕，烏魯木齊：新疆大學出版社，2001，P25。

社、太陽社對革命文學的提倡。當然，新疆少數民族現代文學的戰鬥精神、革命傳統在盛世才時期表現得更加突出。

## 二、盛世才時期的經濟政策與新疆抗戰文學的繁榮

1933 年新疆發生了「四一二」政變，盛世才依靠軍權奪取了新疆的最高權位。1934 年，盛世才提出了「八大宣言」，1935 年又確定了「九項任務」，在此基礎上，製定了「六大政策」，即：反帝、親蘇、民平、清廉、和平、建設。「六大政策」的實施，使新疆的政治、經濟和文化都得到了很好的發展，新疆多民族現代文學進入了第一個繁榮階段。

「六大政策」中的「建設」主要指的是經濟建設。盛世才在新疆的統治地位基本確立後，就採取了一些積極的措施恢復社會生活和發展經濟。盛世才政府製定和實施的經濟政策主要有：實施農業救濟，恢復農業生產；大力恢復發展畜牧業；整頓財政金融；大力發展屯墾事業等。盛世才政府在經濟上還實行計劃發展，從 1936 年起製定了三個三年發展計劃，前兩個計劃成效顯著，第三個計劃因「三區革命」而失敗。在蘇聯和中國共產黨的幫助下，新疆的農墾事業獲得空前發展，「迅速擴大了耕地，提高了農作物的產量，使新疆農墾事業走上了近代化的道路。1933～1944 年，新疆的耕地面積從 463 萬多畝增加到 1680 多萬畝，十年之內增加耕地 1216 萬多畝。1933～1942 年，新疆糧食產量從 463 萬石增加到 1173 萬石。十年之內增加糧食 710 多萬石。這是新疆屯墾史上耕地和糧食產量增長最快的時期。」〔註 10〕盛世才時期，新疆與蘇聯的經濟貿易也得到了更大的發展，「1941 年新蘇貿易總額爲 9079.7 萬盧布，達到民國時期新疆對蘇貿易的高峰。」〔註 11〕盛世才時期新疆的經濟政策非常有成效，這爲新疆的教育、文化的大發展提供了堅實的物質基礎，有力地促進了新疆多民族文學的發展。

爲了發展各民族的文化和教育，盛世才政府在迪化（今烏魯木齊）成立了維吾爾文化促進會、哈薩克—柯爾克孜文化促進會，蒙古文化促進會，回族文化促進會，漢族文化促進會，錫（伯）索（倫）滿文化促進會，在伊犁

〔註 10〕方英楷主編，中國歷代治理新疆國策研究〔M〕，烏魯木齊：新疆人民出版社，2006，P248～249。

〔註 11〕方英楷主編，中國歷代治理新疆國策研究〔M〕，烏魯木齊：新疆人民出版社，2006，P253。

還有塔塔爾民族文化促進會，歸化族文化促進會等。各民族文化促進會除了總會外還有區分會、縣分會乃至村支部等各級組織。各民族文化促進會積極開展文化活動，與政府和民眾一起大力發展教育事業。1933 年前，新疆各級學校只有 60 所，學生兩千名。到 1937 年底，新疆各級公立學校 226 所，學生三萬五千多名；各族文化促進會創立的學校有 1849 所，學生十萬六千餘名；民眾創立的學校 50 所，學生近兩千名。盛世才政府不僅向各族文化促進會提供經費，也向各級各類學校提供經費。「新疆政府對學生的優待，在全國是少有的。學生入學，概不收學費，紙筆硯以及課本都由政府供給，並供給膳宿等。中學大學的學生還有津貼，畢業後由政府加以任用，絕無『失業』的恐懼，並且每年還派學生到國外去留學。」〔註 12〕盛世才時期新疆的經濟政策及其配套的教育和文化政策，直接促進了新疆各民族現代文學的繁榮。維吾爾族詩人黎特夫拉・穆塔裏甫（1922～1945）、劇作家祖農・哈迪爾（1911～1989）等儘管出生貧窮但都有機會接受教育，他們也因此能夠走上文學之路。許多作家還在各族文化促進會中發揮著重要的作用，如維吾爾族的尼米希依提（1906～1972）、賽福鼎・艾則孜（1915～2003），哈薩克族的努爾塔紮・夏勒根拜（1889～1940）、唐加勒克・卓德勒等。

盛世才政府的政治、經濟和文化政策在較長時間內都具有開放性、進步性，有力地促進了新疆的社會經濟和文化的發展，促進了各民族的團結與祖國的統一。可以說，盛世才時期新疆多民族文學的發展在政治、經濟等各方面都有著優越於其他省區的條件，從而形成了新疆各民族抗戰文學的繁榮局面。

抗日戰爭時期，由於新疆經濟發展、政治清明、社會穩定、民族團結，內地許多文化名人來到新疆，如作家茅盾、張仲實，電影工作者趙丹、徐滔、王爲一、朱今明、于村，畫家魯少飛、戴彭蔭，音樂家易烈、陳谷音等。茅盾到新疆後不久就做了《抗戰與文藝》的演講，此後積極地傳播新文學思想，做了《中國新文學運動》、《〈子夜〉是怎樣寫成的》等演講，寫了《五四運動之檢討》、《在抗戰中紀念魯迅先生》、《通俗化、大眾化和中國化》等文章。茅盾的這些演講和文章都發表於當時新疆的報刊上，對新疆多民族現代文學產生了重要的影響，使其在二十餘年後承續了五四新文學傳統。新疆多民族文學受俄蘇文學的影響與五四新文學幾乎同步，茅盾在新疆又寫有《二十年

〔註 12〕汪孝春，建設中的新新疆，新華日報，1938 年 5 月 22 日。

來的蘇聯文學》、《誠懇的希望》等文章介紹蘇聯革命文學，使新疆各族作家對蘇聯文學有了更深的理解並更好地繼承了其革命傳統。茅盾的《新疆文化發展的展望》、《文化工作之現在與未來》等文章對新疆文學的發展具有指導作用。茅盾在新疆還撰寫了《關於〈戰鬥〉》、《演出了〈新新疆萬歲〉以後》等評論文章，推動了新疆抗戰話劇的發展。此外，茅盾在新疆還寫了一些散文和政論文章。茅盾及其他內地來新疆的作家與新疆本土作家共同促進了新疆抗戰文學的繁榮。

盛世才在新疆執政初期的 1934 年就成立了「新疆民眾反帝聯合會」，積極反對帝國主義，以確保新疆永久爲中國之領土。抗戰時期，新疆雖不在前方，卻是中華民族最堅實的大後方。盛世才政府不僅修建當時我國唯一一條國際大通道（霍爾果斯至星星峽），保證了盟國援華抗戰物質的運輸，同時還在錢物上大力支持抗戰。新疆各族作家在這種大背景下，不僅在文學創作中極力表現和鼓舞各族人民的愛國熱情與抗戰激情，並通過文學活動爲抗戰募款募物。

黎特夫拉·穆塔裏甫是傑出的維吾爾愛國詩人，其文學創作的高峰期正值抗戰時期。詩人的作品主要有詩歌《致人民》、《在偉大的懷抱裡》、《中國》、《五月——戰鬥之月》、《戰鬥的中國婦女》、《解放的鬥爭》等，還有詩劇《戰鬥的姑娘》及雜文《「皇軍」的苦悶》、《她的前途光明遠大》等。這些作品的主題都是表現中國人民堅持抗戰的頑強鬥爭意志，滿腔熱情地謳歌英勇戰鬥的英雄們。尼米希依提（1906～1972）的《偉大的祖國》也是充滿抗日愛國激情的著名詩篇。維吾爾劇作家祖農·哈迪爾以抗戰爲題材創作了話劇《游擊隊員》、《相逢》等，上演後起到了良好的教育鼓舞作用；《愚昧之苦》、《蘊倩姆》等劇作則延續了維吾爾現代文學的啓蒙主題與反抗壓迫的主題。賽福鼎・艾則孜的文學創作同樣有兩個主題，一是抗戰，如小說《遺物》、《光榮的犧牲》、《亞迪卡爾》等，另一是啓蒙，如小說 《孤兒托合提》、《當代奴隸》等。

抗戰與啓蒙是盛世才時期新疆各族文學兩個最重要的主題，革命與戰鬥是新疆各族文學共有的精神，愛國主義與民主主義則是其表現的兩種主要思想。這些不僅表現在維吾爾文學之中，也在哈薩克族與其他民族的文學中有突出的表現。

唐加勒克・卓德勒在二十世紀三、四十年代的詩歌創作仍然以啓蒙爲重要主題，他在詩歌中揭露和批判哈薩克族的劣根性，號召本民族向其他民族學習，如《我們哈薩克人在做什麼》、《磋商》、《致加涅汗》等，這些詩作有力地推動了哈薩克文學的現代轉型。唐加勒克在他的詩中也表現出了強烈的抗日愛國激情:「中華——我的祖國，我要保衛你，／直到我的一雙眼睛緊閉！／啊，小日本，你休要漁利，／我們決不讓你侵佔一寸土地！」努爾塔紮・夏勒根拜的《我的見聞》是我國哈薩克族的第一部長篇小說，它描述了 19 世紀下半葉到 1933 年之間哈薩克人民的生活狀態，敘述了哈薩克人民英勇反抗沙俄的侵略和上層封建主的統治壓迫，表現出了鮮明的民主主義思想。哈薩克族詩人阿斯哈爾・塔塔乃創作了抗戰詩歌《讓妄圖吞沒地球的日寇漂在自己的血泊中歸去》、《致日本鬼子》等。烏孜別克族作家許庫爾・亞裏坤在二十世紀三、四十年代創作了近 20 部劇作，其中《上海之夜》、《為祖國之恥》、《重要文件》等都是以抗戰為主題。《上海之夜》「這部作品在新疆各地文學上映，獲得轟動性的效果，茅盾在新疆看過這部話劇之後，還誤以為是內地的漢族人創作。」〔註 13〕錫伯族作家烏紮拉・薩拉春、玖善、郭基南等適應時代的要求，在二十世紀三、四十年代以文學針砭時弊，揭露腐敗，喚醒落後，積極進行思想啓蒙。

新疆抗戰文學的繁榮得益於盛世才政府的經濟和文化政策，同時也受到蘇聯革命文學和「五四」新文學傳統的積極影響。新疆抗戰文學的繁榮又為抗戰募集了大量資金，有力地支持了前線的抗戰。「據不完全統計，整個抗日戰爭期間，新疆各族人民節衣縮食為抗戰累計捐款國幣約 5000 萬左右，還有大量的實物未計在內。……新疆文化勞軍運動捐款數目為當時新疆幣 20 萬，折合國幣 100 萬，名列全國第一；同時捐贈作戰飛機 154 架。」〔註 14〕經濟政策對文學的發展有著直接的影響，文學繁榮後又能推動經濟的發展，二者是密切相關，相互作用的。

盛世才統治新疆的後期走向了反動，後來公開投靠國民黨，並大肆逮捕和殺害共產黨人和進步人士，新疆的抗日民族統一戰線破裂。反對盛世才和國民黨的殘暴統治也就成為二十世紀三、四十年代新疆文學的一個重要內容。阿熱甫江・江吾紮克在 1936 年創作的詩歌《發光的四月》就毫不留情地

〔註 13〕左紅衛，中國新疆抗戰文藝史〔M〕，烏魯木齊：新疆美術攝影出版社，2010，P203。

〔註 14〕左紅衛，中國新疆抗戰文藝史〔M〕，烏魯木齊：新疆美術攝影出版社，2010，P216。

揭露了盛世才政府的反動本質。唐加勒克・卓德勒創作了《囚牢紀事》、《什麼人坐牢房》等詩歌，黎・穆塔裏甫則在監獄牆壁上寫下了詩句「這廣漠的世界對於我恰似一座地獄，／萬惡的劊子手使我青春的花朵枯萎。」他們都揭露了盛世才和國民黨的殘暴統治，表現出了頑強不屈的戰鬥精神。盛世才於 1944 年秋被迫離開新疆，國民政府開始了對新疆的直接統治，新疆經濟和文學的發展都受到巨大的衝擊。

## 三、民國時期新疆經濟政策與文學發展的獨特意義

民國時期的新疆，除楊增新和盛世才的統治之外，還有金樹仁統治時期（1928～1933）和國民黨統治時期（1944～1949）兩個階段。這兩個時期因爲戰亂而沒有有效的經濟政策，新疆的經濟明顯倒退，文學的發展也受到制約。

金樹仁主政新疆五年，基本上是在戰亂中度過的，他無法製定和實施有效的經濟政策卻又不斷地增加賦稅，濫發紙幣，最終導致了新疆財政的破產。金樹仁時期新疆的經濟狀況與楊增新時期相比倒退明顯：農村土地大面積荒蕪，水利失修，糧食產量銳減；牧區牲畜大批死亡，牧場、礦山、森林等資源遭到嚴重破壞；紙幣財政岌岌可危；內貿不興，外貿受制於人，城市手工業者紛紛破產，商業極度萎縮，新疆經濟陷於凋敝。〔註 15〕在這種情況下，新疆文學的發展受到嚴重制約。但在這一時期，新疆少數民族現代文學保持著較好的發展勢頭，庫圖魯克・阿吉・肖柯、阿布都哈裏克・維吾爾、唐加勒克・卓勒德等許多作家都有作品問世。這實際上是楊增新時期奠定的基礎，金樹仁時期經濟政策對文學的制約則主要表現在盛世才統治初期。從 1944 年 9 月 11 日盛世才離開新疆到 1949 年 9 月 26 日新疆和平解放，國民政府走馬燈似地更換新疆省主席，新疆無持續的經濟政策，加上「三區革命」、各地的起義及民族分裂分子的暴亂，新疆經濟嚴重倒退。新疆多民族文學的發展因此受阻，但由於盛世才時期的經濟政策對文學的促進作用巨大，因而文學也得以繼續發展。國民中央政府直接統治新疆時期經濟的倒退對新疆多民族文學的制約則表現爲二十世紀五十年代新疆各族作家的斷層，即新作家不多且有影響的作品不多。

〔註 15〕何榮，金樹仁時期新疆經濟研究〔A〕，吳福環、魏長洪主編，新疆近現代經濟研究文集，烏魯木齊：新疆大學出版社，2002，P559。

民國時期中央政府的經濟政策未能在新疆得到實施，新疆的經濟政策主要由地方政權製定和實施，這導致了新疆多民族現代文學的發展與其他省區不同。這些不同中最重要的一個方面就是新疆多民族文學的現代化發生之初受「五四」新文化運動和新文學的影響不及其他省區。「五四」新文化運動和新文學在中心城市上海和北京等地開始，逐步輻射到其他地方，直接促進了其他地方文學的現代轉換。新疆地處邊緣，加上楊增新時期政治、經濟和文化政策的封閉性，「五四」新文化運動和新文學未能直接推動新疆多民族文學的現代發生。但後者並未因此而推遲，它幾乎與前者同步開始，其根本原因就在於楊增新時期新疆的經濟政策及其引起的社會生活變遷。另一方面，新疆出現抗戰文學的繁榮也主要受益於獨特的經濟政策，而其他一些地方如重慶、桂林等抗戰文學的繁榮則是大批作家從北京、上海等撤離後雲集到這些地方促進的，新疆則只有茅盾等少數內地作家有過短暫的停留。這些不同，使得民國時期新疆的經濟政策與文學的發展具有獨特的意義。

「五四」新文學從古典到現代的轉換具有「突變」性，它受外來影響較多，並在很大程度上造成與自身傳統的斷裂。而新疆多民族現代文學的發生更多地沿著自身的軌跡在經濟政策及其引起的社會生活變遷的基礎上逐步推進，外來影響不是決定因素，這使其延續了自身的傳統。由此，在傳統與現代、中國與西方的關係上，新疆多民族現代文學呈現出另一種形態，豐富了中國現代文學的發生發展態勢，這是其獨特意義的一種體現。

新疆多民族現代文學在發生發展過程中湧現出一批成就卓著的作家，如唐加勒克・卓勒德、黎特夫拉・穆塔裏甫、祖農・哈迪爾、尼米希依提等。這些作家可與傑出的漢族（漢語）作家相媲美。孟毅將唐加勒克與魯迅進行了比較：「如果說魯迅先生是中國人民的愛之又深、痛之又切的最深刻、最偉大的啓蒙者、作家、思想家，那麼唐加勒克就是哈薩克人民新文化運動的最深刻、最無私、在痛苦地審視哈薩克人民國民性批判的開拓者、實踐者和思想家。」〔註 16〕對於黎・穆塔裏甫，艾裏坎木・艾合坦木曾指出：「詩人懷著崇高的愛國主義精神，用他那鋒利的筆寫下了大量充滿戰鬥激情的作品。熱情地歌頌了中國共產黨領導的抗日戰爭和爲祖國解放事業浴血奮戰的英勇戰士，熱情地歌頌了偉大的祖國和牢不可破的民族團結。……他一生中所創作

〔註 16〕孟毅：哈薩克民族多元文化研究〔M〕，北京：中央民族大學出版社，2008，P291。

的充滿愛國主義激情的詩歌是維吾爾族現代文學中優秀的代表作，並爲維吾爾族新文學的發展奠定了良好的基礎。」〔註 17〕在新疆現代文學中，我們可以發現像魯迅、郭沫若、曹禺、艾青一樣產生深遠影響的少數民族作家。由此，我們可以說，中國現代文學絕不只是漢族（漢語）現代文學，而是多民族、多語種的現代文學，新疆現代文學爲中國多民族現代文學的構建作出了重要的貢獻，這也是其獨特意義之所在。

通過對民國時期新疆經濟政策與文學發展的宏觀考察，可以看出，經濟政策的有效能夠有力地促進文學的發展，而經濟政策無力則會制約文學的發展。民國時期新疆經濟政策導致了新疆多民族現代文學發生發展的獨特表現，並使其具有獨特的意義。當然，新疆多民族現代文學與經濟的關係是多方面的、複雜的，對此，還有待進一步的研究。

【作者簡介】

胡昌平（1972～），男，四川德陽人，文學博士，現爲新疆塔里木大學人文學院副教授。

〔註 17〕張世榮、楊金祥編，黎·穆塔裏甫詩文選，烏魯木齊：新疆人民出版社，1981，前言 P1。

# 伍、何以爲生或何以能生？——以民國時期文化人的經濟活動爲例

蔣德均

## 摘　要

中國傳統的「士人」一向不屑於或恥於談利言錢，然而當清末新政風氣新開與科舉廢除後，讀書求仕的傳統道路已被阻斷，「士人」不得不面向現實，重新思考人生的價值和自身的地位，雖歷經陣痛但一個新型的現代中國「文化人」的社會階層得以出現，而且他們以自己的努力，爲現代中國文化的創造、傳播與建設予以深刻的啓示和成功的示範。

關鍵字：清末民初，民國時期，文化人，經濟活動

## 一、激變時代的紛亂世相

滿人於 1644 年入主中原後，也曾經有過風光一時的所謂康熙、雍正、乾隆盛世，然而農業社會在極度發達的背後其實已經深藏著危機。在 1840 年首次與西方現代工業文明交沖便一敗塗地。自此，古舊的中國社會打破了往昔田園牧歌似的寧靜，發生了一系列悲喜交織的事變，也由此引發一系列可以預料有出乎意外的變化。在這變化一過程中，引發了社會結構重心的急速挪動和思想觀念的空前陣痛與裂變。

### 1、清末新政

始於 1901 年的清末新政是在老舊中國已經日薄西山、氣息奄奄的「殘局」下轟轟烈烈地進行的，然而這場變革卻爲時已晚。此時的中國社會一股股強大的潛流在社會各階層湧動、激蕩、糾結，長久積纍的社會矛盾與遲到的維新變革思想交纏在一起，在未死方生的新陳代謝過程中，演變爲「官亂於上，民亂於下」的政治亂局與社會亂象，這種「殘局」與亂世所觸發的各種利益衝突彙成了晚清民初社會的驚濤巨浪。滿清最高統治者在「變亦變，不變亦變」（梁啓超語）的危局下，不得不進行的一系列改革依然是「中學爲體，西學爲用」的皮相改革，比之先前主要在一幫漢族官員推動下的洋務運動、戊戌變法等，清末新政儘管其變革的動力主要來自外部，但是它終究以詔書的形式頒布告示天下，其力度和速度遠非洋務運動、百日維新所能比擬。它使古舊中國的「文物制度」在慌亂的變局中變得有些面目全非，其中學界一般認爲，最爲有效的變革有擴編新軍、廢除科舉、育才興學、籌備立憲、改革官制等。然而，新政十年，滿清王朝的這場把那一代中國人拖進效法西法的自上而下的社會變革，卻使國人尤其是一些接受了西方現代文明思想的仁人志士在無所歸依、失去希望的同時，也看清了滿清王朝的腐朽與虛僞，所謂立憲其實就是「滿族內閣」。變革的結果是「雜稅日增，民心不安；科舉全廢，士心不安；新學偏多，眾心不安；官制屢變，關心不安；洋貨爭衡，商心不安」。〔註 1〕失勢者和得勢者都不滿意這場遲來而又急速的變革。於是，變革新政陷入了既無進路又無退路的困局，在武昌城裏一聲炮響中，歷時二百七十餘年的滿清王朝便瞬間轟然坍塌了。不過在我看來，在這場清末新政中，

〔註 1〕《清末籌備立憲檔案資料》上冊第 240 頁，中華書局 1979 年版。

影響最為深遠和廣泛的應是廢除科舉、興學育才。自鴉片戰爭始，國人積中西交往數十年之創痛與物器改革之教訓，深悟人才與觀念之重要與關鍵，漸信「學校者，人才所由出，人才者，國勢所由強」〔註2〕的道理。於是，即使在戊戌年間十法九廢的新舊之爭的慘烈情態下，興學育才的法案仍得以保留，滿清王朝以國家機器的力量為新式教育助產，遂使天下新式學堂勃然昌興。由是中國近代教育便有了眞正現代意義上的一種規範與法度，影響所及，不可低估。

## 2、經濟轉型

1840 年的中西交彙，以老大帝國自居的滿清王朝始品失敗屈辱與苦味，富國強兵之想便在一些思想較為開明的官僚、士紳中因此萌生，進而演變成支配了幾代中國人的社會思潮，中國人由此開始了備嘗艱辛的近代化歷程。比如始於 19 世紀 60 年代以「器物」核心尤其是兵工業為重點的洋務運動；又比如 19 世紀 80 年代以「制度」為重心的僅存 103 天的「戊戌維新」以及歷時十年之久的清末新政等。但這些似乎都沒有也不可能眞正涉及比如政治核心問題以及關乎民眾的民生問題。歷史在這裡形成了一個深刻的悖論：無論是洋務派還是維新派都以富國自強相號令，確也開辦了不少現代工廠，發展了一些現代工業，然而每一次變革的結果都是民眾賦稅和國家積貧的加重。生於 19 世紀 60 年代的孫中山等人則別有抱負，我以為，孫中山等人的「三民主義」思想別有價值，尤其是在革命完成結束帝制，建立共和後，民生主義的意義就特別顯要和特出。認識到國家富強與社會民生脫節的病症，看到了人世間「貧富不均」蒼生百姓之苦，由此生發出孫中山一生提倡的民生主義。「當改良社會經濟組織，核定天下地價，其現有之地價，仍屬原主。所有革命後社會改良進步之增價，則歸於國家，為國民所共用。製造社會的國家，俾家給人足，四海之內，無一夫不獲其所。敢有壟斷以制國民之生命者，與眾棄之」。〔註3〕辛亥革命成功後，孫中山辭去臨時大總統而四處宣講實業富國救貧，在主張發展資本主義的同時又節制資本，均衡「利」與「義」關係。資本主義經濟在近代中國社會的發展儘管曲折多變，但不可否定的事實是它給古舊的中國和它的老兒女們帶來了全新的價值觀念和呈現出新的生產方式以及生產關係。新派文化人也應運而生與此社會思潮始重工商業文明有著密切關係，他們發現通過著書立說、教授學生、開

〔註2〕《戊戌變法》第1冊第49頁，神州國光社1953年版。
〔註3〕《孫中山全集》第一卷第297頁，中華書局1981年版。

辦實業、編輯期刊、出版書籍、游學講學甚至賣字賣畫來養活自己和家人，獲得了一種經濟的自足與人身的自由，同時也獲得了一種思想的自由與人格的獨立與尊嚴。而這一切變化最深刻的根源在於以動力革命爲標誌的工業文明的到來爲文化的高效傳播提供了物質條件。所以阿英在論及晚清小說繁榮的原因時說：「第一，當然是由於印刷事業的發達，沒有此前那樣刻書的困難；由於新聞事業的發達，在運用上需要多量生產。第二，是當時知識階層受了西方文化影響，從社會意義上，認識了小說的重要性。第三，就是清室屢挫於外敵，政治上又極腐敗，大家知道不足與有爲，遂寫作小說，以事抨擊，並提倡維新與革命」。〔註 4〕我們認爲，阿英在此看到的依然是一種事物的表象，其實晚清小說繁榮的深層原因應是社會生產力的發展並由此而生的生產關係的變化在文學等領域的體現。

### 3、世風轉變

中國的傳統教育考試制度是與各級官員的選拔聯繫在一起的，當時力主新式教育的人們認識到，設學堂必自廢科舉始。爲了給讀書人以希望，「既予以科舉之虛名，又重以職官之實利」。「朝廷皆明懸章程，以進士、舉人、拔貢、優貢、歲貢分等差，獎勵出身；並各授編修、檢討、庶吉士、主事、中書、知州、知縣、州判、府經、主簿、教授、教諭、訓導」。〔註 5〕在 1905 年科舉既廢後，利祿之夢便移至到各級學堂，於是全國各地尤其是東南一帶官辦、私立學堂迅速發展。據 1909 年的教育統計圖表載：學校已達 58896 所，在籍學生達 1626720 人。〔註 6〕同時，國人負笈海外，留洋之風日盛。無論進學堂還是放洋異國，這些學子們與傳統士人相比，具有了不同的特質，所以，張謇曾說「學堂性質與書院全然不同，書院則人人意中皆功名利祿思想，學校則人人有生存競爭之思想；書院則人人意中有苟且依賴之思想，學校則人人意中有奮起獨立之思想」。〔註 7〕他們因求學而彙集，因彙聚而交遊、呼應，逐漸形成了一個新的社會群體，並對社會形成影響力，成爲當時和後來不可忽視的社會力量，改變著社會風氣，影響甚至左右著社會的進程。以至於朝

〔註 4〕阿英《晚清小說史》第 1 頁，作家出版社 1955 年版。

〔註 5〕《中國近代學制史資料》第二輯上冊 130～131 頁，華東師大出版社 1987 年版。

〔註 6〕《中國近代學制史資料》第二輯下冊 840 頁，華東師大出版社 1987 年版。

〔註 7〕《大公報》1906 年 5 月 8～9 日，《張季直電撰復兩江學務處沈觀察書》。

廷不得不頒佈「整頓學務」詔，勸導學生一心嚮學、不談國事。「學潮」在 20 世紀中國自始至終是一道言之不盡的話題。那些源於學堂的風潮注定要漫過門牆，湧入動蕩不安的社會，與整個時代思潮匯合、激蕩，形成更大的滔滔巨浪，衝擊、蕩滌既存勢力，成為與政府相對抗的一種力量。

**4、觀念蛻變**

當因循的人們還以為民眾頑暝不化、觀念陳舊時，其實世風早已漸變，甚有出人意料之虞。「近日民心已非三十年前之舊：羨外國之富，而鄙中土之貧；見外兵之強，而疾官軍之儒；樂海關之公允，而怨釐局之刁難；誇租界之整肅，而苦胥吏之騷擾。於是民從洋教，商掛洋旗，士入洋籍，始也否隔，浸成渙散」。〔註 8〕中西交沖半過多世紀，人們的思想觀念、生活世界、處世態度等價値體系已經發生了改變。自由、平等、國家、民主、民生、富國、強兵、人權、個性、博愛、競爭、權利、革命等「西方邪說」已經在中國的某些階層甚至民眾的心裏紮根。當時有官員呈報云：「各學堂中學生惑於平權自由諸邪說，致謀不軌，往往結黨，自立社會，民間不肖少年踵而行之，上中下城，所在皆是」。〔註 9〕當時，人們的觀念何以轉變？那就是晚清以降，學校、報館、雜誌的大量出現，攜此牽彼，相互影響。所以，有人說，「學堂中的知識人接受思想，報館中的知識人製造思想」。〔註 10〕在我國古代文人寫作是沒有稿酬之說的。儘管我們從一些史料上可知：古時一些文人的寫作收益頗豐，比如「性靈」說主將袁小修。但那些都是一種帶有酬謝性質的潤格或潤筆費，而沒有形成一種制度。但到了清末民初，稿酬制度逐漸形成。據欒梅健在《稿費制度的確立與職業作家的出現》中考證，近世最早的稿酬標準是徐念慈在 1907 年創辦《小說林》時刊的募集啓示上標明了稿酬標準：「本社募集各種著譯家庭、社會、教育、科學、理想、偵探、軍事小說，篇幅不論長短，詞句不論文言、白話，格式不論章回、筆記、傳奇，不當選者可原本寄還，入選者分別等差，潤筆從豐致送：甲等每千字五元；乙等每千字三元；丙等每千字二元」。〔註 11〕之後《小說月報》等雜誌亦在醒目位置刊登徵

〔註 8〕《清末籌備立憲檔案資料》上冊第 335 頁，中華書局 1979 年版。

〔註 9〕《蘇報》1908 年 5 月 23 日上載有《杭州來函照錄》。

〔註 10〕《20 世紀初年知識人的志士化與近代化》，楊國強著《晚清的士人與世相》，北京三聯書店 2008 年版第 349 頁。

〔註 11〕欒梅健：《稿費制度的確立與職業作家的出現》，《二十世紀中國文學發生論》第 17～18 頁，廣西師範大學出版社 2006 年版。

稿啓示及稿酬支付標準。此時距我國第一部著作權法《大清著作權律》（1910年）還早三年，距民國北洋政府頒佈的《著作權法》（1915年）和南京民國政府頒佈的《著作權實施細則》（1928年）分別早了八年和二十一年。

## 二、社會形態的嬗變與「文人」出路的尋覓

### 1、風氣開新與「士」途的阻斷

中國自隋朝開科舉選士以來，學而優則仕的功名思想便成爲古代讀書人的正途。一代又一代文人士子，通過寒窗苦讀、金榜題名脫穎而出，成爲不同等級的官員與士紳。即使清貧亦不願意放下讀書人的身段，極端如魯迅小說《孔乙己》中的孔乙己便是一例。但自近代中國開新之士首倡「近日立國，首在商戰」，熱衷功名的「文人士子」開始分化，尤其是1905年科舉廢除以來，學而優則仕的路徑完全被阻斷，「文人士子」不得不重新審視自己的出路，尋找生計方式。於是，世風漸改，觀念漸變，人們包括文人士子睜眼看世界，不再羞於言商或從事其他行當或如魯迅所言「走異路，尋找別樣的人生」了。比如寫小說、辦報紙、出期刊、開書店、興學堂、搞出版等等都成爲了他們立足社會、謀取財富、參與發言、影響時尚的方式與途徑。

### 2、「文人」向「文化人」的艱難轉變

本文所謂「文人」一般與古代的「士」或「文士」相通，特指那些以求仕爲目的的讀書人。而「文化人」這指那些從事與文化相關的文化工作者。現代中國文化人源出於清末民初的「文士」，科舉的廢棄，使他們不得不重新思考人生的出路和自身的定位。於是，一批脫離傳統社會與文化母體的讀書人，擺脫了「學而優則仕」的功名之鞶，亦擺脫了唯利是圖的逐利之心，擁有了獨立人格、自由思想，以文化創造和文化傳播爲己任，主要從事教育教學、文學創作、編輯出版、游學講學、學術研究甚至投身實業、社會活動等，他們從事的一切更多地在於開啓民眾智慧、涵養民族精神、塑造民族靈魂等基礎性、長遠性工作。

早在1905年科舉廢棄之前的1902年，維新派領袖之一梁啓超在《敬告留學生諸君》一文裡，嗟歎維新救過人才的缺失，描寫未來人才作用的情狀，呼籲中國未來新型人才的出現。這些新型人才就是後來的「文化人」。

無論是新式學堂的學生還是放洋海外的學子，他們是在清末新政中碩果

僅存變革見證，他們作爲特定時代孵化出來的、一群又一群彙入改造中國的洪流中，總是自覺或不自覺在時代浪潮中激蕩、沉浮。他們的出現，結束了中國上千年的舉子士人的功名歷史，他們是由傳統「文人」向現代「文化人」的艱難轉變的蛻變期，伴隨著時代的風風雨雨，書寫了一幕幕悲喜劇。在這一過程中，失去科舉功名的傳統「文人」逐步放棄清高的自我，在時代大潮的洗滌下，接受了梁啓超等人的「小說界革命」理論，爲自己在傳統修身養性治國平天下的儒家文化與現實社會世俗生活之間尋找到了切合點，也爲自己養家活口、安身立命尋找到了出路，從而獲得一種自我心理安慰和自我心理平衡，於是，寫小說、辦報紙、出期刊、開書店、興學堂、搞出版等等，爲世紀之交的清末民初的中國社會增添了一道道別樣的風景。

### 3、新興讀者（觀眾）群的形成與「文化人」的出現

中國社會生產力的演繹，至宋代已經出現了資本主義生產因素的萌芽，當時的汴京、揚州、杭州、益州、金陵等城市商貿發達，市民階層興起並不斷壯大。但由於異族入侵，新興而脆弱的商品經濟被踐踏而窒息欲死，發展極爲緩慢。當西方列國在不斷發現、開拓新大陸的時候，我國依然陶醉在天朝帝國的迷夢中，不知秦漢和魏晉。1840 年的中西大碰撞，老大帝國開始搖搖欲墜，割地、賠款、開阜、通商……以及後來的互派使節、海關與租界設立、留學生放洋和迫於外在壓力的洋務運動、戊戌變革、清末新政等都給中國社會各階層產生了深刻的影響並帶來一系列的變化。其中，商業經濟勃興，人口流動速度加快，產業工人出現，城市市民增多，市民意識增強，城市活力復蘇，文化需求激增，文化追求多元等等，這些都爲「文化人」的出現提供了先決條件和後發空間。同時，近代工業的發展，文化的傳播媒介也在悄然發生變革，促使現代文化市場的發育與形成，爲現代中國「文化人」提供了更大生存空間和施展才智的舞臺。其實，在事物生長與演變過程中，很多因素常常是互爲因果的。清末民初文化市場的發育與形成爲轉型期的「文化人」提供了生存空間和施展才智的舞臺，而現代中國「文化人」階層的出現與壯大又爲文化發展建設、創造、開拓更大的市場和空間。

根據陳明遠先生《文化人的經濟生活》的研究，「文化人」概念的正式公開使用是在 1936 年 9 月在上海發表的《中國文化界爲爭取演劇自由宣言》一文中，「文化人」稱呼的出現旋即獲得文化界的廣泛認同。有不少人著文討論、稱讚，比如盛家倫寫道：「文化人追求眞善美，是通過學問的實踐追求眞、通過道德的

實踐追求善、通過藝術的實踐追求美。……今天，『眞』的現代基礎是自由的科學研究；『善』的現代基礎是自由的社會民主；『美』德現代基礎是自由的個性創造。」〔註12〕以此爲準，我們認爲，現代中國「文化人」在清末民初已經出現。比如康有爲、梁啓超、章太炎、嚴復、林紓、蔡元培、王國維、陳獨秀、包天笑、張恨水、張元濟、王雲五、李大釗、魯迅、郭沫若、茅盾、胡適、徐志摩、冰心、田漢、周作人、陳寅恪、趙元任、錢玄同、陸費逵、聞一多、葉聖陶、朱自清、夏丏尊、豐子愷、吳宓、顧頡剛、余上沅、趙家璧、沈從文、巴金、夏衍、田漢等。這些人以各種不同的方式參與了 20 世紀中國文化創造、建設和傳播作出了貢獻。根據陳明遠先生的研究，其主要途徑和方式有：一是以現代出版業爲中心的出版社、書局、書店、報紙、雜誌、圖書等，關聯的主要是作者、記者、編輯、譯者、編者等以著述爲主的文化人，傳播對象主要的各類讀者；二是以現代教育爲中心的各類學校、研究院所、學會等，彙集的主要是教授、學者、研究員、教師等以教學研究爲主的文化人；接受對象主要是各類學生。三是現代影劇院爲中心的演出陣地，聚集的主要是編劇、導演、演員、美術、音樂以及與影劇相關聯的文化人，對象是廣大觀眾。

## 三、何以爲生或何以能生

中國傳統的「士人」一向不屑於或恥於談利言錢，即使一貧如洗也信奉君子固窮儒家古訓。然而，現代中國文化人敢於言利談錢，有的甚至善於賺錢，「君子愛財取之有道」。所以，魯迅早在 1923 年就在《娜拉走後怎辦》的演講中指出：「夢是好的；否則，錢是要緊的。錢這個字很難聽，或者要被高尙的君子們所非笑，但我總覺得……錢，——高雅的說吧，就是經濟，是最要緊的了。自由固不是錢所能買到的，但能爲錢所賣掉……爲準備不做傀儡起見，在目下的社會裡，經濟權就見得最要緊了」。〔註13〕同樣，作爲中國共產黨早期領導人的李大釗也特別關注經濟權問題，他在《物質與精神》短文中說：「物質上不受牽制，精神上才能獨立。教育家爲社會傳播光明的種子，當然要有相當的物質，維持他們的生存。不然，饑寒所驅，必至於改業或兼業他務。久而久之，將喪失獨立的人格。精神界的權威，也保不住了」。〔註

〔註12〕陳明遠著《文化人的經濟生活》第 4 頁，陝西人民出版社 2010 年版。

〔註13〕《魯迅全集》第一卷第 161 頁，人民文學出版社 1981 年版。

〔註14〕李大釗《物質與精神》，《新生活》1919 年第 19 期。

14〕著名的哲學家金岳霖亦著文《優秀分子與今日的社會》，對優秀的文化人提出了極富理想和浪漫色彩的四個希望：一是成爲獨立進款自食其力的人，「我開剃頭店的進款比交通部秘書的進款獨立多了，所以與其做官，不如開剃頭店；與其在部裏拍馬，不如在水果攤上唱歌」。二是不做官，就是不把做官當職業，保持獨立人身，自由思考。三是不發財，不做商業的工具、金錢的奴隸。四是能有一幫志同道合的朋友去監督政府改造社會。如此這般，中國就有希望了。〔註 15〕爲了追求自由、民主尤其是言論自由、思想自由、學術自由，文化人首先必須實現獨立進款經濟自立，這是追求自由、堅持眞理的基礎。爲此，現代中國文化人進行了多方面探索與努力，並取得了讓人豔羨的業績，爲我們提供了可資借鑒和學習的榜樣。所以。周有光有語云：「自食其力，自行其是，自得其樂，獨立精神」；宗白華有語云：「獨立人格，獨立思考，獨立行爲，自由達觀」。 爲此，現代中國文化人進行了多方面探索與努力，並取得了讓人豔羨的業績，爲我們提供了可資借鑒和學習的榜樣。

### 1、從事教育：以蔡元培（1868～1940）、胡適（189～1962）為例

蔡元培（1868～1940）1917 年 1 月，蔡元培入長北京大學，月薪 600 銀元（1 銀元折合 2009 年人民幣爲 60 元，3.6 萬元）。蔡元培以他豐富的人生閱歷和求學奮鬥的生活礪練以及宏闊的世界視野，首倡「思想自由，相容並包」的辦學方針，成立進德會，倡導「不嫖、不賭、不納妾、不當官僚、不做政客、不酗酒、不抽煙、不殺生」的「八戒」。北京大學風貌爲之一新。蔡元培以他「爬格子」求生存的親歷，特別愛惜、敬重「爬格子」的人才，廣延各種人才，新派如陳獨秀、胡適、李大釗、錢玄同、周作人等，舊派如黃侃、劉師培、辜鴻銘、劉文典等。我以爲，蔡元培之偉大不在學問之大，而在氣魄之大、視野之大、人格之大。

胡適（1891～1962）也在 1917 年，26 歲的胡適被聘爲北京大學文科教授，月薪 260 銀元，旋即加至 280 銀元，開始了他與北大的不解之緣。1930 年任北大文學院院長，月薪 600 銀元；1946 年任北大校長。除豐厚的教授薪俸外，胡適還有外出演講、稿酬版稅和其他社會兼職收入。僅 1928 年 12 月上海亞東圖書館給胡適送來的版稅和稿酬就達 3 萬銀元，2000 年折合人民幣近 200 萬元。

〔註 15〕金岳霖：《優秀分子與今日的社會》，《晨報・副刊》1922 年 12 月 4～5 日

### 2、埋頭著述：以魯迅（1881～1936）、顧頡剛（1893～1980）為例

魯迅（1881～1936）敢於從公務員到自由撰稿人，特別是1926年以後完全依靠自己的寫作爲生，而且其收入超過了作公務員的收入。從 1912～1936年，依靠作公務員（245銀元／月）、教書（417銀元／月）、稿酬和版稅（700銀元／月），23年總收入約12萬銀元（其中1922年日記缺失），1銀元折合2009年人民幣爲60元，其收入720萬元，年收入31.3萬元，月收入2.6萬元。有了堅實的經濟基礎，魯迅便可以擺脫官的威勢與壓迫；有了堅實的經濟基礎，魯迅便可以超越商的羈絆與誘惑，進行他的社會批評與文明批評，堅持他的自由思考和獨立人格。

顧頡剛（1893～1980）1920年，27歲的顧頡剛從北京大學畢業，他選擇了薪俸較低（50 銀元／月）但有益於自己史學研究興趣的圖書管理員工作。1922年出於研究需要他又到商務印書館作專任編輯（100銀元／月）。1924年重回北大（100銀元／月）。1926先後在廈門大學和中山大學任教（280銀元／月）。1929年再回北平在燕京大學任教（320銀元／月）。1935年任北平研究院歷史學組主任、研究員（400銀元／月），組織「禹貢學會」，出版《禹貢》半月刊，同時兼任燕京大學教授領半薪（160 銀元／月），合計 560 銀元（1銀元折合2009年人民幣爲60元，約3.36萬元）。他依靠自己在社會上的影響，過著平淡充實而安定的學者生活，培養了一大批學術新人，成爲當時北平學術界三大老闆之一。

### 3、文學創作：以張恨水（1895～1967）為例

據張恨水自己說，他在最忙的時候每天同時爲四家報刊寫稿。張氏終生勤奮，先後創作了120多部小說和大量散文、詩詞、遊記等近4000萬字，以8銀元／千字，可獲稿酬320萬銀元，1銀元折合2009年人民幣爲60元，合計 19200 萬元。豐厚的稿酬保障了張恨水住上大宅門四合院和舒適富裕的生活。其代表作有《春明外史》、《金粉世家》、《啼笑因緣》、《八十一夢》等。張恨水不僅是當時最多產的作家，而且是作品最暢銷的作家，有「中國大仲馬」、「民國第一寫手」、「章回小說大師」等稱譽。

### 4、投資實業：以康有為（1858～1927）為例

康有爲（1858～1927）在1898年戊戌維新失敗後，遭到通緝，亡命海外16 年，何以爲生？據陳明遠的考證，康、梁早在戊戌維新前就涉足實業，經

營出版（新民叢報社）、成立學會（強學會）、開辦書店（廣智書局）、投資房地產（先後在墨西哥城、上海等地作地產生意而且大賺）而且是以知識資本的方式用自己的文章作爲股份入股。後來又在江蘇茅山開辦農場。所以，康有爲先後在香港、日本神戶、廣州、上海、杭州、青島等地均有別墅。

### 5、販賣字畫：以章太炎（1868～1936）為例

章太炎（1868～1936）在魯迅筆下，章太炎首先是一個革命者，其次才是一個大學問家。他一生張揚國粹，反抗一切權威和束縛，倡言個性的絕對自由。在文學、歷史學、語言學等方面均有建樹，頗多創獲，一生著作約 400 萬字。著述除刊入《章氏叢書》《續編》外，又有遺稿《章氏叢書三編》。章氏一生，耿介忠烈，其人生後期在上海主要以賣字畫和講學爲生。他不事產業，亦不登廣告，對金錢看得尤淡。其字畫多由上海著名的「朵雲軒」爲其代理，每次書寫數十件，他也只收 50 銀元。

### 6、經營書店（書局）：以陸費逵（1886～1941）為例

陸費逵（1886～1941）作爲中華書局的創始人之一，陸費逵幼承家學，熟悉中國傳統文化。但時移世變，他先後辦過學堂，做過教師；開過書店，賣過《警世鐘》等進步書籍；編過報紙，任過主筆；做過編輯，寫過教材……豐富的人生閱歷和激變的社會生活，使他意識到在現代社會生活中出版業的重要、教育事業與教科書的重要。所以，民國伊始，他便上書教育總長蔡元培，發表《敬告民國教育總長》《教科書革命》等文章，呼喚現代國民意識教育，製定普通教育暫行管理辦法和課程暫行標準。《中華書局宣言書》寫道：「立國根本在乎教育，教育根本實在教科書。教育不革命，國基終無由鞏固；教科書不革命，教育目的終不能達也」。（《中華書局宣言書》，《申報》1912 年 2 月 23 日）我們應永記中華書局的元勳陸費逵的告誡：「我們希望國家社會進步，不能不希望教育進步；希望教育進步，不能不希望書業進步。我們書業雖然是較小的行業，但與國家社會的關係卻比任何行業爲大」。（陳明遠著《文化人的經濟生活》第 94 頁，陝西人民出版社 2010 年版）

### 7、影劇演出：以田漢（1898～1968）、周璿（1918～1957）為例

田漢（1898～1968）田漢不僅是中國革命戲劇運動的奠基人和傳統戲曲改革的先驅者，同時也是 20 世紀中國早期革命音樂、電影事業的卓越組織者和創造者。他畢生從事文藝事業，先後創作了話劇、歌劇 60 餘部，電影劇本

20餘部，戲曲劇本 24部，歌詞和新舊體詩歌近 2000首，其中《義勇軍進行曲》被定為中華人民共和國國歌。先後創辦了《南國》半月刊、《南國》特刊等，成立南國劇社，領導南國藝術運動，組織「魚龍會」，開辦小劇場，任教上海藝術大學，培養影劇人才等，所有的這些活動經費都是田漢自籌自支，始終堅持民間立場，獨立自主，維護藝術的獨立性。

周璿（1919～1957）周璿生世淒婉，一生共出演了 40多部影片，主唱過電影主題曲和插曲 100 多首，因其在電影《馬路天使》中飾演女主角小紅紅遍天下，她在影片中主唱的《四季歌》和《天涯歌女》更是傳遍大江南北，家喻戶曉，從而成為人們心中永遠的銀幕偶像。1932年，周璿 13歲就走紅歌壇，成為上海明月歌舞團的當家歌手，但收入極低。1935 年，加入藝華影片公司時月薪 50銀元（1銀元折合 2009年人民幣為 60元，約 3000元）。對此，周璿感到非常滿意。1937年，因主演《馬路天使》紅遍天下，月薪 200銀元（1銀元折合 2009年人民幣為 60元，約 12000元）。成為影片公司的搖錢樹。

**8、遊歷講學：以梁啓超（1873～1929）為例**

梁啓超學術研究領域十分廣泛，對哲學、文學、史學、經學、法學、倫理學、宗教學、社會學等均有建樹，尤以史學研究成績最顯著。他一生勤奮，著述宏富，在政治活動占去大量時間的情況下，每年仍以平均寫作達 40餘萬字，總著述達 1500 多萬字，以梁啓超當時的名氣和影響，一般都在 10～20銀元／千字，僅稿酬總收入就在 150～300萬銀元左右，折合人民幣 1500～3000萬元。此處還未計算版稅，當時的版稅一般為 15～20%，對梁啓超是 40%。

## 四、餘論

清末民初一批脫離傳統社會與文化母體的讀書人，擺脫了「學而優則仕」的功名之縏，亦擺脫了唯利是圖的逐利之心，擁有了獨立人格、自由思想，以文化創造和文化傳播為己任，主要從事教育教學、文學創作、編輯出版、游學講學、學術研究甚至投身實業、社會活動等，他們從事的一切活動在解決自身生機、化解內在危機、獲得豐儉不等的物質回報的同時，更多地為現代中國開啓民眾智慧、涵養民族精神、塑造民族靈魂等基礎性工作做出無法估量的功德，同時也為現代中國「文化人」多樣生存選擇、多種生存方式、多元生活態度、多彩人生經歷等都提供了可資借鑒的豐富資源和深刻啓示。

【作者簡介】

蔣德均：宜賓學院四川思想家研究中心教授，研究員。四川大學博士研究生。主要研究方向：中國現當代文學、文藝學、寫作學和高等教育管理。已出版學術著作四部，個人詩集二十二部，隨筆二部，發表學術論文四十餘篇，主編或參編高校文科教材三部七冊。在《光明日報》《文藝報》《星星詩刊》《青年作家》《中外文藝》《當代華文作家》《教育評論》《文化研究》等報刊上發表過大量作品和論文，有作品收入多種選本。現供職於四川思想家研究中心，副主任。係宜賓學院學術委員會委員、中國作家協會會員、四川省作家協會會員、四川省魯迅研究會常務理事、四川省科技新聞學會會員、中國傳記文學學會會員、中國現當代文學研究會會員，四川省第八批學術與技術帶頭人後備人選，四川省高等院校漢語言文學專業高級職稱評審委員會專家組成員。先後獲得過屈原詩歌榮譽獎、陽翰笙文藝獎、當代文學獎等獎項。

## 參考文獻


1. 《清末籌備立憲檔案資料》上冊第 240 頁，中華書局 1979 年版
2. 《戊戌變法》第 1 冊第 49 頁，神州國光社 1953 年版
3. 《孫中山全集》第一卷第 297 頁，中華書局 1981 年版
4. 阿英《晚清小說史》第 1 頁，作家出版社 1955 年版
5. 《中國近代學制史資料》第二輯上冊 130～131 頁，華東師大出版社 1987 年版
6. 《中國近代學制史資料》第二輯下冊 840 頁，華東師大出版社 1987 年版
7. 《張季直電撰復兩江學務處沈觀察書》，《大公報》1906 年 5 月 8～9 日
8. 《清末籌備立憲檔案資料》上冊第 335 頁，中華書局 1979 年版
9. 《蘇報》1908 年 5 月 23 日上載有《杭州來函照錄》
10. 楊國強《20 世紀初年知識人的志士化與近代化》，《晚清的士人與世相》第 349 頁，北京三聯書店 2008 年版 11、樂梅健《稿費制度的確立與職業作家的出現》，《二十世紀中國文學發生論》第 17～18 頁，廣西師範大學出版社 2006 年版
12. 陳明遠《文化人的經濟生活》第 4 頁，陝西人民出版社 2010 年版
13. 《魯迅全集》第一卷第 161 頁，人民文學出版社 1981 年版
14. 李大釗《物質與精神》，《新生活》1919 年第 19 期

15. 金岳霖《優秀分子與今日的社會》,《晨報・副刊》1922 年 12 月 4～5 日
16. 《中華書局宣言書》,《申報》1912 年 2 月 23 日
17. 陳明遠著《文化人的經濟生活》第 94 頁，陝西人民出版社 2010 年版

# 第二編　歷史中的文學

# 壹、1930年代國民黨南京政府的農村經濟政策與小說敘述——以茅盾、葉紫等左翼作家小說爲中心

布小繼

## 摘 要

1930 年代的中國農村苦難深重，國民黨南京政府所採取的農村經濟政策效果有限，這爲小說敘述尤其是左翼小說敘述提供了難得的可能和空間，但左翼作家小說整體成就不高卻是事實。本文通過剖析此時期國民黨南京政府的系列農村經濟政策與小說敘述的狀況，認爲左翼小說整體成就不高既是作家們囿於政治意識形態和既定觀念、缺少超越性的結果，又是國民黨南京政府經濟政策出臺的滯後性、政策執行的軟弱性、效果的非顯著性和左翼小說敘述宣傳的有效性、敘述立場的預設性之間形成的巨大而強烈的反差之必然。

關鍵字：國民黨南京政府，農村經濟政策，小說敘述，左翼作家

# 一

1930 年代初期，中國國內形勢未有緩和跡象，「九一八」事變之後，東北成爲淪陷區，不再屬於國民黨南京政府實際掌控的範圍。一方面，國民黨南京政府急於「肅清」江西和其他紅色根據地的中國共產黨及其軍隊、內戰連連，一方面要拯救由於前幾年的錯誤政策所致的財政困難。加之 1929 年蔓延全球主要資本主義國家的經濟危機的影響，南京政府左支右詘，疲於應付。具體到農村，據文獻所述，一方面是西方過剩農產品大量湧入中國，其中糧食淨進口量由 1924～1929 年間的年均不足 3000 萬擔猛漲到 1931 年的 4534 萬擔，1932 年猛增到 7850 萬擔。同時中國市場每擔米價由 1926～1930 年間的 7.09 元跌至 1931～1936 年間的 5.43 元，小麥、棉花等價格都有下跌。〔註 1〕「穀賤傷農」的情況愈演愈烈，大批農民破產，農業生產損失慘重。同時，國際市場銀價波動劇烈，使得農村白銀外流嚴重，金融枯竭，高利貸普遍，農民負債累累。〔註 2〕這種情形被稱爲「農村破產」。自然災害也帶來了巨大破壞，1930 年，陝、晉、察、甘、湘、豫、黔、川、熱、蘇、贛等省水、旱災造成了約 20 億元的損失；1931 年，蘇、皖、贛、鄂、湘、豫、浙、魯八省水災，使數億畝田地被淹，造成的農產品損失達 4.5 億元。其他災害也造成了極其嚴重的後果，據不完全統計，1928～1931 年全國死於災難的人數達 1370 萬人以上。〔註 3〕又據資料，1932～1935 年，中國遭遇了嚴重的經濟危機。據估計，在危機最高峰的 1934 年，農業生產所得下降了 31%，若按照 1931 年的不變價格估算，農業生產所得下降了 20.8%。〔註 4〕農民大量背井離鄉、外出逃亡，耕地良田大批拋荒。以浙江地區的田賦爲例，1931 年爲 930 多萬銀元，1932 年增長到 1013 萬多，1933 年不增反降爲 899 萬多。〔註 5〕以上所述之嚴重後果的形成，除了世界範圍內經濟危機的轉嫁，即資本主義國家大肆

〔註 1〕參見許滌新、吳承明主編，《中國資本主義發展史》（第三卷），人民出版社 1985 年版，第 344—348 頁。

〔註 2〕參見朱漢國、楊群主編，《中華民國史》（第三冊・志二），四川人民出版社 2006 年版，第 136 頁。

〔註 3〕轉引自朱漢國、楊群主編，《中華民國史》（第三冊・志二），四川人民出版社 2006 年版，第 137 頁。

〔註 4〕許滌新、吳承明主編，《中國資本主義發展史》（第三卷），人民出版社 1985 年版，第 7 頁。

〔註 5〕潘國旗，《民國浙江財政研究》，中國社會科學出版社 2007 年版，第 134 頁。

對中國進行大米、小麥、棉花等農產品的傾銷這一因素外，原本極爲依賴農村市場發展資本主義的中國農村購買力在十年之間的逐漸消失也是一個非常重要的因素。在如此嚴峻的農村經濟形勢面前，南京政府都採取了哪些對策呢？

翻查當年的經濟檔案。有如下記錄：

民國十八年（1930年）六月，頒佈《土地法》，將地租率的最高限額由民國十五年（1927年）《佃農保護法》中的40%降至37.5%。

民國二十年（1932年）九月一日，發行民國二十年賑災公債八千萬元。發行價格九八折，年息八分，但實際發行額僅三千萬元。

九月二十五日，美小麥借款一千五百萬公擔（合美金九百二十一萬二千八百二十六元五十六仙）。〔註6〕

十二月十五至二十二日，國民黨四屆三中全會通過了《救濟農村案》。

民國二十二年（1934年）一月二十至二十五日，國民黨四屆四中全會通過了《整理田賦先實行土地陳報以除積弊而裕稅源案》、《減輕田賦附加以救濟農村解除民困案》。

五月二十九日，美國棉麥借款五千萬美元成立，年息五分。以關稅附加稅爲擔保。翌年修改合同借款額減爲二千萬美元。〔註7〕

民國二十三年（1935年）二月五日，中央四中全會通過《整理田賦舉辦土地陳報案及辦法大綱七條》，交行政院核辦施行。

三月一日，行政院通過《減輕田賦附加廢除苛捐雜稅案》。

五月二十四日，第二次全國財政會議通過財政部提議辦理之《辦理土地陳報案》、《整理田賦減輕附加廢除苛捐雜稅計劃案》。

五月二十六日，第二次全國財政會議通過《減輕各省縣田賦附加地方費用不足由中央另籌抵補案》、《整理契稅案》。

五月二十七日，第二次全國財政會議通過《救濟農村金融》法案。

六月八日，第二次全國財政會議《關於整理田賦減輕附加者計二十五案》經議定確實辦法，呈奉國府，以明令頒佈。嗣後永遠不再加田賦附加及不合法稅則。〔註8〕

〔註6〕 朱斯煌主編，《民國經濟史》，上海銀行周報社1949年版，第737頁。
〔註7〕 同上，第738頁。
〔註8〕 同上，第739頁。

六月三十日，財政部公佈《辦理土地陳報綱要》即日起實施。

十二月一日，第二次全國財政會議中《關於減輕田賦附加廢除苛雜》擬定具體方案呈准國府明令遵照。截至二十三年十二月止，各省市裁廢苛雜者，計有江蘇、浙江、安徽、江西、湖南、湖北、福建、廣東、河南、山東、河北、山西、陝西、寧夏、察哈爾、甘肅、綏遠、貴州、青海、廣西、雲南、北平、威海衛等二十三省市。廢除專案達三千六百餘種，年額達三千八百五十餘萬元。〔註 9〕

民國二十四年（1936 年），七月十日至十四日，國民黨五屆二中全會通過了《中央宜設立調濟民食機關以均多寡而救荒歉案》。

另外，1930 年代初，江淮流域大水災後，南京政府把早前成立的長江水利委員會、導淮委員會、黃河水利委員會等劃給全國經濟委員會統一領導，各省水利由省建設廳負責，在灌溉工程方面有所進展。1937 年前，全國共完成 13 個灌溉工程計劃，灌溉面積達六百多萬畝良田。

爲改變農村金融枯竭的局面，還於 1936 年底通令全國，在中央、省、縣設立「合作金庫」，在農村基層成立農村信用合作社等機構，加強控制。對一些農產品實行統制政策，即農民生產出的農產品由國家統一收購，不能賣與他人。借助《合作法》在全國絕大部分地區組建農業合作社，對農業生產各環節加以控制。〔註 10〕

由此可見，國民黨南京政府爲挽救農村經濟的危局還是做出了不少努力的，出臺了系列有針對性的政策，農村經濟形勢也有了局部的好轉。但即便到了抗戰爆發前，農村經濟落後狀況和頹敗局面並未能得到根本性的扭轉。究其原因，一者是政府面對危機既不能從政策層面上積極主動做出應變以增強農村防禦風險、抵抗外國經濟侵略的能力，也不能進行充分的行政、法律干預在賑災、救荒和鼓勵調動農民恢復生產上有所作爲。一者在於強大的農村地主豪紳勢力把持了鄉村政權，貪腐橫行，又與官員沆瀣一氣，極大地抵消了政策所帶來的積極效應。更何況南京政府根本無力抵禦外來殖民者的全方位侵略，在種種因素的合力之下，國民黨南京政府的系列農村經濟政策之效果大打折扣、農村經濟復蘇乏力也就是必然的事了。

〔註 9〕 同上，第 740 頁。

〔註 10〕 參見朱漢國、楊群主編，《中華民國史》（第三冊・志二），四川人民出版社 2006 年版，第 139～140 頁。

「國家不幸詩家幸」，1930 年代農村經濟的危機和破產所導致的農民生活的苦難和沉重，卻給文學家帶來了機會，創造了條件。1930 年代農村題材小說敘述的發達便與此緊密聯繫了起來。

## 二

1930 年代農村題材的小說敘述是當時各種題材中的最爲繁盛的。這在 1934 年魯迅、茅盾選編的短篇小說集《草鞋腳》和 1936 年趙家璧、茅盾等遴選的《短篇佳作集》中該類題材各占選本的三分之一以上即可見出，並且可以從具有不同審美偏好的 1936 年《大公報文藝叢刊小說選》編者林徽因的話「描寫勞工社會、鄉村色彩已成爲一種風氣，且在文藝界也已有了一點成績」中得到明證。〔註 11〕當時具有代表性的作品有茅盾的《林家鋪子》（1932）、《春蠶》（1932）、《子夜》（1933），葉聖陶的《多收了三五斗》（1933），葉紫的《豐收》（1933），柔石的《爲奴隸的母親》（1930），沈從文的《丈夫》（1934）、丁玲的《水》（1932）、吳祖緗的《天下太平》（1934）、《樊家鋪》（1934）、張天翼的《清明時節》（1935）等，它們書寫鄉村社會中方方面面的生活情景，在對農村苦難的展示中完成對鄉村生活的小說敘述。有對農民遭受水災兵災的壓迫、苛捐雜稅的盤剝之後走投無路的繪寫，也有對農村農業、金融、商業凋敝零落的繪寫，還有對老一代農民和年青一代農民的思想覺悟比照，窮人和地主富人生存狀況的鮮明對照，但作家在其中所潛伏或表露出的思考和矛頭指向幾乎都是對農民惡劣至極的生存環境極端漠視的政府當局。

面對空前經濟危機的中國農村，作家們在震驚之餘，其創作思想指向顯然會發生巨大的變化。而左翼作家在「拉普」的「唯物辯證法創作方法」理論體系的支撐和指引下，更是形成了確定的思維定勢和整體意識，在時代語境中的話語也就是無產階級的革命話語。

1933 年，丁玲在自述創作困境時說：「在寫《水》之前，我沒有寫成一篇東西，非常苦悶。有許多人物事實都在苦惱我，使我不安，可是我寫不出來，我抓不到可以任我運用的一支筆，我討厭我的『作風』（借用一下，因爲找不到適當的字），我以爲它限制了我的思想。」〔註 12〕《水》發表後，一方面是

〔註 11〕林徽因，《大公報文藝叢刊小說選・題記》，大公報館 1936 年版。
〔註 12〕丁玲，《我的創作生活》，《丁玲全集》第 7 集，河北人民出版社 2001 年版，第 16 頁。

左聯領導人如馮雪峰等的不滿意，認爲其所描寫的災民鬥爭「沒有充分反映著土地革命的影響」、「沒有很好的寫出他們的組織者的領導者」，成爲該文「巨大的缺點」。〔註 13〕一方面作家自身也很不滿意。類似的情況在茅盾身上也出現過，吳組緗在評價《子夜》時指出其瑕疵之一是，「本書一方面暴露了上層社會的沒落，另一方面宣示著下層階級的興起。但是這兩方面表現得不平衡，有一邊重一邊輕的弊病，原因或許是作者對於興起的一方面，沒有豐富的實際生活經驗。所以，在消極的意義上，作者已盡暴露的能事；但在積極的意義上，本書有不可諱言的缺憾。」〔註 14〕茅盾二三十年代的作品多有「主題先行」、「公式化」、「程式化」等早期革命文學倡導者所犯的毛病，不僅削弱了作品的藝術性，其思想性也打了折扣。藍棣之在評析《子夜》時認爲它的偉大主題與藝術魅力之間處於分離狀態，是一部過於笨重的使人望而生畏的作品，也是一部「有底」的作品。〔註 15〕《春蠶》與此類似，在敘述老通寶與多多頭父子二人的衝突時，始終圍繞著經濟危機給農民帶來的深重災難展開，一方面是農業生產繁重辛勞背後的收穫難以應付多如牛毛的苛捐雜稅，一方面是年輕一代對政府和時局的不滿與憤怒情緒的堆積，敘述進程不斷趨於緊張，敘述話語政治化、意識形態化，敘述策略由於把握失度而顯得僵化。即是說，在丁玲、茅盾爲代表的左翼作家的作品中，存在著兩對矛盾，其一、作品在「拉普」等創作思想指導和約束下所要表現的農民無產階級與地主豪紳等殊死對立而不能有可供調和的中間地帶與實際情形存在著反差（甚至是巨大的反差）之間的矛盾；其二、實際生活經驗缺乏的「硬寫」與作品藝術性之間的矛盾。第一對矛盾導致了作品本身的「主題先行」、「程式化」、「公式化」的弊病，第二對矛盾導致了作品自身的虛假和作家的憂慮、困惑。如果排除了導致矛盾產生的重要因素即強加或自願接受的「拉普」創作原則之束縛及左翼作家身份而無法親臨農村外，值得探討的是作家們是否還有其他的寫作路徑以及爲何看不到農村經濟危機背後南京國民政府所作的努力？這其中左翼作家又是如何在「工具論」、「宣傳論」與堅持文學的純正性之間搖擺和掙扎的？進而可以考察國民黨南京政府系列農村經濟政策與左翼作家小

〔註 13〕丹仁（馮雪峰），《關於新的小說的誕生》，《北斗》第 2 卷第 1 期，1932 年 1 月。

〔註 14〕吳組緗，《評茅盾〈子夜〉》，《文藝月報》創刊號，1933 年 6 月。

〔註 15〕參見藍棣之，《現代文學經典：症候式分析》，清華大學出版社 1998 年版，第 154、161 頁。

說敘述之間的關聯性問題。

必須承認，在探討可能的寫作路徑時，忽略左翼作家的身份是非常困難的，不僅由於作家自身的黨派、信仰、工作性質、生活體驗等無法忽略，更重要的是目前不易找到更多的比如右翼（站在南京政府立場）作品來加以對照，但這一問題的解決卻可以促使人們更深入地思考左翼作家小說敘述的傾向性和藝術性（藝術眞實）之關係。

先以被定義爲自由主義作家的沈從文的《丈夫》一文爲例。其中直接涉及農村生活狀態的描述：

> 事情非常簡單，一個不亟亟於生養孩子的婦人，到了城市，能夠每月把從城市裏兩個晚上所得的錢，送給那留在鄉下誠實耐勞、種田爲生的丈夫，在那方面就過了好日子，名分不失，利益存在。所以許多年輕的丈夫，在娶媳婦以後，把她送出來，自己留在家中耕田種地，安分過日子，也竟是極其平常的事情。〔註16〕

其後轉入了對丈夫之妻老七生活和丈夫自身行動、心理等溫情式的描摹，在藝術上、在鄉風民俗的描寫上自成格調。可見，除了湘西地方偏遠國民黨南京政府統治力量相對薄弱之外，作家在意識形態上的淡化、在寫作處理技巧上的選擇也是一個重要原因。

這可以與柔石的《爲奴隸的母親》對照：

> 然而境況總是不佳，債是年年積起來了。他大約就因爲境況的不佳，煙也吸了，酒也喝了，錢也賭起來了。這樣，竟使他變做一個非常兇狠而暴躁的男子，但也就更貧窮下去，連小小的移借，別人也不敢答應了。〔註17〕

開頭就切入對生存環境險惡的描寫，隱伏著農民自身終會爆發強力反抗的因素。顯然，作家的立場是預設的，所選擇的話語本身就具有強烈的意識形態因素。不妨認爲，自由主義作家由於少了外在的諸種束縛，政治和意識形態的顧慮少一些，所以他們在寫作路徑至少多了一個選項。有論者認爲1930年代的作家在創作時都是無法擺脫政治意識形態的干擾的，此說不虛。但究竟受到多大程度上的干擾卻是可以把握的。也就是說，即便是左翼作家，也還是有一定的創作自由度的，可以讓作品更有藝術性些。葉紫的《豐收》即是

〔註16〕沈從文，《沈從文全集》第9卷，北嶽文藝出版社2002年版，第48頁。
〔註17〕柔石，《爲奴隸的母親》，《萌芽月刊》第1卷第3期，1933年3月。

一例。無論是表述的質樸、自然還是情節的曲折、生動乃至對主要人物的刻畫，都極有特色。換而言之，敘述中的政治意識形態因素少一些，並不必然會導致作品傾向性的缺失，相反還有可能帶來藝術性的提升。主題與創作主導思想有機融合的程度、對同類型題材的不同敘述方式決定了作品藝術水準的高下。譬如同是描寫蘇維埃政權剛建立時紅軍與白軍之間的戰爭，就有《靜靜的頓河》與《鋼鐵是怎樣煉成的》的不同風格和主題的優秀作品，但二者在思想內涵、描寫深度和藝術價值上卻是很不一樣的，前者的藝術魅力顯然要勝於後者。作家在可以轉圜的創作自由度中拓展視野、即便「帶著鐐銬跳舞」，也可以尋找出自己的發揮空間。可見，其他寫作路徑還是存在著的，這不僅取決於作家對「拉普」之類的指導思想的理解程度，還取決於他們的創作意願和創作能力。

## 三

在前述列入探討範圍的作家作品中，國民黨南京政府的系列農村經濟政策及其執行的正面效果是找不到影蹤的，這是由於左翼作家所持的理想、信念與現政權是完全相悖的，他們或者是中國共產黨員、或者認同、嚮往共產主義，是現實社會主流意識形態和社會行爲的叛逆者，甚至也是現政權的對抗者，政治立場決定了寫作立場，因而他們只選那些目光所及的能夠爲己所用的部分作爲創作材料，其他的均被「過濾」掉了。這就同時說明了政治立場一旦左右了創作立場，作品就會無可避免的淪爲政治宣傳的工具，很難獲得突破，這對作家來說是致命的，「革命文學」倡導者們的作品大多一個範式、一種腔調即是明證。要想創作出在思想性和藝術性上堪稱優秀的作品，作家非不斷地自我超越不可，包括黨派性、宗派性和思想內涵。除了創作技巧的卓越外，其一是在創作立場上要趨於中立，如沈從文；其二是要具有更寬廣的全局性視野，對農村實際情形有深入的瞭解。而這兩條恰恰是許多左翼作家沒能做到的，對國民黨南京政府的系列農村經濟政策沒條件關注或不願關注或關注了沒有成爲創作的一部分等等，使這些作品的傾向性太過鮮明，喪失了創作出厚重文學作品的可能性乃至作家自身的獨立品格。

1932 年 1 月，丁玲在自己主編的《北斗》雜誌上發起了「創作不振之原因及其出路」的徵文討論，應徵者有郁達夫、張天翼、魯迅、鄭伯奇、茅盾、葉聖陶、胡愈之、陳衡哲、邵洵美等二十一人。意見集中於四個方面：(一)

階級壓迫太甚，沒有言論自由，作家的生活生命不能保證。但其間郁達夫認爲，「從革命文學到遵命文學，將來若有新文學起來，怕就是亡命文學。」（二）未脫離舊意識的窠臼，未走向大眾。（三）缺乏生活經驗。幾乎沒有一個應徵者不這樣認爲。（四）技巧差，不夠大眾化。〔註18〕實際上，此前的左翼小說已面臨著困境，張天翼的《二十一個》、《仇恨》、周文的《雪地》、沙汀的《法律外的航線》、艾蕪的《咆哮的許家屯》都是違背現實主義創作原則的急功近利、粗糙膚淺的急就章和政治宣傳品，類似作品還有不少。魯迅在一九三一年二月一日致張天翼的信中曾言：「你的作品有時失之油滑……但又有一個缺點，是有時傷於冗長」〔註19〕，這一毛病在《清明時節》一文中依然明顯，藝術性上打磨不夠，與前述的左翼作家的「通病」是一脈相承的。由此可見，在既定的準則下創作「遵命文學」而不加變通，必然要以犧牲作品的藝術性爲代價。當然，並非所有左翼作家都是如此，葉紫的小說《星》就既體現了深刻的農村社會政治內涵，又不失對時代生活的切實表述，地方色彩濃鬱，藝術性極高，堪稱佳構。葉紫的《偷蓮》、《魚》、《湖上》等也極有韻味。但左翼小說中的類似情況並不多見。

穆木天在批評此時期青年作家的作品時曾說：「現在，我們的青年們已經沒有辦法子在象牙之塔中找安慰了。環境使他們的眼睛轉向現實，使他們注意到大眾的痛苦。在文藝的領域中，他們是要現實主義地表現出大眾饑寒凍餒的生活的。」認爲青年作家的作品（如草明《傾跌》）欠缺在於「用第一人稱的寫法，便減少了那些小說作品的眞實味」。〔註20〕又就這一問題與陳君治在《申報·自由談》上展開了幾次論辯。毋庸置疑，這種論辯對左翼作家深化小說創作規律的認識，矯正藝術性上的偏差是有好處的。除穆木天之外，徐懋庸、蕭乾、張資平、胡風、洪深、鄭伯奇、茅盾等人也發表批評文章，力圖扭轉左翼小說創作不振的頹勢，也給其他作家們提供借鑒和參考。但對革命概念的憑空演繹，對生活表層浮光掠影式的摹寫，無一不使左翼作家陷入困惑之中，如前引丁玲自述中言及的那樣，這種局面在「左聯」存在的時期內並沒有得到根本性的改變。

---

〔註18〕參見馬良春、張大明編著，《三十年代左翼文藝資料選編》，四川人民出版社1983年版，第65頁。

〔註19〕沈承寬等，《張天翼文學活動年表》，《新文學史料》1981年第2期。

〔註20〕穆木天，《談寫實小說與第一人稱》，《申報·自由談》，1933年12月29日。

根據以上論述，再來分析 1930 年代國民黨南京政府的系列農村經濟政策與此時期小說敘述的關聯時，不難發現以下幾點：

第一、左翼農村題材小說敘述中，凡是成就較高者，如葉紫，既是對農村生活有豐富體驗者，又是不被信仰完全左右者，更重要的是對國民黨統治下的農村社會經濟凋零的揭露有著準確的度的把握，借助形象傳達思想。大部分左翼作家則由於其所採取的政治立場、理想信仰及其身份的限制，加之創作指導思想的束縛，在有關農村社會現狀的小說敘述中普遍表現出對國民黨南京政府針對農村經濟危局的系列政策及其執行效果的漠視、迴避，放大對農村社會可能性事件（農民生活境遇的苦難、農村生存環境的惡劣、農業經濟的蕭條殘破）和經濟政策負面影響的敘寫，以此爲無產階級服務。但更爲廣泛的生活體驗和更爲寬廣的視野的欠缺，制約了左翼作家，使得他們的小說敘述整體上不具有藝術表達上的可持續性，作品難以具有豐贍的美學效果。甚至在比較長的一段時期內處於集體「失語」或「亞失語」狀態。也就是說，囿於政治意識形態和既定觀念，缺少超越，是左翼小說整體成就不高的一個重要原因。

第二、1930 年代國民黨南京政府系列農村經濟政策出臺的滯後性、政策執行的軟弱性、效果的非顯著性和左翼小說敘述宣傳的有效性、敘述立場的預設性之間形成了巨大而強烈的反差。一般而言，經濟政策及其效果不可能立即作用於小說敘述，但在 1930 年代的特殊語境中，在「革命」成爲左翼敘事主流話語的前提下，面對著廣大農村近乎絕望的經濟前景，南京政府的系列農村經濟政策及其執行效果在客觀上爲左翼農村題材小說敘述提供了無盡的可能，但大多數左翼作家僅僅把自己當做單純的「時代精神的傳聲筒」而非時代眞實面貌自覺自願的代言人，既無力創作出氣勢磅礴、意味雋永的作品，也無法沉潛入農村生活的底部以獲得創作的深度。

第三、就沈從文等自由主義作家而言，此時期的農村生活狀況成爲小說敘述的背景，從而在與現實有距離的觀照中發現生活的本質和對人性的挖掘探索，生活本身的苦難成全了作品的美學意義。南京政府的系列農村經濟政策並不能對作品產生更多的影響。顯然，這種超脫對文學本身來說是有益的。

【作者簡介】

布小繼（1972～），男，雲南大姚人，文學博士。紅河學院人文學院教師，主要研究中國現當代作家作品。

# 貳、30年代「京派」美學追求的「經濟」前提

袁少沖

## 摘　要

30 年代「京派」雖是一個鬆散的群體，但有著大體一致的美學追求，這種美學追求和他們當時的存在境遇密切相關，經濟生活狀況是其中一個重要的方面。以教授爲主體的「京派」文人，以學院爲依託享有很高的薪金待遇，這種待遇不但在新教育體制中處於最高層，也與當時歐美的學院待遇相當；他們在 30 年代北平社會中也處於「貴族階層」，既是精神上的也是物質上的。總之，優越的經濟生活爲「京派」的「純粹」、「超越」的美學追求準備了前提。

關鍵字：30 年代，「京派」，經濟

隨著20年代末大量文化人南下，上海成了文化上的中心，然而北京（1928年後稱北平）的眾多高校卻仍然滯留了一大批安於學院的文人，常常是作家、學者、教授集於一身。他們通過共同的愛好、趣味以及地緣、業緣、學緣等關係紐帶，形成了多個交往圈子，如以周作人爲核心的「苦雨齋」、林徽因的「太太的客廳」、朱光潛的「讀詩會」、沈從文等在「來今雨軒」代表《大公報．文藝副刊》召開的宴請茶會等。這些圈子並不是各自封閉的，他們之間也常有往來，由此也形成了一個大的較爲鬆散的群體，《駱駝草》、《大公報．文藝副刊》、《文學雜誌》、《水星》、《詩刊》等成爲他們刊載作品、發揮影響的陣地。他們中有些在審美情調上更像傳統的士大夫，也有許多雖經傳統文化熏陶但西方現代的文明紳士氣息似乎更濃。儘管這些被稱爲「京派」的成員間個性、主張、旨趣都有不同程度的差異，但他們之所以能被稱作「京派」也反映出在一些根本問題上態度、傾向的趨同，比如在思想上追求個體的獨立自主、精神自由，在文藝的美學追求上體現出某種「超越」、「純粹」、「完美」、「靜穆」、「和諧」的傾向。

「京派」美學追求的形成自然是有各種各樣的因素與機緣。內在的方面有他們各自的個性氣質、自然秉性，以及教育水平、知識背景等因素。而外部方面有：政治上處於南方的國民政府與北方的僞滿洲國的緩衝地帶，國民政府的「黨化」意識形態與日本的「奴化」意識形態都無法形成在北平的有效控制，兩者的相互制衡反而形成一個較爲寬鬆的意識形態空間；再者，民國時北平的現代大學所提供的學院環境也是一個重要的因素，學院體制中優越的經濟條件、舒適的日常生活對他們而言不僅僅是一種物質的庇護，也是影響他們文藝上美學追求特徵的重要原因。本文無法對形成「京派」美學追求的種種因素加以全面的分析，僅就「經濟」前提的一面展開論述。

## 一、新教育體制中大學教師待遇的定位

30年代「京派」的當事人卞之琳在給高恒文的一封信中，提到他自己更願意稱「京派」爲「學院派」〔註1〕，可見「京派」文人的確是以學院派文人爲主體的文學流派。所以，在展示「京派」文人具體生活實景之前，就有必要先簡單考察一下，中國近代教育體制確立過程中大學教師的待遇是怎樣定

〔註1〕參見高恒文著《京派文人：學院的風采》（上海教育出版社2000年版）第2頁章節附註2。

位的，這樣才能梳理清楚「京派」文人優越生活的源頭。

1902 年 8 月（光緒二十八年）清政府頒佈的《欽定學堂章程》（史稱「壬寅學制」），1904 年 1 月公佈施行的《奏定學堂章程》（史稱「癸卯學制」）以及 1912～1913 年頒行的「壬子——癸丑學制」都是以日本近代教育體制爲模板而創建的〔註 2〕，以京師大學堂爲代表的近代大學也源於這幾次以替代傳統科舉考試制度爲目的的學制改革。但是也不能說，近代大學的設置與中國自身的傳統全無瓜葛，試看材料兩則：

在舊社會裏面卻有一個流行得相當久的看法：小學畢業等於秀才，中學畢業等於舉人，大學畢業等於進士。留學生呢？——留學生是洋翰林。社會的看法如此，而一般知識份子自處的態度又何嘗不是如此！〔註 3〕

當時清朝所定的學校制度，在縣城裏設小學，在省城裏設高等學堂，在北京設京師大學堂。學校分爲這三級，恰好原來科舉功名也有三級：縣一級的功名是秀才，省一級的功名是舉人，中央一級的功名是進士。成了進士，就算是登人仕途，可以做官了。把這兩個三級折合起來，縣裏小學畢業就相當於秀才，省裏高等學堂畢業就等於舉人，在京師大學堂畢業就等於進士。〔註 4〕

此情形的發生，離不開兩個原因：一是中國士大夫文化的悠久而強大的傳統影響，不大可能在短時期內消失，不僅對於士大夫群體而言如此，即使是對於普通民眾而言長期對士大夫的崇拜、期待的狀況也難以立即扭轉。〔註 5〕另一個便是，對中國人來說，驟然移植的外來事物如果不從傳統中找到與之對應的較熟悉的事物，則不容易產生瞭解。所以，中國近代大學體制中的一些因素，比如大學教習的定位與傳統士大夫文化的流風餘韻不無關聯。比如 1903 年的京師大學堂，學生初入學堂時，就聽說畢業後分別等級，給以進士、舉人出身，並授六、七品官銜。到張之洞任管學大臣之後，確定畢業生一律給予舉人出身，考列「最優等」者，以內閣中書儘先補用，加五品銜，「優等」者以中書科、中

〔註 2〕參見《中國教育史》一書（黃仁賢編著，福建教育出版社 2003 年版）以及李華興《論中國教育史的分期》一文（《上海師範大學學報》1997 年第 1 期）。

〔註 3〕胡風：《關於「善意的第三人」》，《胡風全集 3》，湖北人民出版社 1999 年版，第 271 頁。

〔註 4〕馮友蘭：《三松堂自序》，《三松堂全集》第一卷，河南人民出版社 2001 年版，第 26 頁。

〔註 5〕余英時便認爲，「五四」時期新文化運動成功的原因之一，便是廣大社會民眾仍然處在一種對「以天下爲己任」爲特徵的傳統士大夫的心理期待中，而新文化運動的先驅們也常常帶有諸如梁漱溟的「吾曹不出蒼生何」的氣質。

書郎補用。〔註 6〕而且，當時的京師大學堂是候補官員培養處，1903 年的「癸卯學制」還規定大學堂畢業生，可以授予進士頭銜並獎勵翰林院編修檢討等官職；〔註 7〕即便、科舉制度廢除之後，科舉的觀念在學生中仍有很深的影響。

有研究者已經指出，「20 世紀初年以來，文化人、知識份子逐步從原有的『士大夫階層』蛻變而來，也從原有的市民和務農階層上陞而來，主要的途徑是通過新式學校教育，進入各種文化機構。他們仍在一定程度上繼承了『士大夫階層』的某些遺傳基因。」〔註 8〕不過在待遇上，清末開辦的新式學校從最初的同文館、洋務學堂到後來的北洋學堂、京師大學堂則吸收了外國的薪金制度和理念。須知中國傳統社會中的行政體系與現代管理系統有很大的不同，而且是整體的方向性、理念上的不同。在傳統的社會行政體系中，儒家的價值標準佔據絕對的主導地位，它的君子「重義輕利」、「安貧樂道」等觀念對擁有「士大夫」身份的官員精神境界上要求很高，而物質待遇上卻十分有限。因而，滿清官員的薪俸在制度上合法的額度相當低，甚至「公務人員的薪水只是點綴品，實際上全靠陋規來維持。陋規是不公開的公家收支，爲政府及社會所默認的」。〔註 9〕這種制度上本身的硬傷造成各級官員不得不在某種程度上依靠陋規才能夠完成日常的公私兩面的運轉。

例如，清末一個縣官其官方收入不過一月數量銀子，而且很多還是在「養廉」這個名義下支付，有些地方可能正式的俸祿根本沒有。而一個縣官的到任，帶來的是除了某些役吏之外的全班人馬，不單有縣官本人一家及僕傭，還有各種幕僚如「刑錢師爺」、「書啓師爺」、「教讀師爺」以及幕僚的家人，一般也有三四十人。這樣看來，所謂「養廉」的四五兩銀子實在是微不足道，必須通過非正當手段方能保證縣衙的運轉。其中一個方法便是，向朝廷交糧稅是按銀子計算，而縣官向百姓徵糧則按銅錢計算，縣裏製定的兌換率是一兩銀子兩串（每串一千文）銅錢，但實際上兩串銅錢的價值大於一兩銀子，這個差額便是縣官的收入。〔註 10〕類似的陋規充斥在官方行政的各個方面，

〔註 6〕陳明遠：《文化人的經濟生活》，陝西人民出版社 2010 年版，第 43 頁。

〔註 7〕陳明遠：《文化人的經濟生活》，陝西人民出版社 2010 年版，第 44 頁。

〔註 8〕陳明遠：《百年來中國文化人的經濟生活變遷》，《名作欣賞》2011 年第 13 期，第 28 頁。

〔註 9〕蔣夢麟：《西潮・新潮》，嶽麓書社 2000 年版，第 162 頁。

〔註 10〕馮友蘭：《三松堂自序》，《三松堂全集》第一卷，河南人民出版社 2001 年版，第 18～20 頁。

清末的鬣金制度也是如此。而近代化的理念是不予許制度之內有這樣導致混亂、腐敗的硬傷存在的，它的原則是高薪養廉。如英國人爲中國建立的海關制度，雇員們經過良好的訓練，薪俸優厚，退休後養老金也相當可觀，故而效率和清廉度頗高。此外，郵政體系、鹽務機構、銀行制度、鐵道管理等方面的近代化改革也可圈可點。〔註 11〕在與教育對應的文官制度中，從五品的翰林院侍讀、翰林院侍講的歲俸爲 80 兩、祿米 80 斛（只有京官才有），從六品的翰林院修撰歲俸 60 兩、祿米 60 斛，正七品的翰林院編修歲俸 45 兩、祿米 45 斛。官員俸祿太低，京官更是清苦，自雍正特批准支雙俸（不含祿米）。但當時的京師大學堂教習的待遇則相對較高，如華人總辦（教務長）陳鑾，月薪 180 兩，國文正教員高超月薪 80 兩，國文副教員蔣用嘉月薪 60 兩，稅科助教黃厚誠月薪 147 兩 9 錢 4 分。華人教員的較高薪水可能和洋人教員的高薪有關，因爲聘任的洋教習薪水高的驚人，如京師大學堂洋總辦兼洋教習鄧羅月薪 1013 兩 5 錢 4 分，而稅科專門洋教習阿得利月薪 285 兩 8 錢 8 分〔註 12〕。當時清政府急於開辦新學，聘請洋人教習之時引進國際通例給予高薪，而華人教習的薪金比之前的同文館還有提升，與傳統品級俸祿的套路大相徑庭，大學教員薪水有逐漸與國際接軌之勢。於是，一個普通國文教員的薪水竟然是清朝七品文官的 20 倍以上，一個助教的薪水是七品文官的近 40 倍，如此巨大的差距不能不說是薪水制度在理念上進行了革新。

因此，西方大學教授的社會位置與傳統士大夫的超然地位共同促成了中國近代大學教師的良好經濟待遇的開端。如 1917 年 5 月北洋政府教育部頒訂的大學教師薪金標準：學長分四級，最高 450 元，最低 300 元；本科教授分六級，最高 280 元，最低也有 180 元；預科教授最低 140 元，最高 240 元。〔註 13〕種收入狀況對於當時北京相當低的物價水平而言，應當是非常豐裕寬綽的生活了。可靠優厚的收入來源既使得教授們具備優越的衣食住行條件（如魯迅能購置「八道灣」這樣的大宅子），而沒有經濟上生活上的壓力，使得這些教授們可以合辦像《新青年》那樣的同人刊物。

〔註 11〕蔣夢麟：《西潮・新潮》，嶽麓書社 2000 年版，第 166～169 頁。

〔註 12〕文中華洋教習的薪水額參見陳明遠的《文化人的經濟生活》（陝西人民出版社 2010 年版）一書，第 43 頁。

〔註 13〕參見《教育部公佈大學職員任用及薪俸規程令》（1917 年 5 月 3 日），中國第二歷史檔案館編：《中華民國史檔案資料彙編》（第三輯 教育），江蘇古籍出版社 1991 年版，第 166 頁。

1922 年的「壬戌學制」吸收了「五四」新文化運動的某些理念，另外，「美國式的自由主義、民主主義教育，多層次多系統多渠道的辦學體制，對實際應用的注重，一批歸國留美學生（如胡適、陶行知、郭秉文、蔣夢麟、張伯苓等）的社會影響與就職重要行政崗位，加上杜威、孟祿、推士、麥柯爾等美國教育家來華講學後產生的轟動性效應，使中國教育界經過明辨擇善，把教育改革的參照重心由日本轉向美國。」〔註 14〕

教育系統的現代化改進也隨著其他方面的革新而進行。在教師的待遇方面，蔡元培主持的大學院在 1927 年 6 月到 9 月間修改頒佈了大學教師的待遇標準，其教員薪俸如下〔註 15〕：

教授月薪 400～600 銀圓

副教授月薪 260～400 銀圓

講師月薪 160～260 銀

助教月薪 80～160 銀圓

可見，在高校教師的待遇方面，的確是相當高。所以有研究者認爲，「20～30 年代我國知識份子的生活水平並不低於日本，在京津滬寧杭一帶的高等教育和出版事業是跟國際水平接軌的」〔註 16〕。而且「30 年代中國學者在北平的收人，跟在美國的工作相比是差不多的」，這也是爲什麼「當時到歐美日本進修的中國留學生得到碩士、博士學位後大多回國報效中華文化事業，人才，特別是高級人才不外流」的原因所在。〔註 17〕

## 二、30 年代「京派」群體的經濟生活實情

下面我們來看看當時「京派」成員現實生活中的實際情形，因爲要弄清他們的經濟狀況的性質，不是單方面從收入的數字上就能體現出來的，還要考察當時北京的物價水平、消費水平；另外也還要將教授與社會其他階層（如普通勞動者、學生、中小學教師等）的生活進行對比才能對其生活的優越程

〔註 14〕李華興：《論民國教育史的分期》，《上海師範大學學報》1997 年第 1 期，第 130 頁。

〔註 15〕陳明遠：《文化人的經濟生活》，陝西人民出版社 2010 年版，第 173～174 頁。

〔註 16〕陳明遠：《百年來中國文化人的經濟生活變遷》，《名作欣賞》2011 年第 13 期，第 30 頁。

〔註 17〕陳明遠：《抗戰前夕北平文化人的經濟生活》，《讀書文摘》2011 年第 8 期，第 59～60 頁。

度有定性的認識。

在大學教授的收入方面，先看北京大學的情況。北京大學在「五四」退潮後，尤其是20年代末教育部欠薪及北洋政府對教育界的迫害使得許多文人教授紛紛南下後，呈現某種程度的沒落，但30年代初蔣夢麟與胡適先後回到北大之後，做了多方面的努力將北大由學生運動的中心成功嚮學術中心的地位過渡。其中一項重要的舉措就是提高教授待遇延攬人才。如他們直至推動中華教育文化基金董事會對北大進行資助，以「合款」的方式設立研究教授席位、擴充實驗設備、設立獎學金等，研究教授最低年薪爲4800元。〔註18〕1931年4月9日在北大合作研究款委員會上，傅斯年曾提議降低教授月薪，胡適極力反對，經商談研究教授最高月薪降到600元，而最低的400元仍舊未動。〔註19〕從胡適20年代參與商務印書館的待遇製定到30年代對北大教授待遇的推動，可以看出他是一貫秉承了西方通行的「高薪攬才」、「待遇留人」的理念。因而像胡適這樣的名學者兼中文系主任月薪爲600元，普通的教授月薪也在300元以上。而清華大學的情況可能更好，30年代的清華經費最爲充足這一點是公認的，梅貽琦在1931年上任後給出的待遇是：教授300～400元，最高可達500元。前者如聞一多1934年月薪340元，而到1937年則增至400元，〔註20〕後者如馮友蘭。清華教授待遇的特殊之處還在於學校爲每位教授都提供一棟免費入住的新住宅。燕京大學的教授薪金也與北大清華大體相當，如顧頡剛1929年任教燕京時月薪290元，而次年即升爲320元。而且，以上分析的僅僅是教授的工資，而他們的實際收入還包括以下幾個方面：兼職收入，如胡適除北大外還兼任北平圖書館的董事委員長、中華教育文化基金董事會的名譽秘書、中央研究院的名譽研究院、協和醫學院的校董等職位；兼課收入，當時北平的三座高校北大、清華、燕京三校教師流動、兼課的現象較爲普遍〔註21〕，而且各大學爲競聘著名學者雖名爲兼課、兼職仍支付全薪，有些學者收入可達1500元〔註22〕；稿費

〔註18〕轉引自《胡適日記6》（曹伯言整理，安徽教育出版社2001年版）第95～96頁。

〔註19〕曹伯言整理：《胡適日記6》，安徽教育出版社2001年版，第95～96頁。

〔註20〕參見《聞一多全集》（第12卷），1934年致饒孟侃及1937年致高孝貞的書信，分別見272頁、194頁。

〔註21〕如1931年起，錢穆任教北大，但同時也在清華、燕大、師大等高校兼課。參見《錢穆評傳》（郭齊勇、汪學群著，百花洲文藝出版社1995年版）第17～19頁。

〔註22〕陳明遠：《抗戰前夕北平文化人的經濟生活》，《讀書文摘》2011年第8期，第

版稅收入，如他們在《大公報·文藝副刊》等雜誌上的作品文章會有一定的稿費，若是出版專著或編書還會有版稅的收入。

其實，一個階層的實際生活狀況不是一個絕對的數字能夠直觀地反映出來的，在與社會中其他階層的對比中或許看得更爲分明。根據何兆武對30年代的回憶：

> 那時候的待遇，一個小學教師大概是三十塊錢，如果要是老資格的話，就可以有大概四五十塊。一個中學教師，比如我上的師大附中，那是好學校，老資格的教師一個月可以拿到近兩百塊錢，年輕的教師大概總有一百塊錢的樣子，那是一般學校比不了的。大學教師拿得更多，我父親一個朋友的兒子是留德的，30年代回國在某個化學研究所工作，一個月是三百塊大洋，有名的教師，比如馮友蘭，一個月可以有五百，可以買一套普通的四合院了。胡適錢更多，因爲他名氣大、頭銜多，兼了很多職位。1936年，何鍵——當時的湖南省主席——請胡適到我們家鄉講演，一次就送了他五千銀洋，等於現在的明星出場一樣。〔註23〕

上述小學教師的薪水可以從陶孟和的《北平生活費之分析》一書中得到驗證，調查12家小學教員平均月薪41.25，最高50元1人，最低38元1人，9人均爲40元〔註24〕，小學教師的實際工資範圍大約是30～50不等。可見，雖然陶孟和的《北平生活費之分析》取自1926年的調查，但從20年代後期到30年代，由於社會各階層的收入整體上、制度上沒有明顯的變動〔註25〕，且當時也沒有40年代的惡行通貨膨脹，幣值和物價都比較穩定〔註26〕，因而《北平生活費之分析》一書中的調查材料也可以做爲評判30年代社會各階層收入的重要參考。

以上不難看出，教育系統中收入的等級差異還是非常明顯的，大學教授的薪水差不多是小學教師的10倍。即使薪水只有大學教授收入的1／10左右，但調查顯示，12家小學教員每家平均必須的生活支出僅爲35.33元，而

---

60頁。

〔註23〕何兆武：《上學記》，三聯書店2006年版，第68～69頁。

〔註24〕陶孟和：《北平生活費之分析》，商務印書館1933年版，第83頁。

〔註25〕如這裡給出的小學教員的薪金，以及上文提到的1927年之後大學教授待遇標準等，都沒有大的改動。

〔註26〕陳明遠：《30年代中國文化人的經濟生活》，《縱橫》2000年第2期，第58頁。

收入則爲 56.39 元。〔註 27〕可見，小學教員的生活雖然還不能簡單的認爲是較爲寬鬆的，但一般的生活水準還是可以保障的。即便如此，小學教員的數量也非常有限，大約僅爲 800 餘人〔註 28〕，和大學教授一樣仍然屬於小眾群體。中學教員收入更爲可觀，大約 100～200 元，如果初、高中都授課的教主要課程如國文、英語、算學的教員月薪可超過 200 元。另値得一提的是，無論在大學還是中學任課教師的薪水絕對是最高的，其行政人員薪水每月大概 30～100 元，而勤雜人員則有時低至 10 元左右，最高不過 40 元。〔註 29〕

眞正占社會中多數的還是最普通的勞動者。以陶孟和的調查爲例，1926 年北平貧富家庭的分佈爲：極貧戶 42982、次貧戶 23620、下戶 120487、中戶 56992、上戶 10350；他給出的標準是：極貧乃毫無生活之資者，次貧爲收入極少若無賑濟則不足以維持最低生活者，下戶爲收入僅足以維持每日生活者；而他重點調查的 48 家的收支情況是：收支相抵而有盈餘者 27 家，入不敷出者 21 家；〔註 30〕這 48 家主要是由次貧戶以及下戶組成，所以全市有 62.5%（極貧戶、次貧戶、下戶占總數的百分比）的家庭低於或等於這 48 家的狀況。該 48 家 6 個月的收入中：70 元以下 3 家，70～110 元 28 家，110～150 元 14 家，150～190 元 3 家；48 家 6 個月內四組平均工資爲：55.78、82.18、110.92、154.83；6 個月平均收入分別爲：64.65、90.29、124.58、163.40 元；月平均數字分別爲：9.29、13.69、18.48、25.81；10.78、15.05、20.76、27.23 元。調查的 48 家中有 36 位人力車夫，半年工作平均時日爲 174 日，每日平均淨得工資爲 0.40 元，一月全勤方得 12 元。〔註 31〕如此龐大的低收入人群的存在，使得當時的物價水準、消費水平也比較低，如該 48 家 6 個月平均每家 4.58 人；食品費支出 72.25 元；房租支出 7.68 元；衣服費支出 6.94 元；燃料費支出 11.48；雜費支出 3.16 元。月平均數字爲食品 12.4、房租 1.28 元、衣服 1.16 元、燃料 1.91 元、雜費 0.52 元。〔註 32〕

以上的統計代表著的生活水準是北平市 62.5%的家庭都未能達到或者剛剛達到的狀況，由此看來，大約 800 人的小學教員的生活水平甚至可以歸入

〔註 27〕陶孟和：《北平生活費之分析》，商務印書館 1933 年版，第 85 頁。

〔註 28〕陶孟和：《北平生活費之分析》，商務印書館 1933 年版，第 11 頁。

〔註 29〕參考陳明遠：《抗戰前夕北平文化人的經濟生活》、《30 年代中國文化人的經濟生活》兩篇文章，分別見第 59～60 頁、第 58 頁。

〔註 30〕陶孟和：《北平生活費之分析》，商務印書館 1933 年版，第 7～9 頁。

〔註 31〕陶孟和：《北平生活費之分析》，商務印書館 1933 年版，第 8、32、78 頁。

〔註 32〕陶孟和：《北平生活費之分析》，商務印書館 1933 年版，第 33 頁。

中戶一層，而爲數更少的大學教授的收入則理所應當屬於上戶階層（僅占總數的 4.07%）。再來看看當時在校大學生的生活狀況及消費水準，這也能從側面反映教授的生活。如何炳棣回憶他在清華這個人間「天堂」中的生活情形：

（清華二院食堂）飯和饅頭管夠，全葷和半葷及素炒價格都很合理，大約兩毛以內可以吃得不錯，如三四好友同吃可以更好。第二年搬到新蓋好的七院，就經常在四院新的大食堂吃飯了。座位多、上菜快、極方便。我和生物系的林從敏，同屋的黃明信和其他南開老友們合吃時，常點番茄炒蛋、炒豬肝或腰花、軟炸裡脊、肉片炒大白菜、木須肉等菜，均攤每人大約兩毛。遵父命，一切應節省，唯吃飯和買書不可省。所以冬季大考我有時一人獨吃，先幾口吃掉紅燒肘子（不大，2 毛 4 分），再點半葷素菜吃飯。有時出校門去換換胃口，到倪家小鋪叫一碗特別先以蔥花、肉片、生大白菜「炮」鍋的湯麵和一張肉餅。〔註 33〕

北大的情形也大致相仿，學生的最低限度的生活每月 4～5 元便能維持；正常的包飯則一月大約 6 到 8 元，一菜一湯，米飯饅頭管飽；而稍好一點的如北大文科一院所在的漢花園，學生宿舍東齋東邊有四川人開的「便宜居」飯館，包飯每月 9 元，每餐合一角五分，兩葷一湯，葷菜常有米粉肉、炒肝尖等；沙灘紅樓附近有很多小飯館，如海泉居普通一葷菜一湯米飯花卷管夠，也才一角五分到一角八分，麵食則更便宜 10 個水餃 4 分，10 個肉餡餅 8 分，3 碗面皮 6 分；即便是東安市場上的中高檔飯館東來順，小米粥 1 分羊肉包子 20 個 8 分，下酒菜如菜酥魚、醬肉腱子一類每盤 1 角 6 分，酸辣湯（內有雞血條和豆腐條）才幾分錢。〔註 34〕以上就是 30 年代北京餐飲方面的物價水平，不過即便如此之低仍然已經是下館子的價格了，如果能夠自己開火做飯則更是划算。「20 世紀 30 年代物價低，香油與上等鮮豬肉等價，都是 1 圓錢 4 斤半，或每千克 4 角 4 分。比如三四個人吃炸醬麵，自做肉丁炸醬一碗，5 分錢就夠了。紅燒肉 3 斤下鍋，成本不到 1 塊銀圓。」〔註 35〕

由於物價的便宜以及幣值的穩定，一直從 20 年代後期到 30 年代抗戰前夕，北平普通一家人的生活開銷大概在 20～30 元之間，而北平的較有名的文

〔註 33〕何炳棣：《讀史閱世六十年》，廣西師範大學出版社 2005 年版，第 92～93 頁。

〔註 34〕陳明遠：《抗戰前夕北平文化人的經濟生活》，《讀書文摘》2011 年第 8 期，第 61～62 頁。

〔註 35〕陳明遠：《抗戰前夕北平文化人的經濟生活》，《讀書文摘》2011 年第 8 期，第 2 頁。

化人其生活水準遠遠超出此標準，四五口之家一月包括食品、房租、交通、娛樂、應酬在內，大約在 80 到 100 元以上。他們的住宅常常是 10 多間房的四合院，如林徽因、周作人等人；而當時清華大學提供給教授們的免費住房更是豪華，如「聞一多所住 46 號『匡齋』是中式建築，共有 14 間房屋。到了 1935 年初，聞一多、俞平伯、吳有訓、周培源、陳岱孫等教授又遷人清華新南院，這是 30 棟新蓋的西式磚房，每人一棟。條件更好，有書房、臥室、餐廳、會客室、浴室、儲藏室，電話、熱水一應俱全。」〔註 36〕在膳食方面當時的教授一般都有雇有專門的廚師僕傭，有的甚至還聘請西式廚師，如金岳霖在回憶中寫道，「我那時吃洋菜。除了請了一個拉東洋車的外，還請了一個西式廚師。『星六碰頭會』吃的咖啡冰激凌和喝的咖啡都是我的廚師按我要求的濃度做出來的……這樣的生活維持到七七事變爲止。〔註 37〕」因爲對於這些從歐美留學歸國的教授來說，吃西餐、喝咖啡、茶會等都是日常生活中必不可少的元素，通過這些形式學者們雖然處身仍舊落後的中國卻可以「象徵性」和「周期性」的緬懷和重溫西方式的生活方式。〔註 38〕

## 三、結　語

以上對「京派」學院群體的收入概覽以及和當時其他階層的對比分析可以表明，他們處於國家教育系統中的最高層，經濟狀況在 30 年代北平的生活消費水平下，確實相當優越，至於優越到什麼程度，來看兩則材料。

先是海倫·斯諾（埃德加·斯諾的妻子）在其回憶錄中提到，她曾在家信中寫下這樣的話「有時我以爲東方最大的誘人之處，就是一切東西的價格都極其低廉，幾乎不用花什麼錢就可以過上皇后般的生活，」〔註 39〕這還是在她生活在消費水平比北京高不少的上海時的感覺，當 1933 年她和斯諾遷居北京後，她特別提到了他們當時的生活狀況：

> 「在北京時期，日常生活費大約是每月 50 美元——我們過的是王侯般的生活。每月買食品需 80 塊銀元，折合 20 美元，這還包括正式

〔註 36〕陳明遠：《30 年代中國文化人的經濟生活》，《縱橫》2000 年第 2 期，第 58 頁。

〔註 37〕金岳霖：《金岳霖文集》第四卷，甘肅人民出版社，第 728 頁。

〔註 38〕許紀霖等著：《近代中國知識份子的公共交往》，上海人民出版社 2008 年版，第 323 頁。

〔註 39〕【美】海倫·斯諾《旅華歲月——海倫·斯諾回憶錄》，世界知識出版社 1985 年版，第 42 頁。

宴請在內。當匯率變化時，我們的花銷更少了。房租是 15 美元，兩個傭人每月 8 美元，中文教師 5 美元。」〔註 40〕

請注意這裡有海倫・斯諾形容他們的這種每月花費 50 美元（折合 200～250 銀元）的生活爲「皇后般的」和「王侯般的」，並認爲「北京有一點像古羅馬，同樣是被孀居的好客的女主人和知識貴族階層統治著。在辛亥革命推翻清王朝以後這座帝王之城變成了學生和學者之城」〔註 41〕，她口中的「知識貴族階層」便主要指的是當時清華、北大、燕京的三校教授們。而這一點也被當時的北大校長蔣夢麟證實。他在《西潮・新潮》中把那種與以租界心理爲代表的「海派」風格相對應的風格成爲「京派」，指的是一種崇尚意義深刻、力求完美的藝術追求，而這種風格的養成與北京城特有的生活氛圍關係很大：一種因素是北京城的文化特色，如戲院裏唱的聲聲動人心弦、大多無懈可擊的名伶表演，故宮博物院裏歷代天才留下的藝術珍品的等所構成藝術氛圍；另一個是北京城裏有著衣食無憂、注重精神追求的「唯一的貴族階級」的存在，「除了美麗的宮殿和宮內園苑之外，我們第一個印象是北京城內似乎只有兩個階級：拉人力車和被人力車拉的。……唯一的貴族階級是有學問的人——畫家、書法家、詩人、哲學家、歷史家、文學家以及近代的科學家和工程師。」〔註 42〕海倫・斯諾 30 年代曾在北平長期居住，又因爲埃德加・斯諾曾任教於燕京大學，故與當時的大學教授群體交往很多，而蔣夢麟自 1919 年起便歷任北大教授、總務長、校長，對教授階層更是知之甚深，因而他們對於教授們「貴族階級」地位的判斷是可信的。不過，需要警惕的是，教授們的「貴族」地位只是相對的而不是絕對的：民國時期絕對的「貴族」仍然是軍閥、大官僚、大地主、金融家、投機商等等；並且也只是特定的而不是泛化的：只在 30 年代北平這個特定的時間地域中適用（上層富人相對較少，而下層窮人較多，消費水平較低），若放在上海這樣的官商巨富較多，消費水平較北平也高出不少的城市，教授群體這樣的收入也不大能稱之爲「貴族」。

所以，大體可以這樣說：以大學教授這幫學院中人爲主體的「京派」這樣一個鬆散卻又有相似的美學追求的群體的形成，與他們共同的日常生活情

〔註 40〕【美】海倫・斯諾《旅華歲月——海倫・斯諾回憶錄》，世界知識出版社 1985 年版，第 80 頁。

〔註 41〕【美】海倫・斯諾《旅華歲月——海倫・斯諾回憶錄》，世界知識出版社 1985 年版，第 72 頁。

〔註 42〕蔣夢麟：《西潮・新潮》，嶽麓書社 2000 年版，第 183～185 頁。

境有很大的關聯；他們的經濟收入大致都屬於 30 年代北平的上層，待遇優厚生活優越，沒有普通小市民生活的輾轉、勞累之苦；他們在由多數生活貧困的大眾所組成的北平社會中的位置，與傳統的上層士大夫群體以及古希臘羅馬的貴族階層有某種程度的相似性；形成了既與古希臘那種追求純粹、鄙視功利的貴族精神類似，又與傳統文人的「君子不器」、情致高雅的士大夫情操相近的對於文學、藝術的一種超越性的態度。這種態度雖然排斥文藝這個「象牙塔」之外的諸多因素的干擾，如政治的、經濟（商業）的等等，但它的形成本身卻反而恰恰依賴於一定的政治的（鬆散的意識形態）、經濟的條件，本文即是對其「經濟」前提的考察。

【作者簡介】

袁少沖，北京師範大學文學院 2009 級博士生。

# 參、民國經濟危機與30年代經濟題材小說

鄔冬梅

## 摘　要

30年代資本主義世界的經濟危機使中國陷入1932年～1935年的民國經濟危機，民國經濟危機主要集中於農業破產，同時影響到其他行業，中國經濟在1935年開始走向復蘇。經濟的巨大變化使作家關注到經濟題材，創作了大量的經濟題材小說，而社會性質大討論、共產黨人，以及以左聯等左翼文化團體從理論倡導、創作、文藝批評方面對經濟題材小說發揮了影響及引導作用。使這類小說表現出了一定的政治傾向，在都市經濟題材小說中反映帝國主義經濟侵略，在農村經濟題材小說中突出經濟破產、下層苦難與階級矛盾，並指向反抗與革命。經濟題材小說豐富了30年代文學的題材與主題，促進了左翼文學的發展，而模式化的創作限制了經濟題材小說的持續發展。

1929～1933 年資本主義世界爆發了以全面緊縮為特點的世界範圍的經濟危機，西方各國購買力的下降影響到中國的對外貿易。英、日、美 1931 年秋到 1933 年的貨幣制度改革有效地緩解了危機但也影響到中國的匯率，使中國陷入了 1932 年～1935 年的民國經濟危機。20 年代中期已開始的全世界農業蕭條、中國工農業生產力低下、30 年代初的自然災害、日本侵略、持續的內亂、賦稅較重等又加劇了危機的程度。而美國 1933 年的白銀政策客觀上大幅提高了以白銀為主要貨幣的中國的匯率，導致中國經濟進入寒冬。民國經濟危機主要表現為農業破產，而農村購買力的消失影響到商業、工業。危機中的南京政府從關稅、工業、農業、貨幣制度改革等各方面採取了保護性措施和政策，1935 年的貨幣制度改革增加了貨幣供應量、降低了匯率，使中國在 1935 年開始走向復蘇。30 年代經濟的巨大變化使作家開始大量關注經濟題材，從 1931 年到抗戰爆發前出現了大量經濟題材的小說、戲劇、散文等文學作品，成為 30 年代獨特的文學現象，其中以左翼作家的作品最為引人注目。社會性質大討論、左聯等左翼文化團體對經濟題材小說起著引導作用，尤其左聯從理論倡導、創作及文藝批評等方面都主動進行了引導，瞿秋白等共產黨人也對茅盾等人的創作有所影響。經濟題材小說創作時間大量集中於民國經濟危機時期，採用社會科學的創作方法，反映各類經濟破產現象及社會下層苦難，矛頭指向官僚腐敗、商人及地主剝削等階級矛盾及美日帝國主義經濟侵略，最終指向反抗，使小說呈現出政治化主題。而對世界經濟危機的影響、生產力低下、南京政府的積極政策以及危機前後相對繁榮時期的經濟表現有所忽視。30 年代的經濟題材小說創作豐富了文學的內容與主題，促進了左翼文學的發展，同時政治化的主題也限制了經濟題材在小說領域更豐富的表現和持久的生命力。本文試圖還原民國經濟危機中工業、農業、商業、對外貿易、英美日中外經濟關係、南京政府的政策等歷史場景，探討共產黨人、左翼社會文化團體對經濟題材小說的指導及影響、都市及農村經濟題材小說的階級矛盾、反帝等政治化主題，同時對經濟題材小說對於左翼文學的貢獻及其政治化主題造成的發展局限進行探討。

## 一、民國經濟危機與 30 年代經濟題材小說的興起

1929～1933 年資本主義世界爆發了以通貨緊縮為特點的世界範圍的經濟危機。危機起源於美國 1929 年 10 月的股票市場暴跌，很快波及到全世界範

圍，美、歐、日、法等國及其周邊國家均陷入了危機當中。「危機期間，資本主義世界工業生產縮減了 36%，世界貿易額縮減近三分之二，失業工人達三千多萬，幾百萬小農破產，上萬家銀行倒閉。整個資本主義世界遭到沉重打擊」。〔註 1〕危機導致社會矛盾激化，罷工此起彼伏，共產黨及社會黨的力量在各國得到發展。對挽救這次經濟起到關鍵作用的是各國的貨幣制度改革。這種措施影響了國家之間的匯率。在世界經濟危機的背景之下，整個中國經濟經歷了 1929～1931 年秋的輕度繁榮、1932 年～1935 年的民國經濟危機和 1935～1936 年的經濟復蘇幾個階段。

1929 年～1931 年秋，中國的工業發展和對外貿易與危機中的西方各國相比相對繁榮。主要原因就是茅盾在《子夜》中提到的「金貴銀賤」，危機中，發達國家通貨緊縮造成了白銀價格的大幅下跌。中國在 30 年代是唯一一個銀本位制大國，白銀占到貨幣總量的 60%左右，國外市場的下跌帶來了中國貨幣在對外貿易中的匯率優勢，白銀大量流入帶來貨幣供應量的增多，從而促進了經濟和出口的增長，這與危機中金本位制的西方各國通貨緊縮的困境是相反的。「金貴銀賤」讓中國在世界經濟危機之初獨善其身。匯率的大幅降低提高了外國商品進入中國的成本而降低了西方國家購買中國產品的成本，起到了與提高進口關稅和降低出口關稅相同的效果，使中國的工業發展和對外貿易在 1929～1931 年與西方各國相比相對繁榮。從對經濟最爲敏感的投機市場就可以看出中外經濟的不同表現。投機市場能夠敏銳地反映經濟的變化，危機中美國等西方國家的股票市場都受到重創，美國股市 1930 年到 1931 年都處於暴跌當中。從 1929 年 10 月的最高點到 1933 年的最低點美國股市大約六分之五的財富蒸發，經濟開始復蘇後，股票才開始停止下跌。而茅盾在《子夜》和《交易所速寫》等散文中對同期中國的投機市場進行了描寫，儘管茅盾對投機市場持貶抑的態度，但還是能從中看出 1930 年中國流動資金的充裕和公債市場的繁榮。而茅盾《子夜》所反映的 1930 年中國的出口有所減少則主要是受到西方各國購買力下降及部分行業生產技術落後的影響，而購買力的減少和匯率帶來的優勢而言是比較輕微的，當時也有一些行業的出口是獲得較大發展的，如一些化工業的產品在國際上是具有較強競爭力的。

1932 年～1935 年中國捲入了民國經濟危機，民國經濟危機主要開始於

〔註 1〕徐天新、許平，《世界通史（現代卷）》，人民出版社，1997 年 4 月，第 461 頁。

1931 年秋冬各國貨幣制度改革的影響。為了擺脫經濟危機，各國展開了擴張性的貨幣政策。英、日、美等國相繼脫離了金本位制，增加了紙幣供應量，這是一種以紙幣貶值來擴大出口限制進口的貨幣政策。其中，英鎊貶值約三分之一，日元貶值約 40%。到 1933 年，最終形成了以英國為中心的英鎊集團、以美國為中心的美元集團、堅守金本位制的以法國為中心的金本位集團。世界經濟從 1933 年美國實施貨幣制度改革後開始走向復蘇。這種擴張性貨幣政策帶來的復蘇是以犧牲貨幣的信譽為代價，也是以犧牲外貿對手經濟利益為前提的。在中國的對外貿易中，英、美、日有著重要的地位，如 1933 年，英、美、日三國占到了中國對外貿易比例的 64.6%。〔註 2〕因此，英美日的經濟狀況及經濟政策，直接影響到了中國的對外貿易和工業的狀況。1931 年秋開始的各國貨幣貶值讓「金貴銀賤」的局勢發生了變化，1933 年美國通過白銀收購政策人為推動白銀價格大漲，這一政策改變了中國的匯率，使中國進入到危機的寒冬。這次民國經濟危機使中國經濟尤其是農村經濟受到嚴重打擊。外部市場的貨幣貶值使中國的匯率優勢開始消失，美國的白銀政策人為地提高了白銀價格，導致了中國的主要貨幣白銀大量外流，流通貨幣大量減少的結果是造成了以物價下跌為特徵的通貨緊縮，物價尤其是農產品價格連續四年下跌，農村經濟走向破產，而 20 年代已開始的世界農業蕭條、中國生產力低下、自然災害、日本入侵、持續的內亂、賦稅較重等因素又加劇了危機的程度。30 年代農村人口占到全國總人口的八至九成，農村經濟破產導致了農民購買力的消失，從而影響到主要依靠內部市場的商業和大部分輕工業。如茅盾小說《林家鋪子》所反映的中小商業破產現象的主要原因就是農村經濟破產帶來的農民購買力的消失。

1935 年中國實施了貨幣制度改革，進入了經濟復蘇的兩年，直到抗戰全面爆發。貨幣制度改革的主要內容是脫離銀本位制發行法幣為流通貨幣，增加紙幣供應量，同時有一定幅度的貶值。中國經濟通縮的局面得到改變，經濟開始走向復蘇。在貨幣制度改革的過程中，英美等國反對基於白銀基礎上的紙幣貶值，因此不得不依靠外匯以穩定幣值，英美日展開爭鬥出借外匯以獲得附加利益，最終國民政府選擇了與英美合作與日本抗衡，從而放棄了一些國家利益。

〔註 2〕資料來源於阿瑟・楊格《1921～1937 年對外貿易的比例分配》，《一九二七至一九三七年中國財政經濟狀況》，中國社會科學出版社，1981 年，第 553 頁。

在世界經濟危機中，中國和英美、中國和日本是影響中國政治、經濟、軍事較大的兩種國際關係。在30年代的對外關係上，南京政府與英美關係是比較複雜的。兩者有著合作，如1935年在英美指導下實施貨幣制度改革，依靠美國的農產品實物借款救災、修繕堤岸及緩解經濟壓力。英美對於中國也有著利益的擷取，如在1933年的白銀政策，有著打開中印用銀大國市場的潛在意圖。同時通過中國的貨幣制度改革取得大量利益。而兩次對中國借款都以生產過剩的農產品交付，將危機轉嫁給中國，損害了中國的農業發展。日本在二、三十年代先後經歷了大地震、海嘯和經濟危機，爲了擺脫自身困境對外擴張，在1931年始軍事入侵中國東北，建立僞滿洲國，搶佔中國大面積土地和戰略資源，並發動一·二八事變進攻上海，一步步實施入侵。經濟方面在東北對日貨採取進口零關稅等政策，在勢力範圍阻撓中國貨幣統一、公開組織走私等。中國1929年收回不平等條約實施關稅自主時，日本是唯一阻撓並通過談判拖延三年的國家，導致1933年前日本商品在中國大面積傾銷，茅盾的小說《林家鋪子》，就從側面展現了日貨傾銷的嚴重性。1935年在中國貨幣制度改革擷取利益的企圖被英美的介入破壞後，在1937年直接發動了中日戰爭。因此，在30年代的中外關係中，中日關係成爲主要矛盾。

經濟危機前後南京政府也採取過保護性措施。包括繼續實施關稅自主，大幅度地提高外國商品的進口關稅、發展交通、工業、農業、積極救災和修繕長江堤岸等。工業和外貿等措施取得了積極效果，工業生產總體處於增長狀態，整個抗戰前十年左右被經濟學家稱爲中國資本主義發展的黃金時期。但農業由於各種原因政策效果不佳，加上1929到1931年幾次嚴重的自然災害，經濟危機中的中國經濟呈現了工業輕度繁榮和農業破產並存的面貌。

經濟生活的巨大變化引起了作家的關注。作家的創作視域和創作視角發生了變化，「小說家開始意識到用經濟視角或經濟——政治視角去看取人生，去表現破產現實」。〔註3〕30年代初的報刊大量刊載了世界經濟危機及民國經濟的巨大變化，尤其是1932年「豐收災」現象。「豐收」與「成災」這兩種看似矛盾的事物同時發生引起了小說家廣泛的關注，帶動了小說家對於農村經濟破產現象的思考，形成了農村經濟破產小說的熱潮。茅盾在介紹《子夜》的創作過程時提到了政治經濟的變化和人們的關注：「一九三〇年秋，我眼疾、胃病、神經

〔註3〕金宏宇，《文學的經濟關懷——中國30年代破產題材小說綜論》，《武漢大學學報（哲社版）》，1998年第1期。

衰弱並作，醫生囑我少用眼多休息。閒來無事，我就常到盧表叔公館去，跟一些同鄉故舊晤談。他們是盧公館的常客，他們中有開工廠的，有銀行家，有公務員，有商人，也有正在交易所中投機的。從他們那裡我聽到了很多，對於當時的社會現象也看得更清楚了。那時，正是蔣介石與馮玉祥、閻錫山在津浦線上大戰，而世界經濟危機又波及到上海的時候。中國的民族工業在外資的壓迫和農村動亂、經濟破產的影響下，正面臨絕境。爲了轉嫁本身的危機，資本家加緊了對工人的剝削。而工人階級的鬥爭也正方興未艾。翻開報紙，滿版是經濟不振、市場蕭條、工廠倒閉、工人罷工的消息。……這些消息雖只片段，但使我鼓舞、當時我就有積纍這些材料，加以消化，寫一部白色的都市和赤色的農村的交響曲的小說的想法。」〔註4〕在民國經濟危機的四五年裏出現了大量經濟題材的作品，尤其以反映農村經濟破產的小說居多。據1933年《現代》雜誌四卷一期編者的「告讀者」稱：「近來以農村經濟破產爲題材的創作，自從茅盾先生的《春蠶》發表以來，屢見不鮮，以去年豐收成災爲描寫重心的，更特別的多，在許多文藝刊物上常見發表。本刊近來所收到的這一方面的稿件，雖未曾經過精密的統計，但至少也有二三十篇。」〔註5〕從一份刊物就收到二三十篇看來，經濟題材文學的創作在當時達到了興盛的狀況。洪深的戲劇《香稻米》、茅盾的小說《子夜》、《林家鋪子》、《春蠶》、《秋收》、《殘冬》及經濟題材散文、葉聖陶的《多收了三五斗》、葉紫的《豐收》、蔣牧良的《高定祥》、吳組緗的《一千八百擔》、夏徵農的《禾場上》、草明的《傾跌》等，這些影響較大的經濟題材作品大都發表於民國經濟危機的四五年。民國經濟走向復蘇後，隨著經濟的好轉，經濟題材小說的數量又相應減少。

## 二、共產黨人、左翼文化團體對經濟題材小說的指導與推動

經濟生活的巨大變化使作家開始大量關注經濟題材，而左翼思潮又推動了這種題材的創作。共產黨領導的社會性質大論戰、留蘇歸國的沈澤民、與共產國際關係密切的瞿秋白等共產黨人，以及左聯等左翼文化團體從理論、創作、評論方面對經濟題材小說起著推動和引導作用。使30年代經濟題材小說大量呈現出反帝和革命的主題。

〔註4〕茅盾，《〈子夜〉寫作的前前後後》，《我走過的道路（中）》，人民文學出版社，1984年5月，第91頁。

〔註5〕《四卷狂大號告讀者》，《現代》4卷1期，現代書局，1933年11月。

茅盾的小說《子夜》是工商業破產小說的代表作品，小說的寫作意圖受到社會性質大論戰及沈澤民、瞿秋白等共產黨人的影響。《子夜》創作於 1931 年 10 月～1932 年 12 月，反映了 1930 年的中國經濟現象。1930 年中國經濟尤其是工業相對於其他大部分資本主義國家處於相對繁榮狀態，但出口尤其是纏絲業受到了外部市場萎縮和技術落後的影響。《子夜》在對這一現象進行表現時，迴避了經濟危機的敘述，小說主題表現爲帝國主義對民族工業的壓迫及吞併、資產階級與工人的階級矛盾、工人在共產黨領導下的罷工反抗，同時對農村和鄉鎮經濟進行了側面表現。茅盾在後來的文字中談到了社會性質大論戰和瞿秋白等共產黨人對小說主題的影響：「一九三〇年夏秋間進行得很熱鬧的關於中國社會性質的論戰，對於確定我這部小說的寫作意圖，也頗有關係。當時的論戰者提出了三種論點：一、中國社會依舊是半封建半殖民地的社會，推翻代表帝國主義、封建勢力、官僚買辦資產階級的蔣介石政權，是當前革命的任務，領導這一革命的是無產階級。這是革命派的觀點。二、中國已經走上了資本主義道路，反帝反封建的任務應由中國資產階級來擔承。這是托派的觀點。三、中國的民族資產階級可以在既反對共產黨，又反對帝國主義和官僚買辦階級的夾縫中求得生存和發展，建立歐美式的資產階級政權。這是一些資產階級學者的觀點。我寫這部小說，就是想用形象的表現來回答托派和資產階級學者：中國沒有走向資本主義發展的道路，中國在帝國主義、封建勢力和官僚買辦階級的壓迫下，是更加半封建半殖民地化了。……中國民族資產階級的前途是非常暗淡的。它們軟弱而且動搖。當時，它們的出路只有兩條：投降帝國主義，走向買辦化，或者與封建勢力妥協」〔註6〕。

這次社會性質的討論是在中國共產黨的領導下進行的。茅盾的弟弟沈澤民參加了論戰。「澤民是一九二六年隨同劉少奇等去蘇聯的，參加在莫斯科召開的國際職工（赤色）代表大會，擔任代表團的英文翻譯。……國際職工代表大會後，澤民就留在莫斯科，先在中山大學學習，後來考上了紅色教授學院，學習哲學，約兩年。……他在莫斯科學的完全是政治，但他也不忘情於文學」〔註7〕。沈澤民發表於 1931 年 2 月的《第三期的中國經濟》是社會性

〔註 6〕 茅盾，《〈子夜〉寫作的前前後後》，《我走過的道路（中）》，人民文學出版社，1984 年 5 月，第 91～92 頁。

〔註 7〕 茅盾，《左聯前期》，《我走過的道路（中）》，人民文學出版社，1984 年 5 月，第 61 頁。

質論戰的重要文獻。日本學者桑島由美子曾將芸夫 1933 年發表的《〈子夜〉中所表現中國現階段的經濟的性質》〔註 8〕的分析角度和沈澤民的論文標題進行了對比（前者爲沈澤民論文標題）：

一、農業經濟崩潰的新趨勢〈——〉農民運動前途的素描。

二、民族工業的破產〈——〉中國民族工業的命運的描述

三、手工業工廠與手工業〈——〉產業工人力量的估量

四、國內市場

五、貨幣資本的支配與國家財政〈——〉國內金融資本的現狀的刻露

六、帝國主義對中國的第三期經濟政策〈——〉帝國主義對於中國經濟的影響的說明

七、蘇維埃區域的經濟〈——〉中國土地問題的檢討、中國將來革命性質的暗示〔註 9〕

茅盾《子夜》對於 30 年代初經濟表現的角度與沈澤民社會性質分析大論戰中的角度和觀點大部分吻合，而根據「我在日本時，他曾用「羅美」的假名給我來信，對我的小說《幻滅》提意見」〔註 10〕來看，即使相隔異國，對於文學的討論都是兩人交流的重要內容。沈澤民夫婦是 1930 年 9 月結束五年左右的蘇聯學習回到茅盾所在的上海的，而根據《茅盾年譜》記載，茅盾是在 1930 年 10 月開始寫作《子夜》的大綱，確立《子夜》主體內容的，這些內容恰好又以小說的形式驗證了沈澤民論文中關於國內經濟的大部分觀點。因此，社會性質大論戰及論戰中沈澤民的觀點對於《子夜》的創作產生了重要影響。

共產黨人瞿秋白也通過與茅盾的交流和對左聯的領導對經濟題材小說的創作發揮了指導作用。瞿秋白曾參與籌備和領導中共於 1928 年春在莫斯科召開的六大，參與了重要文件的起草，與周恩來等人受到斯大林的接見。同時，瞿秋白作爲中共駐共產國際代表團團長、共產國際政治書記處成員參加了同年在莫斯科舉行的共產國際六大、青年共產國際五大和紅色職工國際第五次

〔註 8〕芸夫，《〈子夜〉中所表現中國現階段的經濟的性質》，見唐金海、孔海珠編，《茅盾專集》第 2 卷，下冊，福建人民出版社，1985 年 7 月。

〔註 9〕桑島由美子（日），袁暌譯，《茅盾的政治與文學的側面觀——子夜的國際環境背景》，《中國現代文學研究叢刊》，1995 年第 3 期。

〔註 10〕茅盾，《左聯前期》，《我走過的道路（中）》，人民文學出版社，1984 年 5 月，第 61 頁。

代表大會，在1930年的歸國途中又參加了柏林失業工人的示威大會。1930年7月從蘇聯回國後同周恩來主持了中國共產黨六屆三中全會。在1931年5月開始左聯的領導活動，對於共產國際和中國共產黨的鬥爭情形和政策非常熟悉。茅盾在《我走過的道路》中回憶，1931年4月茅盾在對瞿秋白的一次拜訪中，按瞿秋白要求帶去了《子夜》的幾章原稿及整個大綱，兩人對此進行了較多的討論。5月瞿秋白又到茅盾住處避難，在茅盾家住了一兩個星期，天天談《子夜》。瞿秋白對《子夜》看得很仔細，連民族資本家的汽車品牌等細節都提出了修改意見。在這些接觸中，兩人共同討論了農民暴動、工人罷工等章節。瞿秋白詳細「介紹了當時紅軍及各蘇區的發展情形，並解釋黨的政策，何者是成功的，何者是失敗的，建議我據以修改農民暴動的一章，並據以寫後來的有關農村及工人罷工的章節」〔註11〕。瞿秋白建議改變資本家握手言和的結局，而改爲一勝一敗，「強烈地突出工業資本家鬥不過金融買辦資本家，中國民族資產階級是沒有出路的」〔註12〕，儘管茅盾不願以耳食的材料寫作鄉村部分，但對城市部分及資本家生活細節等建議予以了採納。從大綱到小說出版，《子夜》進行了大量的修改，主要集中於標題、行業、罷工處理、斗爭的性質、斗爭結果、資本家個人形象等。大部分修改都將資本主義制度走向沒落的主題改變了，有意識地突出了以美國爲首的帝國主義的經濟侵略、政府軟弱無能和表現革命形勢發展的政治化主題。而這些修改最重要的部分就是和瞿秋白交流後的結果。《子夜》出版後，瞿秋白在領導左聯工作期間又先後發表《〈子夜〉與國貨年》和《讀〈子夜〉》等評論，稱讚《子夜》是第一部寫實主義的成功的長篇小說。對於《子夜》的創作及介紹，瞿秋白顯然起到了非常重要的影響作用。隨著茅盾的《子夜》以及「農村三部曲」的出現和成功，茅盾的這些小說也成爲了經濟題材小說的範本。

在30年代經濟題材小說興起的過程中，左聯等左翼文化團體對於經濟題材小說的理論倡導和推廣也發揮了重要的作用。左聯等左翼團體的指導和推廣主要通過理論倡導、成員創作、作品評論等幾個方面來實現的。而這些指導往往迴避了經濟危機的影響，表現出一定的政治傾向性。

〔註11〕茅盾，《〈子夜〉寫作的前前後後》，《我走過的道路（中）》，人民文學出版社，1984年5月，第110頁。

〔註12〕茅盾，《〈子夜〉寫作的前前後後》，《我走過的道路（中）》，人民文學出版社，1984年5月，第110頁。

首先，左聯通過重要文件等對左翼文學的主題、題材做出規定，對於經濟題材小說的影響較爲深遠。1931 年 11 月，左聯執委會通過了「馮雪峰根據秋白意見起草的，最後由秋白修改定稿」〔註 13〕的決議《中國無產階級革命文學的新任務》，作爲理論和行動的綱領。決議確立了左翼文學的主題、題材、人物、形式等，「它提出的一些根本原則，指導了『左聯』後來相當長一段時期的活動」〔註 14〕。決議提到的左翼文學題材範圍便包括了農村經濟衰敗及與經濟生活相關的反帝反軍閥地主資本家、勞資矛盾、地主剝削等階級壓迫及土地革命等題材。這些主張，豐富了 30 年代左翼文學的內容，糾正了早期概念化的寫作弊端，極大地促進了左翼小說的發展。與此同時，左聯領導及成員也發表了理論和批評文章，內容也涉及到經濟或農村題材的創作。同時，茅盾在左聯重要刊物《北斗》第 2 卷第 2 期上發表了《我們所必須創造的文藝作品》，做出了理論方面的貢獻。指出「文藝家的任務不僅在分析現實，描寫現實，而尤重在於分析現實描寫現實中指示了未來的途徑」〔註 15〕。同時指出抗日和反帝的主題，又在同一時期寫了《〈地泉〉讀後感》，指出「要用形象的言語、藝術的手腕來表現社會現象的各方面，從這些現象中指示出未來的途徑」〔註 16〕。此後半年時間茅盾便發表了《故鄉雜記》、《林家鋪子》、《春蠶》等經濟題材的小說和散文，《子夜》也於第二年初出版。左聯的理論倡導、茅盾的文學作品擴大了經濟題材小說的影響，此後寫作經濟題材小說的作家開始增多。

左聯等左翼文化團體除了在題材和主題方面做出引導外，在創作方法上則積極倡導社會科學理論，培養作家用社會科學的眼光去分析和表現社會。根據許滌新的《憶社聯》〔註 17〕回憶，左聯與社聯（中國社會科學家聯盟）、劇聯等八個左翼文化團體共同由共產黨的文化委員會領導。左聯成立之初就有不少哲學社會科學的革命學者參加，社會科學理論在作家中間有著重要的

〔註 13〕劉中小，《瞿秋白與中國現代文學運動》，南京大學出版社，2002 年 12 月第 1 版，第 83 頁。

〔註 14〕茅盾，《左聯前期》，《我走過的道路（中）》，人民文學出版社，1984 年 5 月，第 86 頁。

〔註 15〕茅盾，《我們所必須創造的文藝作品》，《北斗》，北斗雜誌社，1932 年第 2 卷第 2 期，1932 年 5 月。

〔註 16〕茅盾，《〈地泉〉讀後感》，《茅盾全集》第 19 卷，人民文學出版社，1991 年。

〔註 17〕引自許滌新，《憶社聯》，《左聯回憶錄（上）》，中國社會科學出版社，1982 年。

影響。左聯通過刊物積極介紹社會科學理論，民國經濟危機中引導作家用「經濟——政治」的視角去觀察社會和表現社會，同時還通過刊物積極推薦相關的社會科學書籍，如 1932 年左聯刊物《文學月報》第 1 卷 5～6 期刊登啓事向讀者「介紹三部社會科學入門書」，分別爲《現代社會學理論大綱》、《現代經濟學的基本知識》、《現代財政學》，其中兩本都是經濟學書籍。劇作家洪深曾談到社會科學理論對劇作「農村三部曲」的影響：「我已閱讀社會科學的書；而因參加左翼作家聯盟，友人們不斷予以教導，我個人的思想，對政治的認識，開始有若干改變。」〔註 18〕此外，經濟題材小說作家的評論中也使用「社會科學」的方法分析作品，如吳組緗對茅盾小說《霜葉紅似二月花》的評論，以及瞿秋白在《〈子夜〉與國貨年》中提到：「應用眞正的社會科學，在文藝上表現中國的社會階級關係，這在《子夜》不能夠說不是很大的成績。」〔註 19〕這些舉措客觀上引導了作家「經濟～政治」的創作方式和提高了讀者對經濟題材文學作品的接受能力。這對於 30 年代經濟題材小說的興盛也起到了推波助瀾的作用。

其次，從 30 年代經濟題材小說的創作者和指導者來看，茅盾、瞿秋白都是擔任左聯領導工作的共產黨員，草明、葉紫、沙汀、蔣牧良等作家大部分是左聯成員，而吳組緗是反帝大同盟和社研成員，這些組織與左聯同樣是是共產黨領導的左翼文化團體，相互也聯繫密切。據《茅盾年譜》記載，1930 年 4 月，茅盾從日本回到中國便受到共產黨員馮乃超的邀請加入了左聯，並於 1931 年 5 月開始擔任左聯的行政書記，而《子夜》則是在同年 10 月開始寫作的。瞿秋白也在 1931 年轉向了文化方面的領導工作，開始發揮對左聯的領導作用。當時擔任左聯黨團書記的馮雪峰在《回憶魯迅》中提到，瞿秋白在 1931 年 5 月「就開始和左聯發生關係，並且比較直接地領導我們工作了……從這時到他離開上海時（一九三四年一月）爲止的兩年半之間，秋白同志的工作與領導對於當時左聯和革命文學運動的影響……是非常大的」〔註 20〕。據茅盾在《我走過的道路中》記載，同樣寫「豐收災」表現帝國主義經濟侵略和糧商勾結壓價的葉聖陶與茅盾和左聯也都聯繫緊密，與茅盾相鄰並常幫

〔註 18〕《洪深選集・自序》，《洪深文集》（一），中國戲劇出版社 1957 年版，第 493 頁。

〔註 19〕瞿秋白，《〈子夜〉與國貨年》，轉引自茅盾《〈子夜〉寫作的前前後後》，《我走過的道路（中）》，人民文學出版社，1984 年 5 月，第 117 頁。

〔註 20〕馮雪峰，《回憶魯迅》，人民文學出版社，1957 年 8 月，第 52 頁。

助左聯做事。

最後，左聯通過作品的評論對經濟題材小說的創作做出引導。如 1932 年第 2 卷第 1 期的左聯重要刊物《北斗》發表了左聯領導錢杏邨對於 1931 年文壇作出的總結《一九三一年中國文壇的回顧》，指出了 1931 年小說創作中出現了水災、反帝等重要題材。對於丁玲描寫農村大水災、災民反抗及統治者高壓的《水》作出了肯定，但指出小說在政治指向上的不明確：「作者雖描寫了統治者對饑餓大眾的高壓，卻沒有指示出堤決並不完全是由於『天災』，而也是由於官府吞沒了農民的血汗，築堤疏河工作沒有做，以及做的不強固，指示出誰是洪水災難的責任者，使農民大眾對統治階級有更進一步的理解。」〔註 21〕從而引導作家將農村經濟與自然災害的題材指向腐敗、剝削、反抗等主題。同時，瞿秋白、茅盾、吳組緗、葉紫、草明、夏徵農等左聯成員或左翼作家之間還對經濟題材的小說相互評論和推薦。《子夜》出版後，瞿秋白髮表了《〈子夜〉與國貨年》、《讀子夜》的評論文章，對《子夜》的成就進行了高度的讚揚，同時指出了小說在意識形態上也存在著表達的錯誤。茅盾發表了《關於〈禾場上〉》、《〈文學季刊〉第二期內的創作》、《幾種純文藝的刊物》、《〈清華周刊〉文藝創作專號》等評論讚揚了夏徵農、吳組緗、葉紫等作家的經濟題材小說。吳組緗寫作了《評〈子夜〉》、《談〈春蠶〉——兼談茅盾的創作方法及其藝術特點》，評論及讚揚了茅盾的《子夜》、《春蠶》，魯迅的《葉紫作〈豐收〉序》推薦了葉紫「豐收成災」題材的小說《豐收》，葉紫的《新作家草明女士》則對草明反映中國繅絲業破產後鄉鎮農民和女工悲慘命運的小說進行了讚揚。而左翼作家以外，也有其他人士對於這些經濟題材小說進行了評論，客觀上也擴大了小說的影響。如據茅盾在《我走過的道路》中介紹，吳宓對茅盾的《子夜》、《春蠶》也從藝術技巧方面進行分析，發表了兩篇評論。左聯的理論倡導、茅盾的小說、作家之間的交流及評論，擴大了經濟題材小說的影響。經濟題材小說尤其是農村經濟題材小說達到了興盛的狀況。

在創作經濟題材小說和進行理論指導時，共產黨人及左聯的這些指導是帶有一定的政治傾向性的。從當時的文字可以看到，茅盾、錢杏邨等左聯領導是知道經濟危機的背景的，瞿秋白也參加過危機引起的柏林工人示威運動。如茅盾在《我走過的道路》中介紹《子夜》的創作背景時提到世界經濟

〔註 21〕錢杏邨，《一九三一年中國文壇的回顧》，《北斗》北斗雜誌社，1932 年第 2 卷第 1 期，1932 年 1 月。

危機波及到上海，而左聯領導人錢杏邨在總結1931年文學創作時也描繪了世界經濟危機的情景「資本主義社會第三期總崩潰的潮流，在一九三一年已呈現了愈演愈烈的狀態。全世界的經濟危機，是在一天一天的深入。大量工人的失業，農村經濟的破產，金元國家整百銀行的倒閉，在在的證明了從工業恐慌，一直到農業恐慌，金融恐慌的加劇。」〔註22〕錢杏邨對於世界經濟危機對中國工商業和農業經濟的影響沒有提及，而是直接由經濟指向了政治，「全世界革命運動普遍的發展，也昭示了這一恐慌已由經濟的危機轉變到了政治危機的形態」〔註23〕。進行創作和評論時，左翼人士對於經濟破產和下層苦難，往往迴避了經濟危機的正常影響，而將破產和苦難的原因歸結到帝國主義侵略和政府腐敗無能的政治原因上，最終由經濟指向政治和反抗，從而驗證了革命的合法性、必然性。30 年代經濟題材小說的創作時間集中於經濟動蕩的民國經濟危機時期，但在表現經濟危機現象時，這些小說沒有充分展示出豐富複雜的經濟生活，而是將表現重點放在了帝國主義經濟侵略和政府無能、資產階級與工人、鄉紳地主與農民的階級矛盾，以及地方政府的腐敗和苛捐雜稅上，最終指向了工人罷工和農民反抗的政治化主題。

## 三、都市與農村經濟題材小說的政治化主題

### （一）都市經濟題材小說的反帝主題

在30年代經濟題材小說對經濟生活進行呈現時，有意識地展現了日貨充斥、美麥傾銷、棉麥借款等現象。反映帝國主義經濟侵略成爲經濟題材作品的重要主題之一。但表達反對帝國主義經濟侵略的主題時，對中日關係和中美關係的表達有所偏重。兩種矛盾中，小說家突出地表現了美國的經濟侵略及南京政府的軟弱或對外勾結。如茅盾的《子夜》雖然也提到了日本產品對國際國內市場的搶佔，但小說主要還是突出表現美國資本對中國民族工業的吞併。吳組緗的《黃昏》提到了政府與美國的第二次棉麥借款，而他的小說對於用於救災的第一次實物借款沒有提及，其他作家的小說中也有著美國農產品傾銷的經濟背景。較爲明顯地提到日貨傾銷的是《林家鋪子》和一些散文，

〔註22〕錢杏邨，《一九三一年中國文壇的回顧》，《北斗》北斗雜誌社，1932年第2卷第1期，1932年1月。

〔註23〕錢杏邨，《一九三一年中國文壇的回顧》，《北斗》北斗雜誌社，1932年第2卷第1期，1932年1月。

能夠側面反映出30年代初日貨充斥對中國民族工業的打擊。而《林家鋪子》表現的重點沒有放在這一點，而是反映官府敲詐、拘押、官員好色、同行傾軋等造成鄉鎮商業的破產。林家鋪子的破產並未與銷售日貨產生直接關係，甚至一・二八事變上海人逃難還成爲林老闆賣「一元貨」的商機。而茅盾在30年代初經濟題材的散文中對日本的經濟勢力是有著清醒認識的：「全上海各工廠的資本總數大約有三萬二千萬元，其中華商所辦工廠資本只有一萬萬多，日商工廠的資本卻有一萬五千萬；日本人在上海的經濟勢力超過了中國人一半。」〔註24〕《子夜》和其他經濟題材小說的創作顯然受到了其他因素的影響，沒有對日本經濟侵略、中美關係中的積極面和南京政府在國際關係中的複雜處境做出客觀眞實的呈現。這些小說在階級矛盾及對美國經濟侵略的揭露上都明顯體現了對國民黨政府和美國的批判。這些小說的主題恰好與共產黨領導的社會性質論戰中革命派的主張保持了一致：「推翻代表帝國主義、封建勢力、官僚買辦資產階級的蔣介石政權，是當前革命的任務。」〔註25〕

茅盾的《子夜》建立了都市經濟題材小說的典範。《子夜》的寫作時間從1931年10月延續到1932年12月，從大綱到出版，茅盾進行了大量的修改。根據茅盾在《我走過的道路》中完整的《子夜》大綱與最終出版的作品比較，筆者將作品主要的修改及主題相應的變化試以下表展示：

標題：《夕陽》、（或《野火》、《燎原》）（資本主義的沒落）

——《子夜》（黑暗；革命形勢發展，光明即將到來。）

行業：棉紗（資本主義衰落、外貿破產）

——生絲、火柴業等（外銷、內銷均受到帝國主義經濟侵略）。

罷工：自發、挑撥（社會矛盾、資本家個人矛盾）

——共產黨發動（階級矛盾及無產階級革命浪潮）；

資本家鬥爭：個人鬥爭（企業家之間的正常鬥爭）

——資本主義買辦與民族資本家鬥爭（美帝國主義對民族工業的傾軋）

資本家個人形象：民族資本家與女僕有染，交換情人（資產階級生活糜爛）。

——拒絕交際花，但失敗後強姦女僕（形象更爲正面，但失敗後強姦

〔註24〕茅盾，《上海——大都市之一》，《茅盾全集》第11卷，人民文學出版社，1986年，第364頁。

〔註25〕茅盾，《〈子夜〉寫作的前前後後》，《我走過的道路（中）》，人民文學出版社，1984年5月，第91頁。

行爲說明民族資產階級的道德仍有受到指責的一面)。

鬥爭結果:握手言和,交換情人(資本主義走向衰落、資本家生活糜爛)

——外國資本家獲勝,民族資本家破產(美帝國主義經濟侵略,吞併民族工業。)

從這些修改來看,大部分的修改都有意識地突出以美國爲首的帝國主義的經濟侵略、政府軟弱無能,以及革命形勢發展的政治化主題。

在對行業的選擇,《子夜》最後選擇了外貿損失嚴重的絲業和國內大面積破產的火柴業。30 年代的世界經濟危機在工業範圍對輕工業的損傷超過了重工業,這是 30 年代的普遍現象。絲業是中國主要出口之一,「絲業關係中國民族的前途尤大」〔註 26〕。而 30 年代初中國的絲業、火柴業都在國際競爭中陷入了破產境地。小說表現出內外銷的同時破產,更能表現帝國主義的經濟侵略與壓迫,增強了反帝主題的表達效果。而實際上,1930 年中國的工業發展與資本主義各國相比是處於相對繁榮階段的,尤其是小說展現的 1930 年,世界經濟危機帶來的銀價下跌讓中國的貨幣貶值,起到了外貿保護的作用,促進了工業的輕度繁榮,當時也有一些行業在國際競爭中發展得較好。《子夜》也提到了當時流行的觀點:「大家都說金貴銀賤是中國振興實業推廣國貨的好機會。」〔註 27〕絲業與火柴業的破產在當時具有特殊性,其失敗更多的是由於生產力低、質量低帶來的。日本繅絲業在 30 年代初已經大面積使用新技術,成本大幅度降低、質量卻超過中國生絲,而中國只有少量工廠進行了技術革新。日本政策的優厚、外部市場尤其是中國生絲最爲重要的法國市場的萎縮及蕭條也加重了這種狀況。茅盾在散文中曾指出兩國生絲在成本上的巨大差異:「日本絲在紐約拋售,每包合關平銀五百兩都不到,而據說中國絲成本少算亦在一千兩左右。」〔註 28〕價格的極大劣勢導致了中國以出口爲主的繅絲業在國際競爭中失敗,從而大面積破產,絲業的破產又帶來了國內蠶農的破產,茅盾《春蠶》中所表現的蠶農破產主要來自這個原因,而並非是單一的絲廠和繭行壓價剝削。火柴業的破產也主要在於生產力的落後。生產力和質量是經濟競爭獲勝的決定因素,《子夜》中提到

〔註 26〕茅盾,《子夜》,《茅盾全集》第 3 卷,人民文學出版社,1984 年,第 64 頁。

〔註 27〕茅盾,《子夜》,《茅盾全集》第 3 卷,人民文學出版社,1984 年,第 42 頁。

〔註 28〕茅盾《故鄉雜記》,《茅盾全集》第 11 卷,人民文學出版社,1984 年,第 116 頁。

中國火柴原料依賴進口、捐稅重，造成成本過高，又借唐雲山之口說出了國產火柴質量差的事實：「貴廠的出品當眞還得改良。安全火柴是不用說了，就是紅頭火柴也不能『到處一擦就著』。」〔註 29〕因此，生產技術落後和質量差是國產火柴業競爭失敗的主要原因。而曾搶佔中國市場的日本火柴業最終也是由於生產技術被後起之秀瑞典超越而被取代。瑞典不僅搶佔了日本的海外市場，還進入了日本國內市場。南京政府在 1931 年將火柴的進口關稅由 7.5％提高到 40％〔註 30〕，阻止了瑞典火柴的進入與國產火柴業競爭。從這一點來看，火柴業的破產更多原因在於生產技術，而政府對於民族工業的保護是有著積極的態度的。

再如小說揭露的美國資本對民族工業的吞併也表現出了主題先行的概念化描寫。小說將兩大資本家的鬥爭體現爲美國資本支持的買辦資本家與民族資本家鬥爭，兩者的結局原本是兩個資本家握手言和、交換情人，共同感慨資本主義的衰落。而修改後的結局爲買辦資本家的勝利和民族資本家的破產。突出了美帝國主義金融資本對民族工業的絞殺和吞併，並表現了政府的對外勾結。美國資本的侵略在小說中沒有太多事實。小說只在幾處由旁人的話語提到趙伯韜有美國資本支持，指出美國金融資本吞併民族工業的大計劃，「大計畫的主動者中間，沒有你；可是大計畫的對象中間，你也在內」〔註 31〕，「有美國的經驗和金錢做後臺老闆」〔註 32〕，這些語言的簡單描寫對於驗證美國資本吞併民族工業是比較單薄的。而「背後有美國金融資本家撐腰。聽說第一步的計畫是由政府用救濟實業的名義發一筆數目很大的實業公債。這就是金融資本支配工業資本的開始」〔註 33〕及趙伯韜勾結政府提高保證金等敘述又指向了政府的對外勾結。而從企業和金融活動的事實來看，吳蓀甫的失敗其實更多地源於自身的盲目投資和剛愎自用的性格。吳蓀甫的商業決策和剛愎自用的性格即使放在和平年代，也同樣會遭到失敗。同時，提高投機市場保證金的做法也是正常的金融市場整頓，危機中美國政府也出臺過類似政策。因此，小說對美國的經濟侵略與政府對外勾結的展示具有一定程度的主題先行。

〔註 29〕茅盾，《子夜》，《茅盾全集》第 3 卷，人民文學出版社，1984 年，第 43 頁。

〔註 30〕引自許滌新，吳承明《中國資本主義發展史》第三卷，社會科學文獻出版社，2007 年 5 月，第 155 頁。

〔註 31〕茅盾，《子夜》，《茅盾全集》第 3 卷，人民文學出版社，1984 年，第 200 頁。

〔註 32〕茅盾，《子夜》，《茅盾全集》第 3 卷，人民文學出版社，1984 年，第 201 頁。

〔註 33〕茅盾，《子夜》，《茅盾全集》第 3 卷，人民文學出版社，1984 年，第 201 頁。

鄉鎮經濟活動也是 30 年代經濟題材小說表現的重要內容。在對 30 年代商業活動的描寫上，這些小說沒有選擇大都市的商業活動，而是大多選擇受危機衝擊較大的鄉鎮經濟，通過鄉鎮商業的破產來表現政府腐敗和農民破產等革命主題。鄉鎮商業活動的主要對象是農民，30 年代中國商業的破產主要原因在於經濟危機造成的農村購買力的消失。30 年代經濟題材小說大都選擇鄉鎮商業來表現。茅盾在《子夜》的創作過程中寫作了《林家鋪子》和「農村三部曲」(《春蠶》、《秋收》、《殘冬》)及大量農村題材的散文，作爲《子夜》城鄉結合大規模展現中國社會意圖的補充。《林家鋪子》在表現商業經濟的破產過程中，雖然也展現了日貨充斥的現實，但小說重點卻展現爲農村購買力消失、同行傾軋、官府拘押、官員好色腐敗等是導致林老闆破產的直接原因。都市和鄉鎮經濟題材小說涉及到經濟侵略的時候，中日經濟矛盾表現得不太明顯。在茅盾的《子夜》和《林家鋪子》發表以後，30 年代的文壇還相繼出現了其他反映鄉鎮經濟生活的小說。如草明的《傾跌》反映了絲織業破產帶來的失業女工的悲慘命運及絲業帶動的鄉鎮經濟的破產。吳組緗的《黃昏》反映了市鎮經濟生活的破敗，《樊家鋪》則反映了農業破產後小鄉鎮消費蕭條、難民遍佈的場景。這些小說也都不是經濟生活的客觀反映，都有著一定的政治或倫理指向。

### （二）農村經濟題材小說的階級矛盾和革命主題

農村經濟題材小說和都市經濟題材小說一樣，也表現出政治化的主題，尤其是通過農村經濟的破產來揭示階級矛盾與革命主題。由於農業占到了全國產值的百分之六七十，而農業是破產最厲害的產業，因此，農村經濟的破產成爲 30 年代經濟題材作品的重要主題。尤其是 1932 年的「豐收成災」是最爲引人注目、文學作品中表現最多的經濟現象。1932 年「豐收成災」的主要原因是經濟危機中通貨緊縮物價下跌，而糧食下跌最爲劇烈。其次是 30 年代初的自然災害。此外，田賦歸屬地方也有影響，在政府的政策控制下，全國的田賦較低，但地方的附加稅較重。

從 1932 年前後的上海華北批發物價指數的變動可以看出這次物價下跌的基本情況，如指數變動如下圖所示：

### 上海華北批發物價指數〔註34〕

（1926至1933年，1926年=100）

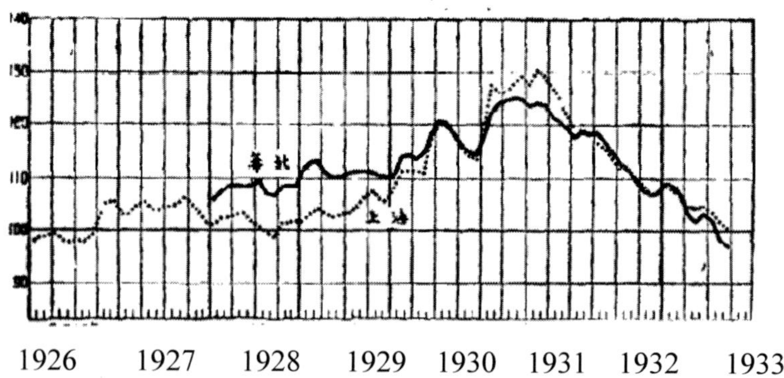


根據當時「華北批發物價」的具體價格來看，除了1928年，從1925年到1930年糧食經歷過通貨膨脹，糧食價格高漲，農民的生產收入增加，這也與茅盾《子夜》中1930年的物價飛漲的現象吻合。而1932年的稻米批發價格在農民出賣糧食的9、10月平均爲14．88元，實際上與1928年糧價14．98元〔註35〕接近的。但秋季價格下跌，低於生產成本。這是農業破產的主要原因，而前兩年的自然災害和田賦地方附加稅過多起了加劇破產的作用。同時20年代之後的世界農業一直陷於蕭條狀態，農產品的價格與工業產品的價格存在著較大的差距。導致了農民賣出所得少，買入生產生活資料昂貴，不利於農業的發展。30年代中國與世界經濟的聯繫緊密，農產品價格、生絲價格基本上是跟隨歐美市場波動的。世界農業的停滯決定了中國農業的蕭條。而歐美資本主義國家已經大面積地實現了農場的規模化生產，並廣泛運用了拖拉機、收割機等現代機械，生產成本較低，因此可以低價獲得利潤，而中國由於人均耕地少和傳統的生產方式，糧食成本遠高於歐美國家及其東南亞殖民地。據王詢、於秋華所編《中國近現代經濟史》記載，當時農業畝產量與歷史相差不大，小麥的畝產量遠低於歐美和日本、玉米畝產量則僅爲美國的一半，農業生產力不僅低於發達國家甚至低於當時的發展中國家。糧食價格在中外經濟聯繫緊密的情況下卻不得不與世界同步，加上經濟危機、自然災害、土地附加稅重，就造成了中國農業的破產。

〔註34〕《上海華北物價批髮指數》，《經濟統計季刊》，1933年第2卷第4期，1933年12月。

〔註35〕《華北批發物價》，《經濟統計季刊》，1933年第2卷第4期，1933年12月。

影響 30 年代農業破產的主要原因是經濟危機中的物價下跌和生產力低下。世界農業的蕭條、危機造成的糧價下跌、生產方式和觀念的落後、生產力低下等均是農業破產的原因。但以 1932 年農業破產爲背景的農村經濟破產小說都是通過「豐收成災」的現實去揭露苛捐雜稅、政治腐敗、鄉紳及地主剝削、帝國主義經濟侵略等，並最終指向反抗。對於經濟危機的主因、政府的工業、農業及關稅保護政策及積極救災等措施這些小說都基本上沒有反映。在對國內外矛盾的處理上，30 年代經濟題材作品體現出了左翼文學的特點。南京政府對於農業和工業一樣有著保護措施，如推廣技術、改良糧種、興修水利等。如 1931 年中國發生了一次極爲嚴重的長江水災，大量房屋倒塌、農田沖毀、幾百萬人受災流離失所，南京政府向美國賒購大量小麥及麵粉實施工賑，即以糧食爲報酬安排上百萬災民修繕水利，災後水利修建中，工賑完成的部分就有七千多公里堤岸、兩至三百公里隧道及範圍廣泛的磚石結構溝渠等。水利修建避免了此後的災害，糧食工賑的方式既安置了上百萬災民，又避免了災後糧食的投機。這一工程帶來了此後的糧食豐收。這次大水災和前兩年的旱災都成爲農村經濟小說的題材。左聯對於這些創作進行了總結和指導，如 1932 年左聯領導錢杏邨的《一九三一年中國文壇的回顧》對 1931 年的文學做出總結，肯定作家描寫天災，同時引導作家將天災指向「官府腐敗」的政治化主題。而農業豐收後經濟危機中糧價下跌造成的農業破產也同樣如此處理。如夏徵農的《禾場上》、葉紫的《豐收》都通過豐收後糧食跌價後被鄉紳地主所搶奪。葉聖陶的《多收了三五斗》反映了即使糧食有剩，也會遇到外國經濟侵略及糧商勾結壓價，對於經濟層面的原因、政府的保護政策和積極態度都有所迴避。這些農村經濟題材的小說將農民悲慘的命運歸結爲帝國主義經濟侵略、賦稅沉重、鄉紳地主的剝削所造成，最終主題指向了農民自發或有組織的反抗。如《春蠶》展現了絲業破產帶來了農民副業的破產。小說提到了到處關閉的繭廠，卻並未指明經濟危機背景中的海外市場萎縮、生產力低下帶來的絲業破產原因。小說將重點放在描述老通寶一家勤勞養蠶反而豐收成災，老通寶大病一場。而《秋收》和《殘冬》又展現了糧食「豐收成災」的現象並將主題指向了反抗。在《秋收》、《殘冬》中，經歷了家庭養蠶和糧食豐收卻都成災的多多頭參與搶糧，最後進入了武裝反抗的組織。《豐收》中豐收後糧食被地主和官府奪走，泰生有了反抗意識，在《火》的描寫中他走向了反抗。吳組緗的《一千八百擔》中農民遇到饑荒而鄉紳地主階級對於一千八百擔的積糧上演利益爭奪戰，最終農民搶糧打破了他們的美夢。作家通過「豐收成災」的故事展現了農民遭受的階級剝削，最終驗證了反抗及革命的必然性，由經濟的破產現象最終指向了政治鬥爭。

30 年代經濟題材小說受到民國經濟危機的影響，作家的審美自覺使經濟破產現象進入到了創作視野，共產黨人、左翼文化團體對這一題材從政治指向、文藝理論、創作、文藝批評等方面進行了引導。經濟題材小說的出現豐富和發展了 30 年代的文學創作。伴隨著左聯創作在 1931 年 11 月後走向成熟的，便是大量經濟題材小說的出現，它們對於左翼文學的發展有著重要的作用。但這些小說也有著自身的局限性，在表現經濟危機現象時，沒有眞實呈現客觀的經濟層面的原因和更爲豐富的經濟生活，而將表現重點放在了帝國主義經濟侵略和政府無能、資產階級與工人、鄉紳地主與農民的階級矛盾，以及地方政府的腐敗和苛捐雜稅上，最終指向了工人罷工、農民反抗的反帝及革命主題。「經濟—政治」的創作方式對於文學的發展既有著推動作用，又有著限制性。這種創作方式將與經濟相關的社會現實納入了文學創作，豐富了文學的題材與內容，使左翼文學在早期概念化寫作之後具有了更爲豐富的內容。同時也以文學的方式形象地驗證了 30 年代初中國「半殖民地半封建」的社會性質。但民國經濟破產的原因，主要仍在於世界經濟危機和匯率變化的影響。「經濟破產—剝削及反抗」的創作模式使經濟題材小說的主題過於狹窄和模式化，妨礙了經濟生活在文學作品中更爲豐富的表現。因此，在 1935 年民國經濟走向復蘇後，這種「經濟—政治」的革命主題失去了經濟破產現象的支撐，經濟題材作品的數量便開始大量減少。而隨著 1936 年左聯解散和抗日主題的興起，經濟題材的文學創作更是走向了衰落。只有抗戰出現嚴重的通貨膨脹時這一模式才又找到現實依託，而出現了沙汀表現戰時內地通貨膨脹及鄉紳地主醜惡面目的《淘金記》等少量經濟題材小說。

【作者簡介】

鄔冬梅，綿陽師範學院文學與對外漢語學院講師，主要從事中國現代文學研究。

# 肆、經濟·文學·歷史——《春蠶》文本的三個維度

李　哲

## 摘　要

1930 年代波及中國的「經濟危機」使得作家創作轉向了經濟題材，而正是由於從「經濟」的層面展開，茅盾在《春蠶》中才有可能將「都市」、「城鎮」和「鄉村」這三個相互迥異的空間關聯在一起，完成對中國社會的全景呈現。在《春蠶》中，茅盾通過對經濟主題的「隱匿」處理，將一個社會學命題轉換成具有審美意義的文學文本，並使得「烏托邦」色彩的「革命敘事」獲得了堅實的歷史依據。

關鍵字：茅盾，經濟，文學，歷史，經濟危機，鄉土工業

在茅盾題材眾多的小說作品中，寫於20世紀30年代初的「農村三部曲」具有極爲特殊的意義。王西彥先生認爲，茅盾本時期的短篇小說「達到了他自己的高峰」——「作者不再把自己的關心囿限於城市小資產階級知識份子的苦悶和哀愁，而是大大地擴張了視野——在描寫範圍上，從城市轉向農村；在描寫對象上，從知識份子轉向小商人和農民」〔註1〕。對評論者而言，茅盾的寫作由「城市」轉向「農村」，並不僅僅是簡單的題材更迭，而是「必然地伴隨著社會分析的更加深刻，主題思想的更加廣闊和提高」〔註2〕。眾所周知，「中國革命在歷史上通常被認爲是最偉大的農民革命，甚至被稱作農民革命的典型」〔註3〕。毛澤東在《新民主主義論》中指出：「中國有百分之八十的人口是農民，這是小學生的常識。因此農民問題，就成了中國革命的基本問題，農民的力量，是中國革命的主要力量。」〔註4〕正是因爲這樣，以此爲基礎建構的新民主主義文化話語中，「文學是否注意反映這一重大問題，是衡量作品價值的重要尺度，也是衡量作家能否成爲人民代言人的重要標誌」，而「茅盾在當時客觀條件非常困難的情況下，自覺地去描寫農民，正可以看出他所達到的思想高度」〔註5〕。事實上，對那些秉持著無產階級文學批評話語的評論者而言，「農村」不可能是一個純粹的物理空間，而是「革命」本身發生和進行的政治場域。正是這一點，使得《春蠶》更容易納入無產階級文學的主流意識形態，也爲評論者們的正統化解讀提供了更大的可能性——「《春蠶》是共產黨對當時中國形勢的注釋：它披露在帝國主義的侵凌及舊式社會的剝削下農村經濟崩潰的面貌，而這故事之屢獲好評，也正爲此緣故」〔註6〕。

可以說，大陸學界長久以來對《春蠶》等作品的解讀，從來就沒有脫離這一作爲「政治場域」的「農村」範疇。正因爲此，《春蠶》乃至整個「農村三部曲」成爲「農村題材小說」的典範——「『農村三部曲』《春蠶》《秋收》《殘冬》是彼此有機地聯繫著，而又可以各自獨立的一組描寫農村生活的短

〔註1〕王西彥：《論茅盾的短篇小說》，《文學評論》，1981年第4期。

〔註2〕王西彥：《論茅盾的短篇小說》，《文學評論》，1981年第4期。

〔註3〕費正清主編：《康橋中華民國史》第二部，第299頁，上海人民出版社，1992年9月第1版。

〔註4〕毛澤東：《新民主主義論》，《毛澤東選集》，第692頁，人民出版社，1991年7月版。

〔註5〕王嘉良：《茅盾農村題材小說的獨特價值》，杭州師院學報，1982年第3期。

〔註6〕夏志清：《中國現代小說史》，第114頁，復旦大學出版社，2005年7月第1版

篇小說」〔註 7〕，「這是茅盾第一次較大規模地正面反映農村生活的作品。小說生動地描寫了三十年代中國農村『豐收成災』的奇特的社會現象，創造了具有深刻典型意義的老一代農民的形象」〔註 8〕。在新時期以後，隨著中國大陸政治意識形態的逐漸鬆動，學界對茅盾筆下的「農村」解讀出現了新的變化——「政治場域」逐漸爲「文化空間」所取代。評論者們紛紛開始對《春蠶》等作品進行地域性、民俗化的解讀，如此一來，以《春蠶》爲代表的「農村三部曲」又被拉入了「鄉土文學」的範疇：「富有特色的江南水鄉的風俗畫，帶有泥土芳香的栩栩如生的人物形象，有濃鬱生活氣息的場景渲染，運用包括江南土語、俗諺的嫻熟語言，都表明他是一位擅長寫農村題材的小說大家。」〔註 9〕事實上，這樣一種解讀範式在海外學者那裡已經存在，如夏志清就認爲，以政治爲標準的解釋「並沒有眞正道出這故事成功的地方和它吸引入的地方。」在他看來，「茅盾幾乎不自覺地歌頌勞動分子的尊嚴。用中國傳統的方法來殖蠶，是—個古老而粗陋的方法，需要愛心、忍耐和虔誠，整個過程就像一種宗教的儀式。茅盾很巧夠地表達出這股虔誠，並將這種精神注入那一家人的身上」〔註 10〕。通過這樣一種解讀，海內外的學者們試圖淡化或迴避 30 年代左翼文學理念的既定框架，於是，《春蠶》「這篇原意似在宣揚共產主義的小說，反變而爲人性尊嚴的讚美詩了」〔註 11〕。但問題在於，對茅盾這個「中國最偉大的共產作家」而言，政治意識在作品中是客觀存在的，而這種帶有「純文學」意味的鄉土化解讀卻有意無意遮蔽了這一點。事實上，茅盾對「鄉土」的看法從來沒有超出其政治意識形態的範疇，誠如有學者指出的那樣：「茅盾要求的是作家應該站在一定的歷史高度，在先進理論的指導下觀察鄉土，表現鄉土，也就是說，當感受與理智發生衝突時，必須用先進的理性認識去矯正對生活的直接感受，以便使作品能夠符合政治革命的需要。」〔註 12〕

〔註 7〕丁爾綱：《試論茅盾的「農村三部曲」》，原載《處女地》，1957 第 6 期。
〔註 8〕黄侯興：《試論茅盾的短篇小說創作》，原載《北京大學學報》，1964 年第 1 期。
〔註 9〕王嘉良：《茅盾農村題材小說的獨特價值》，杭州師院學報，1982 年第 3 期。
〔註 10〕夏志清：《中國現代小說史》，第 114 頁，復旦大學出版社，2005 年 7 月第 1 版。
〔註 11〕夏志清：《中國現代小說史》，第 115 頁，復旦大學出版社，2005 年 7 月第 1 版。
〔註 12〕余海鷹：《〈農村三部曲〉鄉土文學品格初探》，《韓山師範學院學報》，1997

事實上，無論政治意義上的「革命場域」還是鄉土意義上的「文化場域」，評論者們對「農村」這一概念的理解並沒有什麼根本分歧，對他們而言，「農村」是一個獨立、自在的空間，「政治」和「文化」都只是作爲這一空間的「填充物」存在。但與這兩者不同，茅盾小說《春蠶》中的「農村」這一敘事空間既不是先在性的「革命場域」，也不是全整性的「文化場域」。茅盾對「農村」有著極爲獨特的看法，在他的筆下，「農村」並不是作爲一個獨立、自在的空間存在。他曾在回憶錄中寫到：「『一・二八』戰爭時，母親正在上海，等到戰爭結束，我又怕鄉下不安寧，一直拖到五月份。才把母親送回烏鎮。……回上海後，我連續寫的三篇《故鄉雜記》，就是想要把農村的這種變化反映出來。」〔註 13〕茅盾將《故鄉雜記》視爲對「農村」的「反映」，這裡透露出一個極爲重要的信息，即他筆下的「農村」也包括了家鄉烏鎮這個「五六萬人口」、「繁華不下於一個中等的縣城」〔註 14〕的城鎮。談到在「返鄉之旅」刺激下的「農村題材」創作，他回憶道：「一九三二年，我在寫《子夜》的同時，也寫了幾篇關於農村題材的短篇，這就是二月份寫的《小巫》，五六月間寫的三篇連續的速寫《故鄉雜記》，六月下旬寫成的《林家鋪子》，和十一月發表的《春蠶》。」〔註 15〕顯然，以城鎮爲背景的《故鄉雜記》和《林家鋪子》都被茅盾列入了「農村題材」作品。由此可見，茅盾筆下「城鎮」與「農村」之間的界限是模糊的，兩者根本不具有獨立、自在的空間意義。《春蠶》的「農村」、《林家鋪子》的「城鎮」以及《子夜》中的「都市」是如此緊密地聯繫在一起，誠如吳組緗先生所說：「上述這一系列的作品，主題是同一的，或者說是彼此密切關連著的，因爲它們是從一個整體中分割出來的。作者企圖通過這些作品對二十世紀三十年代中國社會性質作大規模的全面分析，從而指出社會發展及革命鬥爭的方向。」〔註 16〕茅盾自己也坦承，「春蠶」本意要寫入《子夜》，「但在《子夜》中，由於決定只寫都市，卻寫不進去。這次奔喪回鄉的見聞，又加深了我對『豐收災』的感性

年第 1 期。

〔註 13〕茅盾：《〈春蠶〉、〈林家鋪子〉及農村題材的作品——回憶錄十四》，《新文學史料》，1982 年第 1 期。

〔註 14〕茅盾：《故鄉雜記》，《茅盾全集》第 11 卷 88 頁，人民文學出版社 1986 年第 1 版。

〔註 15〕茅盾：《〈春蠶〉、〈林家鋪子〉及農村題材的作品——回憶錄十四》，《新文學史料》，1982 年第 1 期。

〔註 16〕吳組緗：《談〈春蠶〉——兼談茅盾的創作方法及其藝術特點》，《中國現代文學研究叢刊》，1984 年第 4 期。

認識，於是我就決定用這題材寫一短篇小說。十月份寫成，取名《春蠶》」〔註17〕。從這個意義上來說，「《春蠶》所描寫的是破產中的農村生活，正是《子夜》企圖表現而未盡興的一個方面」〔註18〕。

由此可知，對茅盾而言，都市、城鎮、農村三者是一體同構的，無論《子夜》、《林家鋪子》還是《春蠶》，它們的初衷都不是爲了表現某個局部的時空場域，而是對中國社會這一整體進行全景式的呈現。如果我們參看《春蠶》文本，就會發現茅盾筆下的「農村」帶有極大的開放性：「汽笛的叫聲突然從那邊遠遠的河身的彎曲地方傳了來。就在那邊，蹲著又一個繭廠，遠望去隱約可見那整齊的石『幫岸』。一條柴油引擎的小輪船很威嚴地從那繭廠後駛出來，拖著三條大船，迎面向老通寶來了。滿河平靜的水立刻激起潑剌剌的波浪，一齊向兩旁的泥岸卷過來。一條鄉下『赤膊船』趕快攏岸，船上人揪住了泥岸上的樹根，船和人都好像在那裡打秋韆。軋軋軋的輪機聲和洋油臭，飛散在這和平的綠的田野。」都市的現代工業文明伴已伴隨著「小輪船」紛至沓來，它消解了農村原生態的鄉野風貌，也模糊了城市、城鎮與鄉村之間的涇渭分明的畛域。在這裡，都市、城鎮和農村已然建立起錯綜複雜、難以分割的關聯，也正是在這個意義上，「老通寶相信自己一家和『陳老爺家』雖則一邊是高門大戶，而一邊不過是種田人，然而兩家的運命好像是一條線兒牽著。」誠如黃侯興先生所說：「短篇集《春蠶》、《煙雲》等所展現的豐富多樣的生活畫風所深刻揭示的主題思想，在這個意義上都可以看做是作者『大規模地描寫中國社會現象』的一部分，是黎明前的舊中國社會生活的眞實寫照。這些短篇和《子夜》一起，構成了茅盾創作活動中最重要的時期。」〔註19〕因此，就像《子夜》不是都市小說，《林家鋪子》不是城鎮小說，而《春蠶》也無法被視爲純粹的「農村題材小說」，這三部作品的敘事空間互相滲透、彼此關聯，它們共同構成了一個動態、統一的社會全景鏡頭，一首「『都市～農村』交響曲」〔註20〕。

---

〔註17〕茅盾：《〈春蠶〉、〈林家鋪子〉及農村題材的作品——回憶錄十四》，《新文學史料》，1982年第1期。

〔註18〕吳組緗：《談〈春蠶〉——兼談茅盾的創作方法及其藝術特點》，《中國現代文學研究叢刊》，1984年第4期。

〔註19〕黃侯興：《試論茅盾的短篇小說創作》，原載《北京大學學報》，1964年第1期。

〔註20〕茅盾：《〈子夜〉寫作的前前後後》，《茅盾全集》第34卷482頁，人民文學出版社1986年第1版。

## 一、經濟：社會全景呈現的可能

由前文可知，以《春蠶》爲代表的「農村三部曲」並不是嚴格意義上的農村題材小說，它所反映的歷史容量遠遠超出了「農村」這一有限的空間場域。誠如王嘉良先生所說：「讀茅盾的農村題材小說，我們感覺往往是這樣：它描寫的生活畫面並不很大，或者只是寫一個家庭的遭遇，或者只是一個場景的描繪，但包含的容量卻很大，做到了透過生活的一角，反映出社會的面貌，借助一事一物，勾畫出時代的輪廓。」〔註 21〕那麼，究竟在怎樣一種層面上，「鄉村」才能與「都市」、「城鎮」這些完全迥異於自身的空間場域關聯在一起，進而勾勒出一幅社會全景圖呢？

首先要強調的是，「社會全景」對茅盾而言絕不意味著包羅萬象的繽紛駁雜，他非常明確地指出：「選擇小說題材的時候，應該『有計劃』地選擇，不能抱了『宇宙間儘是文章文章材料，俯拾即是』那樣名士派的態度。」〔註 22〕他對創作題材的選擇有著極爲明確的標準：「用什麼標準來抉擇呢？當然不能憑你個人的好惡。應當憑那題材的社會意義來抉擇。這就是說，你所選取的題材，第一須有普遍性，第二須和一般人生有重大的關係。」〔註 23〕在這個意義上審視《春蠶》，老通寶一家「育蠶繅絲」就不可能是純粹意義上的農事活動——如果「春蠶」是一種鄉土田園的文學意象，那麼《春蠶》文本也就僅僅是一首現代的「農事詩」而已，根本無法與「都市」和「城鎮」相互關聯。

事實上，現代社會學理論對「育蠶繅絲」有著更爲明確的劃分標準，它是一種與純粹「農事活動」有所區別的「鄉土工業」，是「農村家庭副業生產的一個重要部門」〔註 24〕。誠如費孝通先生所說：「中國從來不是一個純粹的農業國。早在孟子時代，農民被要求在他們的宅地附近種上桑樹以養蠶織絲。中國早期對發展與西方的商業聯繫缺乏興趣，部分原因是在原材料和生活必需的製成品方面實現了自給自足。」〔註 25〕在傳統的鄉村經濟生活中，以「育

〔註 21〕王嘉良：《茅盾農村題材小說的獨特價值》，杭州師院學報，1982 年第 3 期。

〔註 22〕茅盾：《創作與題材》《茅盾全集》第 19 卷 358 頁，人民文學出版社 1986 年第 1 版。

〔註 23〕茅盾：《創作與題材》《茅盾全集》第 19 卷 358 頁，人民文學出版社 1986 年第 1 版。

〔註 24〕汪敬虞主編：《中國近代經濟史（1895～1927）》下冊，第 1902 頁，人民出版社 2000 年 5 月第 1 版。

〔註 25〕費孝通：《中國士紳——城鄉關係論集》，第 137 頁，外語教學與研究出版社，2011 年 3 月第 1 版。

蠶繅絲」爲代表的「鄉土工業」如此重要，它不僅構成了「農業的附加收入」，更有效地「防止了地主和佃農之間矛盾的惡化」——「從家庭工業中得到的額外收入使得土地不足的農家足以生存下來」〔註 26〕。

「時至近代，繅絲業生產一長江流域及珠江流域最爲發達」，而茅盾所在的江浙地區「尤爲全國之冠」。〔註 27〕而在 19 世紀下半葉以來，隨著工業化進程在中國的啓動和帝國主義在全球範圍內的資本擴張，「育蠶繅絲」這一關涉著鄉村生計的「鄉土工業」日益被納入了整個社會經濟運行的機制和資本流通的過程。據資料載，光緒四年（1878 年），法國人在上海開辦寶昌絲廠，光緒七年，黃佐卿在上海北蘇州河岸設立公永和絲廠，自此以後，「江浙地區近代繅絲工業逐漸發達，1895 年，上海一地已有絲廠 12 家，1911 年發展爲 48 家，到 1927 年已達 93 家。無錫從 1904 年開始設廠，1911 年已有絲廠 6 家，1927 年也達 25 家。發展不可謂不速」〔註 28〕。而「近代繅絲工業興起後，機繅絲就開始排擠手繅絲」〔註 29〕，這種排擠主要體現在對外貿易上，「19 世紀 90 年代後，土絲在生絲出口構成中所佔比重的逐年退縮就已經十分明顯」，「到 1927 年時，土絲尚占生絲出口量的不到 23%，出口值的不到 15%」〔註 30〕。但是，機器繅絲業的發達並沒有從根本上撼動「育蠶繅絲」這一以家庭爲生產單位的「鄉土工業」：「在一段較長的時間內，土絲始終是傳統絲織手工業的主要原料之一，在國際貿易中退落下來的土絲回到了國內市場，發揮著重要作用」。〔註 31〕所以，「儘管繅絲工業史近代中國發展較早、較有成效的機器工業，但是繅絲業中的手工業生產仍一直佔據著主要的地位，直到 1930 年，桑蠶絲生產中仍是手工業佔優勢」〔註 32〕。在這樣

〔註 26〕費孝通：《中國士紳——城鄉關係論集》，第 137 頁，外語教學與研究出版社，2011 年 3 月第 1 版。

〔註 27〕汪敬虞主編：《中國近代經濟史（1895～1927）》下冊，第 1902 頁，人民出版社 2000 年 5 月第 1 版。

〔註 28〕汪敬虞主編：《中國近代經濟史（1895～1927）》下冊，第 1904 頁，人民出版社 2000 年 5 月第 1 版。

〔註 29〕汪敬虞主編：《中國近代經濟史（1895～1927）》下冊，第 1904 頁，人民出版社 2000 年 5 月第 1 版。

〔註 30〕汪敬虞主編：《中國近代經濟史（1895～1927）》下冊，第 1906 頁，人民出版社 2000 年 5 月第 1 版。

〔註 31〕汪敬虞主編：《中國近代經濟史（1895～1927）》下冊，第 1906～1907 頁，人民出版社 2000 年 5 月第 1 版。

〔註 32〕汪敬虞主編：《中國近代經濟史（1895～1927）》下冊，第 1912 頁，人民出版

一種情形之下，「手工繅絲業」甚至保持了長期的繁榮，就此來說，《春蠶》中所寫的「老陳老爺做絲生意『發』起來」和「老通寶家養蠶也是年年都好」的情節並非文學虛構，而是接近歷史眞實的「反映」。

但是，這樣一種「繁榮」與「發展」既遮蔽了經濟運行機制的諸多問題，也在很大程度上遮蔽了這一機制本身，「1920 年以前，幾乎沒有任何農業觀察家發出農業正面臨危機的警告。……人們都會感到，儘管有時收成不好迫使發展速度放慢，但總體看來農業是在逐步向前發展」〔註 33〕。在當時，沒有人意識到「鄉土工業」乃至整個農村經濟都已經捲入了「市場」這一經濟運行的場域之中，而「國家和私有經濟組織已沒有能力，也沒有足夠的時間從一次又一次突如其來的市場動蕩中解脫出來」〔註 34〕。

所以在 1930 年代，資本主義世界的經濟危機波及到中國，國際市場那只「看不見的手」終於呈現出自己清晰而猙獰的輪廓，中國蓬勃發展的民族工業遭到了前所未有的重創，且以絲織業爲例，據史料載：「絲織工業在 1927 一 1930 年發展相當大，但從 1931 年起，卻因受到世界經濟危機的影響而轉入逆境。全行業工廠由 1930 年的 107 家減爲 1931 年 5～7 月的 70 家，絲車也由 25，000 餘臺降至 18，000 餘臺。1932 年 5 一 7 月，絲廠又進一步減少爲 46 家，絲車也降到 12，000 餘臺。1933 年情況更趨困難，工廠又倒閉了 36 家，只剩十家，絲車開工的減至只有 2，500 臺了。」〔註 35〕按經濟史研究者的的說法，「到 30 年代初，在世界性經濟危機衝擊下，特別是日本繅絲工業在世界市場頻頻發動對華傾軋，中國繅絲工業的產銷從 1931 年後步入了下坡路。上海的繅絲工廠也在嚴重不景氣中落入普遍的經營虧蝕局面，成爲 20 世紀 30 年代經濟蕭條期中一個十分突出的現象」〔註 36〕。在這種慘烈的經濟衰退中，中國在國際市場的劣勢地位才得以凸顯，而隨著民族資本家將危機向小商人和農民的轉嫁，國家內部「鄉村——城鎮——都市」這一社

社 2000 年 5 月第 1 版。

〔註 33〕費正清主編：《康橋中華民國史》第二部，第 283 頁，上海人民出版社，1992 年 9 月第 1 版。

〔註 34〕費正清主編：《康橋中華民國史》第二部，第 288 頁，上海人民出版社，1992 年 9 月第 1 版。

〔註 35〕黃葦：《中國民族資本主義經濟的發展和破產問題》，《學術月刊》，1982 年第 2 期

〔註 36〕汪敬虞主編：《中國近代經濟史（1895～1927）》下冊，第 1639 頁，人民出版社 2000 年 5 月第 1 版。

會經濟鏈條中潛隱的等級結構也如此鮮明地呈現出來。

拜「經濟危機」所賜，一種潛隱的、原本只能靠理性把握的經濟運行機制終於成爲具體可感的社會經濟現象，它所引發的一系列轟動性事件（如「豐收成災」、「搶米風潮」等）也開始作爲「題材」爲作家所關注和選擇。可以說，茅盾本人受到了「經濟危機」極深的影響，他在《都市文學》一文中就提到了絲織工業的衰落：「兩年前上海有一百零六家絲廠，現在開工的只有十來家。『五卅』那時候，據說上海工人總數三十萬左右，現在據社會局的詳細調查，也還是三十萬掛點兒零。」〔註37〕他尖銳地指出：「雖然畸形發展的上海是生產縮小，小費膨脹，但是我們的都市文學如果想作全面的表現，那麼，這縮小的『生產』也不應該遺落。」〔註38〕可以說，正是「經濟危機」促使極具社會責任感的作家群體拒絕沿著「消費」的向度墮入個人身體欲望的表達，而是要「從這縮小的生產方面」更有力地表現「都市的畸形發展」，這也是茅盾小說創作「題材轉向」的根本原因。按照這樣一種路徑，茅盾關注「農村經濟問題」也就成爲一種必然，因爲絲織工業的重創，直接導致了極度依賴國內市場的家庭繅絲業的破產，正如茅盾在《故鄉雜記》中悲歎的那樣：「東南富饒之區的鄉下人生命線的蠶絲，現在是整個兒斷了！」〔註39〕

由此可知，茅盾在《春蠶》文本中所表現的並不是作爲農事活動的「育蠶繅絲」本身，而是它背後一整套的經濟運行機制，也只有從這個社會經濟角度去解讀《春蠶》，我們才能夠理解「春蠶」這一題材的「普遍性」的以及「和一般人生有重大的關係」的現實意義。可以說，「經濟危機」使得茅盾以《春蠶》爲代表的「農村三部曲」獲得了遠比「農村」廣闊得多的社會視野，也正是通過通過「經濟危機」及其所引發的一系列社會事件，農村、城鎮和都市這三個迥異的物理空間才得以緊密地關聯在一起。誠如漢娜·阿倫特在論述帝國主義時所指出的那樣，「帝國主義的擴張以經濟危機作爲奇特的開始方式」〔註40〕。她認爲，「帝國主義」實際上「根本不是政治概念，而是從商業

〔註37〕茅盾：《都市文學》，《茅盾全集》第19卷422頁，人民文學出版社1986年第1版。

〔註38〕茅盾：《都市文學》，《茅盾全集》第19卷422頁，人民文學出版社1986年第1版。

〔註39〕茅盾：《故鄉雜記》，《茅盾全集》第11卷119頁，人民文學出版社1986年第1版。

〔註40〕漢娜·阿倫特：《極權主義的起源》第197頁，林驤華譯，三聯書店，2008年第版。

考慮的範圍裏產生的，其中所說的擴張意味著工業生產和經濟業務的永久性拓展」，「它的邏輯結果是摧毀一切現存的社群，包括被征服的民族，也包括自己國內的民族」〔註 41〕。事實上，這樣一種帝國主義擴張所衝擊的對象並不僅僅局限在民族、國家的宏觀層面，它也必然波及一個國家內部的各個部分，「鄉村」自然也不例外：「驅逐鄉村工業的力量既有力又深入，它的背後是戰艦和槍炮，是組織良好的工業國家的『帝國主義』。」〔註 42〕從這個意義上來說，只有將都市、城鎮和鄉村視爲經濟意義上組織單位，並將其納入整個經濟運行機制之中予以審視，它們三者才有可能在一幅社會全景圖中達成相互的一致性。

事實上，1932 至 1933 年是茅盾「農村題材」創作的豐收年——「可以說，這兩年是我寫農村題材的『豐收年』。這些作品都是反映農村生活：或寫農村經濟破產；或寫天災加深了農村的各種矛盾，使之尖銳化;或寫農村的知識份子的灰色而無聊的生活；也寫新的科學成果（肥田粉和改良蠶種）進入農村而不能改變農民的日益貧困；也寫洋貨（人造絲）傾銷農村對蠶農和繅絲業的打擊」〔註 43〕。由此可知，茅盾所關注的「農村題材」具有極大的限定性，與其說他是在反映「農村生活」，倒不如說是在反映「農村經濟生活」。而具體到《春蠶》中更是如此，茅盾並沒有對老通寶所在的村莊做事無鉅細的「自然主義」描述，它所呈現的僅僅是鄉村生活的一個側面，這個側面依然是茅盾一直津津樂道的「經濟生活」。在《春蠶》中，茅盾濃墨重彩地描述了老通寶這一戶家庭，但是在這戶家庭內部，老通寶與四大娘、多多頭之間的爭吵總是圍繞蠶種選擇、銀錢借貸、荷花偷蠶、肥田粉使用等展開，歸根結底，它們無一例外地都屬於經濟事務。因此，與其說這是一個傳統的農民家庭，倒不如說是一個經濟單位。更重要的是，老通寶家這一戶家庭成了整個村子的「代表」和「典型」，他們與其他家庭之間並不是通過錯綜複雜的宗法關係締結在一起，相反，「養蠶繅絲」這一活動使得「村裏二三十人家」與老通寶一家在經濟層面同質化了，可以說，整個村子就是在此

〔註 41〕漢娜·阿倫特：《極權主義的起源》第 197 頁，林驤華譯，三聯書店，2008 年第版。

〔註 42〕費孝通：《中國士紳——城鄉關係論集》，第 141 頁，外語教學與研究出版社，2011 年 3 月第 1 版。

〔註 43〕茅盾：《〈春蠶〉、〈林家鋪子〉及農村題材的作品——回憶錄十四》，《新文學史料》，1982 年第 1 期。

基礎上將各個家庭「合併同類項」的結果。但對農村而言，「家庭遠不止是單純的經濟單位，它是農民賴以發生互動的最主要的社會群體。它的成員通過各種複雜的紐帶聯繫起來，以完成播種、照看莊稼、收穫、做飯、滿足性欲、生養後代等等大量的功能」〔註 44〕。而在中國更是如此，「中國農民不是各自獨居的，而是聚居在村落裡。這種模式的形成有兩個特別重要的原因，就是親屬的聯繫和互相保護的需要。在中國，兄弟平均繼承父親的土地，家庭就會開墾擴展土地，幾代之後就可以發展成一個小的同姓村落。親屬的聯繫也使他們住在同一個地方。」〔註 45〕顯然，茅盾《春蠶》所描繪的村莊不具有任何宗法意義，它與老通寶的家庭一樣，都被處理爲一個經濟組織，在這裡，全村所有人都不是作爲個體生命存在，也不是作爲家族成員而存在，他們只是同質化的經濟個體，他們有著幾乎完全相同的喜怒哀樂，進而拼合爲一個整體承載著共同的命運。惟其如此，茅盾才有可能做到「全面著眼，重點深入，以老通寶家爲典型，從個別達到一般，使其主題具有廣泛的典型概括意義」〔註 46〕。

同樣，就老通寶這個具體人物而言，他也不可能是一個純粹的農民形象，尤其是不是鄉土文學意義上的農民形象，「一般農民不會那樣冒險，借債買葉，企圖大撈一把，好似投機商人幹的那樣。老通寶尤其不會如此。因爲他只是受自發資本主義思想的引導，不可能有金融資本主義投機商人的思想」〔註 47〕。如果我們在整個經濟運行的機制中重新審視文本，那麼老通寶這一形象與其說是個鄉土意義上的農民，倒不如說是一個「經濟法人」。茅盾曾談及家鄉的「葉市」活動，他認爲「交易所中的買賣與我鄉的一年一度的葉（桑葉）市有相像之處」，「約在蠶汛前三、四個月，開葉行的人們對即將來到的蠶汛有不同的猜度。猜想春蠶不會好的人就向他所認識的農民賣出若干擔桑葉，這像是交易所中的空頭；猜想春蠶會大熟的，就向鎮上甚至臨鎮擁有大片桑地而自己不養蠶的地主們預購若干擔桑葉，這就像是交易所中

〔註 44〕J.米格代爾：《農民、政治與革命——第三世界政治與社會變革的壓力》，第 53 頁，中央編譯出版社 1996 年版。

〔註 45〕費孝通：《中國士紳——城鄉關係論集》，第 141 頁，外語教學與研究出版社，2011 年 3 月第 1 版。

〔註 46〕吳組緗：《談〈春蠶〉——兼談茅盾的創作方法及其藝術特點》，《中國現代文學研究叢刊》，1984 年第 4 期。

〔註 47〕吳組緗：《談〈春蠶〉——兼談茅盾的創作方法及其藝術特點》，《中國現代文學研究叢刊》，1984 年第 4 期。

做多頭的」〔註 48〕。從這個意義上說，老通寶在養蠶過程中那種「大緊張，大決心，大奮鬥，同時又是大希望」的情緒，更多是一種盈虧難卜的投機心理，而不是夏志清先生所讚美的「愛心、忍耐和虔誠」〔註 49〕。續作《秋收》就提及，「老通寶所信仰的菩薩就是『財神』。每逢舊曆朔望，老通寶一定要到村外小橋頭那座簡陋不堪的『財神堂』跟前磕幾個響頭，四十年如一日。」因此，儘管老通寶對經濟問題沒有明確認知，儘管他無法對市場信號作出及時反應，但是他含辛茹苦所從事的「桑蠶」活動終究是一種商業意味濃厚的經濟行爲，其本身也納入了經濟運行的機制之中。同樣，在論述茅盾人物形象塑造時，吳組緗指出：「這樣的概括手法，是將幾十人，甚至無數人的特點集中到一個個別的人物身上，是一般的，同時又是個別的，這概括是內在的」。〔註 50〕顯然，也只有作爲一個「經濟人」而非自生命個體意義上自然人，這種「概括」才能夠實現。

因此，茅盾《春蠶》所指涉「農村」的獨特之處既不來自政治場域的「獨立性」，也不源於文化空間的「自足性」，它是通過一套貫穿整個社會的經濟鏈條與「城鎮」乃至「都市」經濟發生了關聯。「農村」作爲一個經濟體並無法自外於這個鏈條，「從鎮上有了洋紗，洋布，洋油，——這一類洋貨，而且河裏更有了小火輪船以後，他自己田裏生出來的東西就一天一天不值錢，而鎮上的東西卻一天一天貴起來。」同樣，老通寶儘管作爲「落後農民」倔強地拒斥著工業文明，但是他自己「發家致富」理想實現的標誌不再是五穀豐登、倉廩豐實，他孜孜以求的財富只能是「貨幣」這一現代商品經濟符號。顯然，他陷入了一個悖論中：「老糊塗的聽得帶一個洋字就好像見了七世冤家！洋錢，也是洋，他倒要了！」在「農村」與「城鎮」、「都市」之間，沒有任何壁壘能夠阻擋貨幣資本洶湧澎湃的流通過程，老通寶，以及他所居住的「農村」都已經無可避免地納入了社會經濟運行的機制當中。正是在這個意義上，茅盾全景式地反映社會現實才有了巨大的可能性。

〔註 48〕茅盾：《〈子夜〉寫作的前前後後》，《茅盾全集》第 34 卷 507 頁，人民文學出版社 1986 年第 1 版。

〔註 49〕夏志清：《中國現代小說史》，第 114 頁，復旦大學出版社，2005 年 7 月第 1 版。

〔註 50〕吳組緗：《談〈春蠶〉——兼談茅盾的創作方法及其藝術特點》，《中國現代文學研究叢刊》，1984 年第 4 期。

## 二、文學：經濟主題的「隱匿」和藝術呈現

貫穿整個社會的經濟運行機制將「農村」、「城鎮」和「都市」勾連在一起，也正是它作爲一個「社會科學的命題」在小說《春蠶》文本中成爲敘事對象的本體。從這個意義上來說，正統評論家從社會經濟方面對《春蠶》的種種闡釋也並非牽強附會。但是問題在於，這一主題在茅盾自己那裡也已經予以足夠的表達，他如此直白地寫出了自己構思《春蠶》的理性思維過程：「先是看到了帝國主義的經濟侵略以及國內政治的混亂造成了那時的農村破產……。從這一認識出發，算是《春蠶》的主題已經有了，其次便是處理人物，構造故事。」〔註 51〕因此，如果評論僅限於此，那麼它就成爲對茅盾自身「創作談」的語義重複。關鍵的問題在於，茅盾的「社會科學的命題」從來都不是一種教條式的理論闡釋，它畢竟是在通過文學這一感性形態表達自身。誠如唐弢先生所說：「作家有責任去反映人民生活中迫切的問題，卻沒有理由把自己束縛在一個狹隘的主題裏面，隨俗浮沉。茅盾先生在藝術構思上，保持著獨特的風格。」〔註 52〕因此，眞正將茅盾與其他作家區分開來的，並不是「經濟」這一在 30 年代左翼文學中普遍的主題，而是茅盾與眾不同的藝術構思。因此，「社會科學的命題」與「文學文本」之間有著怎樣錯綜複雜的關係？而上文所闡述的經濟運行機制究竟如何進入了小說文本的敘事過程？這才是我們文學研究者最應該關注的問題。

茅盾曾在《〈地泉〉讀後感》中提出了自己基本的創作理念：「一部作品在產生時必須具備兩個必要條件：（一）社會現象全部的（非片面的）認識，（二）感情地去影響讀者的藝術手腕。」〔註 53〕因此，在強調文學創作主題的同時，茅盾對作品的藝術性也給予充分的重視，他「要用形象的言語、藝術的手腕來表現社會現象的各方面」。儘管這種對藝術的重視甚至遭到了某些左翼人士的批評，有人就認爲他「看輕了作品的內容」，「只片面的從作品的結構上，手法上，技巧上，即整個的形式上去著眼」〔註 54〕，但實際上，也

〔註 51〕茅盾：《我怎樣寫〈春蠶〉》，原載《青年知識》，1945 年第 10 期。

〔註 52〕唐弢：且說《春蠶》，《茅盾研究資料》，第 355 頁，知識產權出版社 2010 年第 1 版。

〔註 53〕茅盾：《〈地泉〉讀後感》，《茅盾全集》第 19 卷 332 頁，人民文學出版社 1986 年第 1 版。

〔註 54〕陽翰笙，《〈地泉〉重版自序》，《中國新文學大系 1927～1937 文學理論集一》，第 882～883 頁，上海文藝出版社 1987 年版。

正是這種對形式的強調，才使得茅盾的小說遠比「概念化」的「普羅文學」更具藝術生命力。

就《春蠶》而言，儘管茅盾所表現的是社會經濟的運行機制，但是這一機制本身並不直接在文本中構成小說敘事，就像茅盾自己說的那樣，「作者從社會生活攝取題材的時候，必須自製故事」。〔註55〕事實上，茅盾本人生長於烏鎮，並長期居住在大都市上海，自幼對「繭行」、「葉市」的產業運作可謂耳濡目染，因此，他對「育蠶繅絲」的經濟學知識是極爲熟悉的。在《我怎樣寫〈春蠶〉》中，他坦承：「我家的親戚世交有不少人是『葉市』的要角。一年一度的緊張悲榮，我是耳聞目睹的」。〔註56〕同樣，「繭行」對他而言也並不陌生：「我認識不少幹「繭行」的，其中也有若干是親戚故舊。」〔註57〕茅盾甚至聲稱：「這一方面的知識的獲得，就引起了我寫《春蠶》的意思。」〔註58〕但令人詫異的是，茅盾如此熟悉的「葉市」和「繭行」在進入《春蠶》的小說文本後幾乎被遮罩掉了，而他在《我怎樣寫〈春蠶〉》中娓娓道來的產業運作過程，在小說敘事中也顯得晦暗不明，在這裡，一向強調「生活實感」的茅盾，竟然在創作中刻意規避了自小「耳聞目睹」的商業知識，轉而將自己並不熟悉的「農村」生活列爲敘事對象。這樣的寫法使得茅盾遭到了來自兩個方面的批評，一方面，強調政治意義的左翼人士批評他「如此嚴重的經濟恐慌，猶未提起一筆追溯恐慌之成因，這裡依舊成爲一篇浮面的東西」，〔註59〕另一方面，有人批評他「離開了生活眞實來做文章」的寫法，導致了《春蠶》「故事情節的發展與人物性格一定程度的游離，以及架空生活的不眞實情況的出現」。〔註60〕

但就整個小說的構思而言，對「經濟」主題的隱匿，對「農村」場域的觀照，乃至以老通寶這一「落後農民」作爲小說的敘事視角，正是茅盾在創作中匠心獨具的精妙處理。首先要指出的是，對「經濟」主題的隱匿並非使其在文本中缺席，相反，茅盾在小說開頭就寫到了「繭廠」：「離老通寶坐處不遠，一

〔註55〕茅盾：《創作與題材》《茅盾全集》第19卷366頁，人民文學出版社1986年第1版。

〔註56〕茅盾：《我怎樣寫〈春蠶〉》，原載《青年知識》，1945年第10期。

〔註57〕茅盾：《我怎樣寫〈春蠶〉》，原載《青年知識》，1945年第10期。

〔註58〕茅盾：《我怎樣寫〈春蠶〉》，原載《青年知識》，1945年第10期。

〔註59〕茅盾：《〈春蠶〉、〈林家鋪子〉及農村題材的作品——回憶錄十四》，《新文學史料》，1982年第1期。

〔註60〕吳組緗：《談〈春蠶〉——兼談茅盾的創作方法及其藝術特點》，《中國現代文學研究叢刊》，1984年第4期。

所灰白的樓房蹲在『塘路』邊，那是繭廠。」對外在於文本的讀者而言，「繭廠」意象有著如此鮮明的經濟意味。只有對老通寶這個「落後農民」而言，「繭廠」才不具有任何經濟學上的意義——「那座繭廠依舊空關在那裡，等候春繭上市的時候再熱鬧一番。老通寶也聽得鎮上小陳老爺的兒子——陳大少爺說過，今年上海不太平，絲廠都關門，恐怕這裡的繭廠也不能開；但老通寶是不肯相信的。」在這裡，正是通過老通寶的眼光審視，「經濟主題」才被隱匿起來，老通寶對「春蠶」背後的「經濟運行機制」一無所知，而「繭廠」所釋放的經濟信號在老通寶那裡也得不到任何反應。因此在《春蠶》文本中，老通寶這一形象出現了一種身份上的錯位，首先，他是一個被捲入經濟運行機制的「經濟主體」，但另一方面，他本人對這一身份以及整個機制一無所知，他對農事活動豐富的經驗在面對經濟問題時是完全失效的。在現實中，經濟運行機制將他極其整個農村捲入了資本運作的流程，但是在老通寶自己的意識中，「經濟活動」卻是按照「農事活動」的形態呈現在他面前。當他聽到陳大少爺說「今年上海不太平，絲廠都關門，恐怕這裡的繭廠也不能開」的消息時，並沒有將其視爲是一個市場信號，因爲「他活了六十歲，反亂年頭也經過好幾個，從沒見過綠油油的桑葉白養在樹上等成了『枯葉』去喂羊吃」。他按照自己的經驗推斷，「繭廠」一定會按時開業，這就像地裡的農作物會按時開花結實一樣。顯然，他是按照農業時令的方式理解商業的周期。事實上，按照這種方式理解經濟運行機制的當然不只老通寶一人，而是整個村子的「落後農民」整體：「他們有很大的忍耐力，又有很大的幻想。雖然他們都負了天天在增大的債，可是他們那簡單的頭腦老是這麼想：只要蠶花熟，就好了！」在他們的想像中，「那些綠油油的桑葉就會變成雪白的繭子，於是又變成丁丁當當響的洋錢」，顯然，「繭子」變「洋錢」這一商業貿易過程已經被納入了農事活動的範疇之中。對他們而言，農業上的豐收反倒成了還清商業債務、挽救家道沒落的「救命稻草」！正因爲如此，「他們想像到一個月以後他們雖然肚子裡餓得咕咕地叫，卻也忍不住要笑了。」

而由老通寶等村民這種錯位的身份認知所引發，《春蠶》文本的敘事其實出現了兩條不同的路徑：一條是按照農業時令延伸的「農事活動」，而另一條則是按照商業周期運行的資本流通過程。顯然，農業時令是一種線性延伸的時間軌跡，洗團匾，糊「蠶簞」，收蠶，窩種，守蠶房，直到蠶寶寶「上山」，《春蠶》文本由此而形成了一條完整而連貫的敘事脈絡。可以說，這樣一種敘事風格可以追溯至《詩經》時代以《七月》爲代表的賦體農事詩，因此它更具傳統意義上的審美價值，夏志清等人對《春蠶》鄉土民俗視角的文化解讀也是集中在這一條敘事路徑上。事實上，茅盾在此對「農事」的鋪排幾乎達到了「瑣屑囉嗦」的程度，誠如吳組緗先生所說，「第二節寫『收蠶』的手續，提到燈芯草、野花片、布子共四次;提到稱杆、鵝毛、蠶革有三次;提到蠶花也有兩次」，在他看來，「這顯然是以好奇心看鄉下事，同時也是以此來滿足讀者的好奇心，超出了表現主題和描寫人物的需要。〔註 61〕」吳組緗是如此慧眼如炬，他以一個作家的眼光敏銳地捕捉到這些「偏離」主題的細節描寫。但是，這些顯性敘事中的「鄉下事」本身並不構成對隱性結構上「經濟運行機制」的消解，這樣一條敘事路徑中呈現出更爲豐富的細節和更爲生動的生活場景，而它的目的與其說是爲了支撐主題，倒不如說是在隱匿主題，正是它使得「經濟運行機制」在隱匿中避免了理念化表達的傾向。而與農業時令不同，按照商業周期展開的資本運作卻不具有連貫性，資金的借貸、商品的買賣都是瞬時性的動作，它無法呈現爲一條線性的時間軌跡，更重要的是，對傳統觀念依然根深蒂固的中國現代作家而言，像「借貸」、「買賣」這類充滿了「銅臭味」的敘事的確很難產生「詩性」的審美形態。因此，茅盾如果像對農事活動那樣，不厭其煩地描述老通寶的經濟行爲，就會導致敘事難以推進，且大大削弱小說的審美意義。茅盾的高明之處就在於，他沒有將「葉市」、「繭行」這類極爲熟悉的商業行爲在文本中大規模的鋪展，相反，他對經濟行爲的描寫極爲節制，在點到爲止中將它們處理成若隱若現的隱性敘事。這種敘事顯然收到了很好的效果，「經濟運行機制」恰恰是在「隱匿」中呈現出了一種獨特的樣貌，並取得了直白描寫難以企及的審美效果。因此，正是通過對這種「經濟」主題的隱性表達，茅盾才能夠將「社會科學的命題」演繹成《春蠶》這一具有文學意義的小說文本。

但這裡要指出的是，以上兩條敘事路徑並不是平行的，從敘事框架上講，後者實際上套嵌了前者，「農事活動」僅僅是「經濟運行」中一個不具決定性的環節而已。而眞正推動文本情節的發展的，是經濟這隻「看不見的手」，老通寶一家總是要不時通過一些借貸、賖購的行爲，才能保證「蠶桑」活動的持續開展。因此，「農事活動」形成了《春蠶》的敘事連貫的脈絡，那些點到爲止的經濟行爲則如釘子般楔入了這些脈絡一個個的關節點上，從而保證了

〔註 61〕吳組緗：《談〈春蠶〉——兼談茅盾的創作方法及其藝術特點》，《中國現代文學研究叢刊》，1984 年第 4 期。

「農事活動」脈絡的連貫性。可以說，「農事活動」本身就完全裹挾在「資本運作」的過程之中，因此，「農事活動」從根本上講仍然是商業性的。而「豐收成災」這一令人震撼的悲劇性效果也正是通過《春蠶》兩種敘事路徑的疊合得以實現。如果我們按照一般社會學的常識來理性地闡釋《春蠶》所表現的社會經濟現象，那麼農事活動是一回事，而商業運作是另一回事，兩者之間並無糾葛。按照這樣一種邏輯推斷，農民辛勤勞作獲得豐收，這是一個傳統的生活常識；同樣，市場供過於求導致商品價格下跌，農民對市場信號的無知導致了破產，這也是一個經濟學常識。給予這樣一種理性的社會經濟學解釋以後，「豐災」顯然就沒有那麼令人震撼了。但是在《春蠶》這一小說文本中，茅盾卻將兩者套嵌在一起，形成了一個單維的敘事鏈條。在這樣一個敘事鏈條中，「農事活動」成爲了顯性的表層結構被大肆鋪排，而「經濟行爲」這些具有解釋意義的部分則若隱若現，幾乎難覓蹤影。甚至可以說，《春蠶》根本就不是在爲「豐災」提供社會意義上的解釋，相反，它實際上淡化了「經濟運行機制」這一主因，從而營造出了一個「虛假」的因果關係鏈條：「浙東今年蠶繭豐收，蠶農相繼破產！」〔註 62〕在這裡，經濟學意義上的解釋被抽離了，這才使得「豐收」與「破產」這分屬兩個範疇的社會現象拼合在一起，從而形成了令人觸目驚心的參照，而最終激發了「強烈的憤怒感情」的正是「豐收導致災難」這樣一個完全不符合現實邏輯的文學「邏輯」。而當那些爲這一股無名之火激怒的讀者反顧那些散落在《春蠶》文本關節出的「經濟行爲」描寫時，一切都變了：此時，「經濟運行機制」已經不再是對社會的理性把握和客觀描述，它已經成爲一套陰謀——老通寶的無知，是被這套統治階級蒙蔽的結果；而他的破產，是則是被帝國主義操縱的國際市場、作弄擺佈中國農民的必然結局。因此，儘管《春蠶》文本至始至終沒有出現一個清晰的「地主」或「資本家」形象，但茅盾對「資本」的批判卻是極其有力的，與那些聲嘶力竭的「普羅文學」相比，它的悲劇意義更爲深廣，而其所訴求的政治理想顯然也更具可信度和說服力。

最後要補充的是，《春蠶》文本對「經濟」主題的隱匿使茅盾豐富的經濟學知識無法進入創作實踐，而自己並不熟悉的「農村」生活儘管形成了他別具一格的藝術構思，也必然導致了細節上的「失眞」現象。茅盾對這種情形也做了最大程度的彌補，儘管這種彌補是極爲笨拙的，但也仍然顯示出茅盾

〔註 62〕李準：《從生活中提煉》，原載《文學知識》，1959 年第 4 期。

小說創作思維的嚴謹。在前文所述的兩條敘事路徑中,「農事活動」的顯性脈絡顯然更具有包容性,也正是在這個脈絡上,茅盾不動聲色地將「荷花」這一人物平順地嵌入文本。在諸多方面,「荷花」都與老通寶等大多數村民不同,如「緊張的快樂瀰漫了全村莊,似那小溪裏淙淙的流水也像是朗朗的笑聲了。只有荷花家是例外。」如兵法上講究「圍師必闕」一般,這種「例外」儘管有些刻意,但確實在很大程度上消解了人物行爲整齊劃一的概念化圖景。荷花這個「例外」獨自呈現著「農村」的鄉野氣息,她與六寶的吵鬧、與多多頭的調情構成了經濟範疇之外的「豐富」生活圖景,她對老通寶家「蠶神」的衝撞使得小說情節跌宕起伏。從這一點看,茅盾的小說儘管沒能完全擺脫他批評過的「概念化」、「公式化」的傾向,但他的「公式」畢竟複雜靈活一些,已經演變了一套「高級方程式」。因此,與普羅小說相比,《春蠶》這類作品有著更爲豐滿的文學意義和更爲充實的審美內涵。

## 三、歷史:「烏托邦」革命的現實依據

在《春蠶》之後,茅盾又連續寫出《秋收》和《殘冬》,即所謂的「農村三部曲」。由茅盾回憶可知,「『農村三部曲』則原來沒有寫三部曲的計劃,是寫了《春蠶》之後,得到了鼓舞,才續寫《秋收》和《殘冬》,並考慮使三篇的人物和故事連貫起來。所以『農村三部曲』的稱呼也是別人給我加上的」〔註63〕。事實上,在《春蠶》發表後,茅盾遭到了諸多批評,如有人就認爲:「一九二七年以來,各處農民已到了覺醒,鬥爭到處爆發著。在《春蠶》一篇中寫的,只是落後的農民,這落後的農民對於這些印象是一點沒有的。他只寫到老通寶的失敗,而對於現代農民的鬥爭,完全不聞不問,連一點感想也沒有。」〔註64〕而在《秋收》、《殘冬》中,這些問題顯然得到了有意地矯正。夏志清就認爲:「茅盾似乎不滿《春蠶》主題的模糊,故接著又寫了一續篇《秋收》來強調他的馬克思主義思想。」〔註65〕

客觀地說,《秋收》、《殘冬》所凸顯的時代主題、階級觀念乃至革命前途,

〔註63〕茅盾:《〈春蠶〉、〈林家鋪子〉及農村題材的作品——回憶錄十四》,《新文學史料》,1982年第1期。

〔註64〕茅盾:《〈春蠶〉、〈林家鋪子〉及農村題材的作品——回憶錄十四》,《新文學史料》,1982年第1期。

〔註65〕夏志清:《中國現代小說史》,第115頁,復旦大學出版社,2005年7月第1版。

在《春蠶》中都已有所表露：「作者處處從側面入手，用強有力的襯托，將帝國主義經濟侵略深入到農村，以及數年來一切兵禍、苛捐……種種剝削後的農村的慘酷圖景，儘量暴露無餘」。〔註 66〕但是，由於茅盾「不肯直接敘述，卻用強有力的手法，從反面襯出」，〔註 67〕所以當時那些「拿辯證唯物主義當作一支尺規，以此衡量作品」〔註 68〕的評論者們未必能參透其中的微言大義。從這個意義上來看，與其說《秋收》、《殘冬》是《春蠶》的續篇，倒不如說是對《春蠶》的「注疏」與「索隱」。可以說，《秋收》與《殘冬》正是由《春蠶》中被「隱匿」的經濟主題延伸而來，且政治意識形態的意味愈發凸顯。而正是在這種「經濟～政治」主題使得茅盾不僅從更深的層次上契合了馬克思主義的社會學理論，更使其能在宏闊的歷史坐標系中重新審視左翼「革命」政治理想。

如果僅僅就政治訴求而言，茅盾與他所極力批評的「普羅文學」作家並沒有根本區別：「他們並沒有針鋒相對地就那些激進者的革命文學原則而提出另外一種理論。茅盾已經是一位中共黨員，他與他的那些黨員同仁們不同的是，他對革命的前景有著更爲清醒的估計」。〔註 69〕只是相比蔣光慈、陽翰笙等人來說，茅盾對「革命文學」的看法顯然更爲客觀和冷靜——「本來，預言農村革命得到成功，是左翼作家的慣調，茅盾也不能例外。所不同者是：由於他對事實及歷史認識較深，故相較起來，他沒有一般左派作家淺薄，也沒有像他們一樣陶醉於革命必勝的自我催眠調子中」〔註 70〕。事實上，茅盾本人對左翼早期的「普羅文學」也持嚴厲的批判態度，在他看來：「一九二八到一九三零這一時期所產生的作品，現在差不多公認是失敗。」〔註 71〕如果我們參看「普羅小說」文本，就會發現茅盾的批評確實切中肯綮。普羅小說作品一味追求狂熱的革命

〔註 66〕茅盾：《〈春蠶〉、〈林家鋪子〉及農村題材的作品——回憶錄十四》，《新文學史料》，1982 年第 1 期。

〔註 67〕茅盾：《〈春蠶〉、〈林家鋪子〉及農村題材的作品——回憶錄十四》，《新文學史料》，1982 年第 1 期。

〔註 68〕茅盾：《〈春蠶〉、〈林家鋪子〉及農村題材的作品——回憶錄十四》，《新文學史料》，1982 年第 1 期。

〔註 69〕費正清主編：《康橋中華民國史》第二部，第 462～463 頁，上海人民出版社，1992 年 9 月第 1 版。

〔註 70〕夏志清：《中國現代小說史》，第 115 頁，復旦大學出版社，2005 年 7 月第 1 版。

〔註 71〕茅盾：《〈地泉〉讀後感》，《茅盾全集》第 19 卷 332 頁，人民文學出版社 1986 年第 1 版。

情緒和僵化的政治概念，從而喪失了更開闊的社會視野、更深刻的歷史洞察、更冷靜的創作態度，以至「那樣地單純的書呆子氣而表示不出一點革命的經驗與教訓」〔註 72〕。在蔣光慈的《咆哮了的土地》、洪靈菲的《大海》以及陽翰笙的《地泉》等作品中，「農村」都是一個先在的、天然封閉的政治場域，是「革命浪漫諦克」式的烏托邦想像。而在這樣一個理想的「革命」空間裏，「我們只看見一個『革命家』怎樣飛將軍似的從天而降，怎樣一席演說就使得農民恍然大悟——『非要打倒地主不可！』但是我們卻不見農民們從事實上認得了辛苦一年只是替地主白做牛馬」〔註 73〕。這些「革命家」以「小資產階級浪漫的革命情緒」宣講著艱深的革命理論，漫天飛舞的「標語口號」向人們呈現出一場用嘴和聲帶發動的革命——在這裡，對農民的政治啓蒙效果與對革命道理的理解和接受無關，而是與「革命家」嗓門音量的大小成正比。

茅盾顯然對「革命羅曼蒂克」的文學深惡痛絕，但是他反對的不是「革命」的主題，而是「羅曼蒂克」的浪漫色彩——「我們的作品一定不能僅僅是一枝嗎啡針，給工農大眾以一時的興奮刺戟；我們的作品一定要成爲工農大眾的教科書！」〔註 74〕因此，茅盾的小說是對「革命」的「去羅曼蒂克化」，將「普羅小說」演繹的「革命傳奇故事」重新拉回曆史範疇。因此，《春蠶》乃至整個「農村三部曲」並非是對「革命」主觀、浪漫的想像，而是對它合法性、可能性的追問與反思：農民爲什麼要「革命」？農民「革命」能否取得成功？又需要怎樣的條件？在這裡，茅盾已不再將「革命」作爲知識份子情緒發泄的管道，而是以一種嚴肅歷史態度審視「革命」。在《春蠶》中，老通寶對「家史」的回顧使文本敘事獲得了「普羅小說」匱乏的歷史縱深，茅盾寫道：「老陳老爺做絲生意『發』起來的時候，老通寶家養蠶也是年年都好，十年中間掙得了二十畝的稻田和十多畝的桑地，還有三開間兩進的一座平屋。這時候，老通寶家在東村莊上被人人所妒羡，也正像『陳老爺家』在鎭上是數一數二的大戶人家。可是以後，兩家都不行了；老通寶現在已經沒有自己的田地，反欠出三百多塊錢的債，『陳老爺家』也早已完結。」「老陳老

〔註 72〕茅盾：《中國蘇維埃革命與普羅文學之建設》，《茅盾全集》第 19 卷 308 頁，人民文學出版社 1986 年第 1 版。

〔註 73〕茅盾：《關於〈禾場上〉》，《茅盾全集》第 19 卷 464～465 頁，人民文學出版社 1986 年第 1 版。

〔註 74〕茅盾：《中國蘇維埃革命與普羅文學之建設》，《茅盾全集》第 19 卷 308 頁，人民文學出版社 1986 年第 1 版。

爺做絲生意『發』起來的時候」，也正是江浙手工繅絲業繁榮時期；而老通寶的家道中落，也正暗示著中國在20世紀20年代遭遇的「農村危機」，在這個時候，「農業市場動蕩」導致「農村貧困迅速加劇，農民大量逃亡，饑荒不斷。……農戶因債務纏身被迫出賣土地」〔註 75〕。可以說，老通寶和陳老爺家運的盛衰並非是小說家的純然虛構，而是有著堅實的歷史依據，茅盾幾乎以此勾勒出了一部近代江浙地區經濟史的輪廓。這樣一來，「農村」這一被「普羅小說」懸置的空間，在歷史中定位了自己清晰的坐標系，而「革命」由一個靜態的烏托邦圖景，納入了動態的歷史演進過程。

如前文所述，1930年代波及中國的「經濟危機」導致了茅盾創作題材的轉向，而在茅盾將「革命」理念予以歷史化處理的過程中，「經濟危機」也扮演了極爲重要的角色，可以說，茅盾所擅長的那種帶有強烈歷史觀照的「現實主義」創作風格到《春蠶》時期才得以完美實踐。前文曾提到，茅盾創作《春蠶》最早是受到「豐收成災」這一新聞的影響，據李準回憶：「茅盾同志說，他最早產生寫這篇短篇小說的動機，是因爲看了當時報紙上一則消息，那個消息大概意思是：『浙東今年蠶繭豐收，蠶農相繼破產！』看了這則消息後，思想上就產生了強烈的憤怒感情。茅盾同志就根據他所熟悉的浙東農民生活，以及帝國主義在中國殘酷盤剝農民的歷史事實，寫成了那篇在當時具有極大政治意義的短篇小說。」〔註 76〕其實不僅僅是《春蠶》，《秋收》中的「搶米風潮」也是30年代由「經濟危機」引發的、波及範圍極廣的社會性事件。據資料載，在「受蠶業危機影響的浙江和江蘇」，「吃大戶」和「向富民坐吃」的現象極爲普遍，「20世紀30年代上半期，『搶米』風潮席卷全國，據中國經濟情報社的統計，僅1934年「搶米吃大戶風潮已經蔓延到七省三十八縣，計有六十四次」，其中「號稱『天堂』的江、浙兩省發生的搶米次數達四十七次，遍佈二十四縣，雄居其他各省之首」〔註 77〕。而茅盾家鄉烏鎮所在的浙江嘉興更是「發生了浙江省26起事件中的6起」〔註 78〕。其實，「豐收

〔註 75〕費正清主編：《康橋中華民國史》第二部，第284頁，上海人民出版社，1992年9月第1版。

〔註 76〕李準：《從生活中提煉》，原載《文學知識》，1959年第4期。

〔註 77〕汪效駟：《20世紀30年代無錫鄉村搶米風潮的歷史解讀》，《中國農史》，2009年第1期。

〔註 78〕費正清主編：《康橋中華民國史》第二部，第329頁，上海人民出版社，1992年9月第1版。

成災」也好，「搶米風潮」也罷，在茅盾看來都不僅僅是新聞學事件，而是具有重大意義的「歷史事件」，他敏銳地抓住了兩者，並由此推演出了《殘冬》中的「農民暴動」——「從爲著『生』的努力到豐收的饑餓，從饑餓中的自覺到『吃大戶』、『搶米囤』，從『吃大戶』、『搶米囤』到逐漸的組織化，『繳槍械』，是逐一的描寫了它的過程」〔註 79〕。由此可知，茅盾的歷史觀照並不只是「回溯」式記憶清理，而是包括對社會現實迅速客觀的反映，並「從繁複的社會現象中分析出它的動律和動向」〔註 80〕。在這樣一種架構中，「新聞事件」建立起歷史意義上的關聯，而「普羅小說」中虛無縹緲的革命想像也就納入了社會歷史的演進過程。

從這個意義上講，茅盾不是在描述歷史，而是在對歷史進行帶有明確主題性、目的性、道德傾向性的架構。在「農村三部曲」的文本，茅盾對歷史動律和動向的把握體現出了他對中國國情深刻的體察，這種體察完全僭越了他作爲一個小說家的身份。他認識到，在中國，儘管鄉村、城鎮和都市被納入了一個統一的經濟體系之中，這三者在體系中卻有著梯次分明的不平等地位。費孝通指出：「中國的城市和大鎮沒有建立一個堅實的生產基礎，只是外國商品的分發地」，「從最近的中國歷史來看，中國都市的發展似乎並沒有促進鄉村的繁榮。相反，都市興起和鄉村經濟衰落並行。」〔註 81〕茅盾對此顯然有著深刻的體悟和洞察，正因爲如此，在《春蠶》以至整個「農村三部曲」中，這種「城鄉對立」得到了最大程度的凸顯。老通寶和他所在村子是通過借貸、買賣這類商業關係與城鎮關聯在一起，但這種商業關係式是在一種「入不敷出」的單向維度上——「農民無從獲利，鄉村仍支撐著消費現代工業品的食利階層，但自身卻不能從現代工業中得到任何益處」〔註 82〕。貫穿小說始終的是村中男女老少辛苦恣睢的生產活動，而消費對他們而言幾乎僅僅是在夢想中存在：「她們的眼前便時時現出一堆堆雪白的洋錢，她們那快樂的心裏便時時閃過了這樣的盤算：夾衣和夏衣都在當鋪裡，這可先得贖出來；過

〔註 79〕茅盾：《〈春蠶〉、〈林家鋪子〉及農村題材的作品——回憶錄十四》，《新文學史料》，1982 年第 1 期。

〔註 80〕茅盾：《〈地泉〉讀後感》，《茅盾全集》第 19 卷 331 頁，人民文學出版社 1986 年第 1 版。

〔註 81〕費孝通：《中國士紳——城鄉關係論集》，第 131 頁，外語教學與研究出版社，2011 年 3 月第 1 版。

〔註 82〕費孝通：《中國士紳——城鄉關係論集》，第 131 頁，外語教學與研究出版社，2011 年 3 月第 1 版。

端陽節也許可以吃一條黃魚。」而另一方面，村民的整個生產活動，都是靠向城鎮富人的借貸得以維持。在《春蠶》中，老通寶一家兩次借錢買桑葉，而作抵押的竟然是自己的蠶絲收成和「他家那塊出產十五擔葉的桑地」。由此可知，在與「城鎮」乃至「都市」共存的經濟運行機制中，農村入不敷出的經濟地位，不僅僅是影響農民的生活水準，而是極大程度上威脅到了他們基本的生存。在《秋收》中，老通寶驚歎：「眼前這村莊的荒涼景象多麼像那『長毛打過先風』的村莊呀！」自己的孫子小寶則「只剩了皮包骨頭，簡直像一隻猴子」，而到了《殘冬》，「全個村莊就同死了的一樣。全個村莊，一望只是死樣的灰白。」這種對人物的外貌描寫以及鄉村景物描寫無不昭示著，中國遭遇的「經濟危機」在農村已經成爲農民的「生存危機」。

在整個經濟運行的鏈條中，「農村」和「農民」已經成爲整個經濟鏈條中最爲敏感的末梢神經，如果我們將「農村三部曲」與《林家鋪子》和《子夜》對讀，就可以明確地看出這一點：投機失敗的吳蓀甫依然可以帶著林佩瑤「避暑去」，《林家鋪子》裡的林老闆踏上了亡命生涯，而老通寶在經歷了「春蠶」和「秋收」的雙重打擊之後，卻只有死路一條。當農民的基本生存遭到了威脅的時候，那麼經濟的周期律就全然失效了，因爲經濟的復蘇能夠使得窮人重新富裕，但卻無法使得死人復活——「只要這種配合能使人們過上『不饑不寒』的生活，傳統的中國社會就能維持。任何一種無法維持這種最低限度民生的經濟制度都不能長久。」。〔註 83〕正因爲此，茅盾筆下的「大蕭條」不再是西方經濟運轉的周期性表現，它成了資本主義的末世景觀，也成爲「農民革命」的起點。面臨生存威脅的農民不可能等待「殘冬」過去，在多多頭那裡，「暴力反抗」代替了「經濟調整」，一種階級鬥爭意義上的歷史路徑凸顯了出來。

當經濟危機威脅到農民的基本生存，「革命」的合法性也就確立起來。而這種「合法性」的確立是通過革命道德對傳統宗法道德的置換中實現的。前文曾經論及，《春蠶》中的整個村莊是按照經濟關係而非宗法關係締結在一起。因此在文本中，宗法不是一個彌漫整個鄉村的關係網（這個網已經被經濟關係取代），而是作爲一種「私德」集中在老通寶這一個體人物身上。在《秋收》中，「雖則一個多月來他的『威望』很受損傷，但現在是又要『種田』而不是『搶米』，老通寶便像亂世後的前朝遺老似的，自命爲重整殘局的老馬。」

〔註 83〕費孝通：《中國士紳——城鄉關係論集》，第 139 頁，外語教學與研究出版社，2011 年 3 月第 1 版。駐事實上，老通寶以強勢的家長地位維繫宗法道德（對多多頭「吃大戶」的斥罵）的同時，也恰恰維護了那個將他自己的家庭置於「破產」境地的「經濟制度」。此時，宗法道德僅僅是一個殘留的「觀念」而已，而作爲一個道德個體，老通寶在作爲「經濟單位」的村子裡顯然被孤立了——他成了令鄉鄰側目的「老怪物」。

《秋收》中所寫的「吃大戶」則成爲一次道德重組的歷史事件，而在對「吃大戶」這一行爲的道德評判中，「革命」話語的合法性被最終確立起來。事實上，隨著生存危機在農村的加重，老通寶秉持的道德已經喪失了對家人的約束力，在饑餓面前，連孫子小寶都「覺得他的祖父，他的爺，娘，都是硬心腸的人」，他顯然更喜歡被老通寶稱爲「長毛」轉世的多多頭，因爲，只有這個「野馬似的好漢叔叔」能夠「帶幾個小燒餅來偷偷地給他香一香嘴巴」。小寶吃著「白虎星」荷花給燒餅，得出了「仇人」荷花「是好人」的悖逆看法，老通寶則已然無能爲力。在這裡，老通寶和他力圖維繫的宗法道德已經在生存危機面前土崩瓦解：他在蠶房和田畝之間的辛苦勞作只能使得家庭債臺高築，而「仰仗那風潮，這一晌來天天是一頓飯，兩頓粥，而且除了風潮前阿四賒來的三斗米是冤枉債而外，竟也沒有添什麼新債」。所以，伴隨著老通寶死亡的，不僅僅是經濟破產，也是一種道德崩潰，正因爲如此，他才在臨死前承認多多頭「是對的」。因爲被稱爲「『小長毛』冤鬼投胎」的多多頭，正是宗法道德的破壞者，在他看來「規規矩矩做人就活不了命」，他在催促兄嫂進城時說：「田，地，都賣得精光，又欠了一身的債，這三間破屋也不是自己的，還死守在這裡幹麼？依我說，你們兩個到鎮上去『吃人家飯』，老頭子借的債，他媽的，不管！」在這裡，「久已成爲他們的信仰」的「家」成了苦難的淵藪，兄長阿四意識到：「使他只想照老樣子種田，即使是種的租田，使他總覺得『吃人家飯』不是路，使他老是哭喪著臉打不起主意的那塊東西……原來就是『不肯拆散他那個家』！」而「家」被拆散，也就意味著農村殘留的最後一絲宗法觀念已經徹底消解，由傳統道德所維繫的人與人之間基於血親的倫常關係被撕裂了，而一種帶有「階級」意味的關係在「農村」這一場域中被確立起來。

從這個意義上看，茅盾的「農村三部曲」並沒有僭越左翼文學的政治意識形態，而《殘冬》作爲「農村三部曲」的末篇實際已經重新落入「普羅小說」普遍的「公式化」之中。一方面，在《春蠶》中被隱匿的「經濟主題」

到了《殘冬》中已經「人格化」爲一個較爲明晰的人物形象，在荷花的言談中，一個「土豪劣紳」已經呼之欲出：「張剝皮自己才是賊呢！他坐地分贓。」而另一方面，「村裏少了幾個青年人：六寶的哥哥福慶，和鎮上張剝皮鬧過的李老虎，還有多多頭，忽然都不知去向。」六寶也不在村裡了，「有人說她到上海去『進廠』了，也有人說她就在鎮上」。事實上，這樣一種敘述並不是一種從鄉村到城鎮（或城市）的空間位移，而只是將原來隱秘的經濟關聯明確化而已，農民掙脫了宗法道德的約束，也就能夠對「經濟制度」整體重新進行道德判斷。多多頭這匹野馬終於安上了政治意識形態的轡頭，他對偷樹事件的評判，以及關於欠債不還的言論等等，都使他成了一個無產階級革命者的「毛坯」形象。於此，「農村」與「城市」（「城鎮」）已經構成了尖銳對立的二元關係，「農民」與「地主」也成爲階級鬥爭的敵我雙方。在《殘冬》中，「一天一天更加冷了，也下過雪。菜蔬凍壞了許多。村里人再沒有東西送到鎮上去換米了，有好多天，村和鎮斷絕了交通。全村的人都在饑餓中。」「農村」被城市主導的世界徹底拋棄了，而與此同時，城市的統治力量在農村也成了強弩之末，正是在這樣一個最終被封閉起來的場域之中，「傳統的特權階層與拒絕執行傳統義務的人們之間的鬥爭」〔註 84〕拉開了帷幕。

【作者簡介】

李哲，四川大學文學與新聞學院 2011 級博士生。

〔註 84〕費孝通：《中國士紳——城鄉關係論集》，第 131 頁，外語教學與研究出版社，2011 年 3 月第 1 版。

# 伍、經濟敘事與現代左翼小說的偏至

顏同林

## 摘　要

左聯時期接受黨派政治思想的現代左翼小說家，在小說中以獨特的經濟視角來剖析三十年代的社會經濟及其性質，存在闡釋的有效度與眞實性問題。現代左翼小說中的經濟題材作品，不論是以都市爲背景還是以農村破敗爲母題，其經濟敘事的眞實與社會經濟事實之間存在一定距離，敘事的偏至特徵明顯。這一特徵與共產黨開闢的文化戰線性質、意識形態批評以及左翼作家群體形成模式等皆有密切關聯。

關鍵字：現代左翼小說，經濟敘事，三十年代，審美偏至經濟是制約整個人類社會正常運行的基本因素，從農耕時代以自給自足爲主的小農經濟，到近一二個世紀現代化進程中商品交換頻繁的商品經濟，均是如此。處在社會不同階層、群體與職業中的人們，不論其經濟生活質量、水平高低如何，如一瓢食、一簞飲也罷，醉生夢死、揮金如土也罷，都離不開經濟的影響與牽制，每一個生命個體差不多與它存在水乳相融、不可分割的依存關係。

現代左翼小說與社會經濟母題關係十分密切。上個世紀八十年代，有研究者在梳理中國現代小說流派史時，曾將現代左翼小說命名爲「社會剖析派」小說，認爲社會剖析派作家所做的是「自覺地從經濟入手來剖析社會，發現社會現象背後的經濟動因，從而深刻地揭示出某些規律，以完成自己的社會使命與藝術使命。」〔註 1〕這一立論繼承著上個世紀三十年代瞿秋白、吳組緗等人的觀點，以及五六十年代的新民主主義主流文學史觀，不斷擴大影響，以至於廣大讀者總想從現代左翼小說作品出發來洞悉上個世紀三十年代的經濟狀況。但值得追問的是，這一帶有定論性質的觀點，是否具有嚴格意義上的帶有歷史縱深與廣度的眞實性呢？是否有反映現實生活眞實的偏至之嫌呢？在我們看來，受到左翼思想影響與制約的現代左翼作家們，其筆下的經濟敘事有一種特定時代的審美與思想的偏至存在，有必要加以重新發現與估量。

## 一

社會經濟生活包羅萬象，在習見的社會史理論視野下，經濟往往與政治、軍事、科技、教育、文化等宏大話題相併列。文學作爲一種藝術形式，是依靠感性的語言來從特定側面伸縮性地反映社會。作爲一種特殊的社會現象，文學當然也能夠或顯或隱地反映社會經濟的一些橫截面。但是，文學作品最主要還是依靠典型化來表達人的思想、感情與心理。在歷史的變動中呈現不同人物的心靈波動，總歸是文學的主要職責。其次，文學創作是一種小眾的或者個人的活動，作品所反映的局部的眞實哪怕在本質上與社會眞實有較多的相似性，但它都不能代替全部的社會事實。具體到現代左翼小說，當某一個現代左翼作家即使像巴爾札克或左拉一樣有意識地從不同方面大規模地描寫現實，或者大多數不同的左翼作家從不同角度立體地反映現實時，才有可

〔註 1〕嚴家炎：《中國現代小說流派史（增訂本）》，長江文藝出版社，2009 年，第 182 頁。

能被用來作爲當時社會的社會史或經濟史研究的輔助材料。相反，如果一個作家或一批作家帶著明確的目的，受先驗的理論引導去從事創作，那麼就只能從該理論所認可的偏至的本質出發來進行約束性的闡釋，而不能像見木不見林一樣進行擴大化處理。同樣道理，當我們面對現代左翼小說時，便存在一個類似的作品闡釋難題，即文本闡釋的有效度與可信度難題。

進一步審視，在馬克思主義關於政治經濟學的理論中，經濟基礎與上層建築關係的論述，是人們所熟悉的：經濟基礎是生產力所決定的占統治地位的生產關係的總和，包括社會的經濟結構，經濟制度等；上層建築則是建立在一定經濟基礎之上的各種制度與意識形態。經濟基礎與上層建築是矛盾、變化的，經濟基礎雖然起決定作用，但也受到上層建築的能動作用。也就是說，不同的意識形態往往會對經濟結構和經濟制度作出不同的解讀，以便有效改變兩者之間的矛盾與變化。因此，社會經濟事實與文學的經濟敘事並不具有等同性，也從來沒有達到過兩者的重疊或重複。馬克思主義的奠基者恩格斯在讀過法國巴爾札克的作品後認爲其小說「彙集了法國社會的全部歷史，我從這裡，甚至在經濟細節方面……所學到的東西，也要比從當時所有職業的歷史學家、經濟學家和統計學家那裡學到的全部東西還要多」。〔註 2〕這一番話充分肯定了巴爾札克作品的經濟價值與社會價值，不無誇張的意味。但值得分析的是，作家通過小說反映經濟生活並不等同於經濟學家、統計學家的失職與無能，相反，文學作品在獨特的思想傾向與寫作訴求中，把經濟母題進行了形象的隅於一角的呈現。它是生動、典型的，也是局部、變形的。文學家與經濟學家各司其職，分別以自己的精神符號與書寫範式記錄社會經濟的脈搏。文學家與經濟學家不能越界，兩者在各自的圈子內有序運行，否則便要亂套，導致偏至的誤讀。

有了以上觀念的支撐，當我們返觀現代文學與經濟問題的研究時，便可以抽樣看到歷史的某些細微畫面。比如，曾有從事魯迅研究的學者從經濟生活維度去尋找過去歷史的豐富信息，通過對魯迅的日記、書信、賬單等經濟情況進行定量分析，認爲堅實的經濟實力支撐了魯迅獨立的思想與人格；離開了錢的魯迅，不是完整的魯迅，更不是眞正的魯迅；又如 20 世紀上半葉的稿酬版稅、不同時期分段中的貨幣流通等經濟情況，都與現代文學、文化的

〔註 2〕恩格斯：《致瑪·哈克奈斯》，《馬克思恩格斯選集》（第四卷），人民出版社，1975 年，第 43 頁。

發展密不可分。〔註 3〕是的，相比於以前，二十世紀上半葉是一個經濟變動最爲劇烈的世紀，從「社會——經濟」的復合角度研究經濟母題似乎會有意外的發現。經濟問題，涉及衣、食、住、行，涉及到一個人現實生存與發展的全部方面，不論是物質還是精神，不論是個體還是群體，都不可避免要觸及到。經濟制約著文學，文學也有選擇性地反映經濟的時代面貌，但是，它是局部的歷史景觀，而且經濟問題一旦通過文學去表現，便會出現不同程度的扭曲與變形。另一方面，建立於文學評論之上的作品闡釋，也會面臨同樣問題，它與社會眞實隔著一段兩度變異的審美距離。

借助民國經濟史料，我們得知三十年代的社會經濟確實有過挫折與衰退的事實。1929 年至 1933 年，全球資本主義國家的經濟危機蔓延到我國；30 年代前後的自然災害給國民經濟造成了較大的破壞；國民黨南京政府爲了統一國家不斷進行軍閥混戰，還對中國共產黨領導的武裝進行數次圍剿。這些事關國家政治、軍事、民生等大事使國民政府陷入層層經濟困窘之中。譬如資本主義國家爲轉嫁經濟危機把過剩的農產品在我國傾銷而引起「穀賤傷農」現象。國際銀價波動較大，使得以銀本位爲貨幣政策的中國政府，眼看著白銀源源不斷流入外國而導致金融吃緊，物價跌漲不已。這一切都是三十年代中國社會現實的眞實存在。但另一方面也不應忽略，南京政府爲應對時局也做出了許多應對措施：譬如改革貨幣政策，積極應對金融危機；降低或減免田賦地租，大力發展農村生產；積極防洪賑災，維護農民生存權益。沒過幾年，整個國民經濟逐步好轉，並在全面抗戰前夕達到當時歷史的較好水平。〔註 4〕又據民國經濟史料所載，習慣上被稱爲現代文學史上的第二個十年，也就是國民政府統治的第一個十年，這十年內中國社會經由戰亂進入穩定時期，在上海等東南沿海城市，資本主義工商業、金融業發展很快，各方面都達到舊中國的最高水準，1920～1936 年爲中國資本主義增長最快的時期，工礦業產值上陞到 35%，而近代大工業已占 58%。〔註 5〕不論是出版於民國時期的經濟學著作，還是新中國成立後出版的部分經濟學論著，幾乎認爲這個十年是黃金時期。無疑，經濟史料的大量資料記載著全面而客觀的社會經濟事實。但是，現代左翼小說的經濟題材作品，是否清晰、準確地呈現出了具有這樣歷史縱深與寬廣度的歷史畫面？帶著這一問

〔註 3〕 見陳明遠：《文化人的經濟生活》，文匯出版社，2005 年。

〔註 4〕 參閱虞寶棠：《國民政府與民國經濟》，華東師範大學出版社，1998 年。

〔註 5〕 石柏林：《淒風苦雨中的民國經濟》，河南人民出版社，1993 年，第 261 頁。

題，讓我們走進現代小翼小說的經濟敘事中去吧！

## 二

現代左翼小說基本上是左聯作家在上個世紀三十年代的作品。成立於一九三零年的「左翼作家聯盟」並不是一個純文學流派，而是一個文學與政治兼有的社團。這樣，左翼作家的經濟敘事（主要在其經濟類題材作品中）也就不可避免地帶有「文學與政治兼有」的特殊性質。總的來說，左翼小說家在經濟類題材領域成就較大者，有茅盾、丁玲、葉紫、沙汀、艾蕪等作家，此外受此影響的非左翼作家如吳組緗等人，也取得了優異的成績。他們主要關注農村與城鎮兩個領域，集中於有形與無形破產這一核心話題，在經濟敘事模式的探索中，則建構出了由「盛」到「衰」的內在結構和「豐收成災」的母題模式。地域分佈上則與工農革命隊伍所創建的南方根據地相依存，主要以南方的江浙、湖南、四川、雲南、安徽等地域爲主，寫出了各自熟悉的生活與人物。這一地域恰好是南方革命最爲劇烈之地，城鄉經濟普遍破產、衰退也在這一地域最爲常見，同時也是執政的國民黨多方圍剿、頗爲擔憂的地區。時代的氛圍促使弱者處於爭取生存但並不對稱的環境下，比如無路可走的農民，在破產、衰落到極點之後便只留下極端化的反抗這一條道路了，以流血暴力爲手段的農民抗租、工人罷工、兵匪不分便是自然而然的正義之舉。這種時代的經濟敘述在傾向性、地域性上有跡可尋，帶有鮮明的個性特徵。

眾所周知，茅盾是左翼作家的主將，在三十年代尤其熱衷於對社會作經濟細胞式的剖析。他師法歐洲現實主義作家，對金錢、資本、勞動、行業細緻調查，在小說中處處顯示出對經濟母題的獨特思考。譬如以債務關係爲基本結構，展現經濟破產在各階層引發的恐慌（《多角關係》），以蠶繭滯銷爲主線，描述蠶農豐收成災的慘象（《春蠶》，通過小鎮上精明商戶店鋪的倒閉來側寫商業的凋弊（《林家鋪子》）。除此之外，他還有相當多的小說以民族資本家的企業經營爲對象，涉及到社會的各種階層變動與人物命運。這裡仍然以茅盾的《子夜》爲例略作分析。小說以當時東亞最爲繁榮的大都市上海爲典型環境，緊緊抓住 20 年代末世界經濟危機在國內不斷蔓延、擴散這一背景，在經濟敘事大層面描述了外國商品大規模傾銷到中國而導致民族工商業崩潰的後果，講述了民族資本家吳蓀甫等與有外資撐腰的買辦金融資本家趙伯韜鬥法的波瀾起伏的故事，最後吳蓀甫等人在公債市場上背水一戰以至於破產跑路。茅盾以「社會——經濟」爲框架，主要採取經濟橫截面進行分析，經濟觸角延伸廣，社會經濟構成是多方面的，各種行業如民族工業中的紡織、絲綢、運輸、製造，或商業的交易、公債、股票，都各得其所地有所展開。具體到民族資本家內部，他們既面臨著內部不同行業的呑併與蠶食，還面臨著因軍閥混戰而引起的生產、流通與消費的矛盾，面臨著實業資本與投機資本的生死博弈。各種經濟結構、力量錯綜複雜、此消彼長，帶有動態性，這樣經濟橫截面就鋪得很寬，很深。其次，小說的經濟敘事與人物性格發展是結合著的，刻畫出了處於經濟結構核心位置的各行各業從業人員的心理、靈魂。爲了追求金錢、瓜分利益，各個階層的人物都被調動起來，擁擠在一個逼仄的生存空間裏。經濟因素的強弱，與各自關係的遠近，許多人物告別了扁平狀態。居於金字塔頂的吳蓀甫等資本家，坐著當時最爲先進的進口轎車，配備私人醫生、保鏢，表面來看是風光得意，但內心深處卻因爲置身於幾條戰線的火力交叉點上而變動不居。亢奮之餘是焦躁，剛毅之中有不安。處於底層的工人，是工廠主轉嫁危機後的最大承擔者，她們爲了尋求最起碼的生存需要而採取罷工訴求時，既要受到巡警的彈壓，又要受到像屠維岳這樣工頭的冷酷對待，還要受到分化後工人的猜疑和打擊。總之，以人物的活動來呈現當時社會史實與經濟細節，《子夜》貢獻甚大。有學者認爲《子夜》在文學水準、主題先行、藝術與現實的眞實性上存在缺失，讀起來就像是一份高級形式的社會文件。〔註6〕不過得補充一句，是一份不無偏至的社會、經濟史料。

與茅盾相比，以長篇小說形式涉及經濟題材的並不太多，左聯作家王餘杞倒是一般現代文學史上所忽略的作家，對其稍後出版的長篇小說《自流井》不妨詳加論述。從經濟敘事的角度來打量，王餘杞以鹽都、鹽業爲題材的這一小說頗具特色。小說在抗日戰爭全面爆發之前連載於南京《中心評論》，有一段記載是這樣介紹的：「自流井，這是四川產鹽的一個地方，作者的主意，是描寫在自流井的一個封建式的家庭，如何爲現社會所不容，而終走到崩潰的道路。關於自流井開井，熬鹽，生產，銷費等情形，作者亦打算在這裡介紹出來。這是一種新的寫法」。〔註7〕王餘杞出生於顯赫一時的鹽業世家——

〔註6〕藍棣之：《一份高級形式的社會文件——重評〈子夜〉》，《上海文論》1989年第3期。

〔註7〕開慶：《編輯後記》，《中心評論》創刊號，1936年1月21日。

「王三畏堂」，他以自傳體形式切實寫出了家族壟斷鹽業世家由盛到衰的巨變，不無現實針砭性。與《子夜》相比，小說《自流井》有不少異同之處，比如也是寫民族大資本家，結局處理也是以破產告終，也寫到了帝國主義的擠壓與外資的侵襲，以及勞資的矛盾與糾紛，等等。小說《自流井》中敘述時間將近十年，但主要集中於 1925 年冬季到第二年冬天，容納了整個家族最激烈、最慘酷的各種矛盾與鬥爭。譬如在鹽務「產」、「運」、「銷」這一整體性環節中，鹽業世家到後來只控制了「產」這一環節；鉅額債務纏身，食鹽市場因地方政府搶奪而逐年萎縮；搶奪自流井鹽稅的川北軍閥連年混戰，鹽捐十分繁重。更致命的是，家族當權者們一方面不事經營只顧私利，一方面勾結債團，出賣企業利益。在內憂外患之際，家族中的維新派和當權者展開了針鋒相對、你死我活的鬥爭。譬如以王氏私立樹人中學堂校長迪三爺爲首的維新派一方，有學八公、作七公、思二公、椿大叔、野三哥；以公堂總理如四公爲首的當權者一方，有素二公、文二大人、木腦殼（漁老大）、大和尚、叫雞五等。相比於既得利益者們的「聯盟」：譬如當權的賣家奴們，虎視眈眈的債團，尾大不掉的外聘「丘二」（即掌櫃們），想重振家業的維新派力量太單薄了。「挾債團以自重」的當權者如四公們，既勾結家族中的其餘當權者，又用金錢收買維新派中的動搖分子，甚至暗中勾結官府陷害家族中的維新黨，正直、能幹而又勢單力孤的迪三爺最後落入「吃官司」的陷阱中弄得家破人亡，落井下石者中竟包括迪三爺的親哥文二大人。風雨飄搖中的鹽業世家，經濟崩潰是它不可避免的結局，正如幼宜麼母舅李麼公勸阻迪三爺時所譬比的，即把第一代辛苦起家的人比做牛，第二代坐著享福的人比做豬，第三代連吃帶扒的比做雞。連吃帶扒的「雞」太多，把整個窩都給搗亂得無法收拾。擴大開來，在不少行業虧損倒閉，不少企業破產崩塌的中國社會，這樣的案例難道還少見嗎？這樣的原由難道不具有普遍性嗎？

在茅盾影響下，在三十年代集中寫農村破產、豐收成災的短篇小說倒是數以十計。出身湖南益陽、遭遇家庭變故而帶著滿身血債的葉紫，不論是《豐收》、《火》，還是《星》、《山村一夜》，都以湘北爲地域，寫出了大革命時期的農民運動和當時農村血腥對峙著的階級鬥爭之面貌；湖南農村階級鬥爭是葉紫創作的中心題材，也是他短暫一生創作的鮮明特徵。在其大受歡迎的《豐收》中，雲普叔一家爲了熬過洪澇旱災而不得不出賣女兒；因爲穀價從六元一石跌到一元二（不過根據當時經濟情況，似乎沒有跌得這樣厲害——筆者

注），雲普叔一家拼著性命得到的一百五十擔穀子，卻被地主、委員老爺們不等價地全部挑走，最終還欠捐款三石多穀子。在這樣的經濟敘事框架下，親人離散、賣兒鬻女、果不裹腹實乃不可避免。來自四川安縣的沙汀，其小說主要圈定在四川西北的小城市和場鎮，自《航線》開始，一直到《丁跛公》、《兇手》、《在祠堂裏》、《代理縣長》、《獸道》等作品，隨處可見地方軍閥專制黑暗統治之眾生相：譬如圍繞鄉約的兌獎券而瘋狂，地方軍閥基層官吏敲骨吸髓的貪婪，農村和小城鎮婦女在兵匪過後的肉體與精神之痛，底層民眾的赤貧與麻木。諸如此類，作者拿著放大鏡描寫出了社會一角的醜惡與不幸。從大西南邊境流浪幾乎有性命之虞的艾蕪，三十年代置身於上海的亭子間，也有此類優秀的短篇小說問世。此外，還有丁玲以洪災爲題材的《水》，夏徵龍的《禾場上》等作品均較爲典型。聯繫其他左翼作家的作品來看，也是從不同角度寫出類似母題的，如馮鏗的《販賣嬰兒的婦人》中的主人公李細妹，想要自己吃上飯便不得不拋棄嬰兒，而且販賣時還被包探與巡捕當作人販子拖走入獄。周文的《雪地》則寫出了一群從西康歸來的兵士致殘致病的悲慘一幕。

經濟問題牽連甚廣，無處不在，左翼小說家之外的作家也會不同程度地涉及到，但差異之處較爲明顯。並不是左翼小說家的吳組緗，一般被納入社會剖析派小說的核心陣營。來自安徽涇縣的吳組緗，其短篇小說《天下太平》、《一千八百擔》、《樊家鋪》等較爲人知，其中寫出了處於破落與凋敝過程中的農村生活。後來在文學史中劃歸爲進步作家的巴金，其長篇小說《家》講述了高家崩潰的故事，但並不是經濟的崩潰在支配敘事。鄉士小說家臺靜農的小說以「市上」爲環境，泄露出故鄉安徽小鄉鎮的商業氣息，其後期的幾篇鄉土小說則逐漸過渡到農村經濟領域，暗伏著地主與農民兩個階級的對立，讓人隱約聞到革命暴力的血腥味，但可惜沒有後續性而成爲淡淡的絕響。在大量類似的作品中，經濟因素是枝節性的，作爲一種敘事元素，它僅僅承擔了某種裝飾功能，對揭示嚴峻的社會現實、推動故事情節發展以及參與人物形象塑造等方面上意義都不太大。

與上述左翼小說家或者左翼周邊作家、進步作家等不同的是，化經濟因素爲人性描寫的催化劑，往往還是 30 年代海派小說與京派小說的雜色。沈從文筆下的《邊城》，寫老船夫在渡口不要過船客作爲酬謝的銅元，一旦逢年節裏在城裡跟熟人讓酒，以及老船夫到城裡去買肉時相識屠夫們的大方、豪爽，藉以襯托邊城百姓彼此的淳樸；特寫王寨主陪嫁女兒的大錢七百弔的新碾房，以示天保、儺送兄弟的愛情在物欲面前的嚴峻考驗。沈氏的《丈夫》一文也較爲突出，小說涉及到湘西農村婦女至船上做娼妓時的因素，原先只是側重於地方風俗，小說於 1957 年收入《沈從文小說選集》時進行了修改，把盛產小城娼妓的原因改爲政府徭役太重，是逼良爲娼；同時對當時政府、軍隊也進行了抹黑。通過這一作品在 30 年代與 50 年代不同版本的比較，可以看出作家經濟敘事的變動。另外，在心理分析小說家施蟄存的《春陽》中，抱著牌位做親的嬋阿姨，得到了財富卻沒有擁抱幸福，其豐裕的經濟只是她日常生活的一處點綴，沒有左右人性的突變。

「『經濟破產』作爲敘事來源，產生了破產小說，決定了它的獨特的敘事方式。這類小說描繪了 30 年代全幅性的破產影像，對人生進行了徹底的經濟關懷。」〔註 8〕這段引文中用「全幅性」、「徹底」等詞語來判斷 30 年代左翼小說中的經濟類題材作品，並不十分妥貼。問題是這種「經濟破產」、「經濟關懷」並沒有立足於眞實的社會現實，並沒有「全幅性」地反映整個社會經濟狀況。現代左翼小說的經濟敘事，既有地域範圍的局限，也有不同行業、歷史時間段落上的局限。譬如，茅盾以一個左翼作家的身份，雖然做了一些經濟與社會調查，但也不是我們想像民國經濟的客觀藍本，無論是《林家鋪子》，還是《子夜》，都無法承載整個民族工商業的歷史，不論其結局是興盛與衰退，還是成功與失敗。茅盾小說的經濟敘事，還包含著矛盾、對立的人爲因素，需要仔細甄別加以對待。譬如《子夜》敘述一個民族資本家敗於金融買辦資本家的故事，本身實際是一次偶然，主要偶然因素包括吳蓀甫的姐夫杜竹齋臨陣變卦，導致這場冒險出現意想不到的結果。假如相反，在小說結尾部分，吳蓀甫在股市中得到金融家杜竹齋自始至終的經濟支撐，吳蓀甫們肯定會成功，但其成功是否說明民族資本的興盛，是否可以證明中國可以自信地走上資本主義的康莊大道麼？不要忘記在《子夜》中，吳蓀甫、孫吉人、王和甫等民族資本家，基本上是以正面形象出現，譬如留過洋、懂企業管理；有魄力、精力旺盛；官商關係也處理得比較好……同樣是王餘杞的《自流井》，一個家族企業財團強盛一百餘年，最終卻面臨困局，很大意義上揭示的卻是中國這類企業耗於內鬥的宿命。

〔註 8〕 金宏宇：《「經濟破產」作爲敘事來源》，《中國現代文學研究叢刊》1998 年第 2 期。

## 三

綜上所述，現代左翼小說經濟敘事與事實上的社會經濟情況並不具有同一性，而是在小說這一文體中貫穿了「偏至」的要素，導致文學的經濟敘事與社會經濟事實之間的錯位。那麼，到底又是什麼原因造成這一結果的呢？

第一，這自然是黨派政治及其意識形態相互鬥爭的結果，在整個原因中佔有很重要的地位。眾所周知，左聯是文學與政治兼有的社團，這裡所謂的「政治」指的應是中國共產黨的政治。左聯受中國共產黨領導，左聯文學與文化則是共產黨在意識形態領導下的文化戰爭。三十年代中國共產黨不斷發展壯大、爭取民眾支持，以及主張並採用武裝鬥爭，使階級鬥爭合法化，都需要在現實生存中審時度勢，抓住各種有利於自己的契機。如果說執政黨是在社會不和諧中努力製造和諧的話，那麼在野的黨派則是在社會和諧中發現不和諧，在不和諧中發現更多的矛盾，這是政黨鬥爭中的策略與天然邏輯。在中國共產黨的領導和左聯的旗幟下，左翼作家繼承「五四」文學革命的硬的傳統，創導一種嶄新的紅色的革命文學。左聯決議曾要求作家注意中國現實生活中廣大的題材，譬如政府當局與軍隊的反動本性，地主階級對農民的剝削壓榨、民族資產階級的艱難與沒落，民族工商業的蕭條與凋弊，無業或失業群體的抗爭與出路等等。在現實與敘述之間，在偏至與全面之間，左翼作家往往有自己的選擇性與傾向性。豐收成災、暴力抗租，以及在大革命土地革命戰爭影響下新一代青年農民的反抗與成長，不約而同地密集聚集著左翼作家們灼熱的目光。同時左翼作家也集中寫出了小城鎮的市民、手工業者、商人群體等形形色色人群每況愈下的生活。經濟作爲一種敘事的母題，它使現實主義的小說進一步紮根於這片血腥的土地，成爲最爲集中的社會問題的爆發點。小說的經濟敘事一旦到達這一層面，以工人農民爲主的廣大民眾普遍暴動的情節描寫，民眾暴動具有合法性便水到渠成。這樣小說的戰鬥性已不言而喻，它像火星一樣，尋找著遍地皆是的火藥桶。毛澤東在 1930 年預見革命高潮會出現的依據是當時國內外錯綜的矛盾衝突，包括賦稅的層層轉移和經濟破產的普遍，「伴隨著帝國主義的商品侵略、中國商業資本的剝蝕和政府的賦稅加重等項情況，便使地主階級和農民的矛盾更加深刻化，即地租和高利貸的剝削更加重了，農民則更加仇恨地主。因爲外貨的壓迫、廣大工農群眾購買力的枯竭和政府賦稅的加重，使得國貨商人和獨立生產者日益走上破產的道路。……只要看一看許多地方工人罷工、農民暴動、士兵嘩變、學生罷課的發展，就知道這個『星星之火』，距『燎原』的時期，毫無疑義地是不遠了。」〔註 9〕從文學到政治，也就一步之遙。革命文學興起之時，李初梨在《怎樣地建設革命文學？》一文中就強調「一切的文學，都是宣傳」。站在這一角度，我們也就不難理解爲什麼瞿秋白會與茅盾商討《子夜》的創作與修改，以及《子夜》出版後瞿秋白等人及時而高調的鼓勵與肯定了。〔註 10〕

第二，這與馬克思主義文藝理論的傳入，以及依附於馬克思主義之上的意識形態批評走紅相關。自 20 世紀初葉始，整個三十年代相關馬列著述思想的翻譯與傳播、發展和壯大，成爲顯著的普遍存在。這一時期與京派、海派相鼎立的「左翼」文學，特別是左翼小說，以現實主義方法相號召，長於關注經濟母題，進而在貧富分化、階級對立乃至革命暴動之間尋找社會革命的切實依據。從內容與主題而論，與其說是社會剖析小說，不如說是社會控訴或揭露黑暗小說。有目的性地揭露社會的腐朽與黑暗，經濟的蕭條與破敗，民生的凋弊與困頓，幾乎都是現代左翼小說興起與發展離不開的要素。正如馮雪峰讀到丁玲以洪災爲題材的《水》之後，就斷言其爲新的小說，他說：「新的小說家，是一個能夠正確地理解階級鬥爭，站在工農大眾的利益上，特別是看到工農勞苦大眾的力量及其出路，具有唯物辯證法的方法的作家！這樣的作家所寫的小說，才算是新的小說。」〔註 11〕這一「新的小說」——左翼小說——確實爲現代小說的發展提供了新質，譬如同情災民暴動的情感立場，鮮明堅定的政治傾向，力透紙背的經濟掃描。通過獨特的經濟敘事，建構現代左翼小說的偏至之力與美，是不容忽視的事實。無疑，其獨特的內容與觀察特定地域社會的方法，以及筆端常帶情感的經濟筆墨，也特別讓後來者興奮而沉思。

第三，採取偏至的經濟敘事，需要文學場域的營造，而當時以茅盾爲首的左翼小說家，正好形成了這樣的一個圈子。經濟類題材的集中書寫，是一種層層影響下的產物，譬如吳組緗、沙汀等若干作家都受到茅盾的影響，幾位作家之間，常有書信聯繫，討論此類創作問題，有時還相互評論對方的作

〔註 9〕毛澤東：《星星之火，可以燎原》，《毛澤東選集》（第一卷），人民出版社，1991 年，第 101～102 頁。

〔註 10〕茅盾：《〈子夜〉寫作的前前後後》，《我走過的道路》（中），人民文學出版社，1984 年，109～118 頁。

〔註 11〕馮雪峰：《關於新的小說的誕生》，《北斗》第二卷第一期，1932 年 1 月 20 日。

品。除吳組緗評論《子夜》外，茅盾還評論過吳組緗的《西柳集》，評論過沙汀的《法律外的航線》等，共同探討、相互影響，形成一個群體的力量。1934 年魯迅、茅盾選編的短篇小說集《草鞋腳》，1936 年趙家璧、茅盾等遴選的《短篇佳作集》中，農村題材作品占三分之一以上，其中涉足農村經濟敘事的占多數。「沙汀、吳組緗、葉紫等的左翼小說，所具備的與茅盾類似的小說文體，都是用二元對立的因果關係來表現複雜的社會鬥爭的。作者和敘述者對作品的干預，主要不是靠情感因素的突入，而是將這種運用社會分析方法之後構成的故事模式，貌似客觀地托出來。它的主題清晰，戲劇性衝突集中撼人，運用細節刻畫人物雕鏤性強，但情節結構呈封閉型，中國讀者易於接受，一般作者易模倣，所以在左翼文學內部成爲主流的小說體式。」〔註 12〕這裡所說的「貌似客觀」、「情節結構呈封閉型」、「一般作者易模倣」等，都一語中的，符合左翼小說經濟敘事的特點，也說明了成爲一時之盛的部分原因。另外，這一群體不但在立場上同氣相求，而且在創作的發生上也有類似之物，我們可以以「還鄉敘事」來進行歸納。茅盾創作《春蠶》等作品，與他 1932 年上海「一二八」事變後重回故鄉烏鎮暫住這一段經歷是離不開的，他在故鄉耳聞目睹了熟悉鄰人或親戚的眞實故事，其中不乏悲劇。這一因緣既是茅盾創作農村經濟主題小說的生動素材，也是他啓動不同地域生存經驗去觀察社會、把握經濟脈動的切入口。〔註 13〕有趣的是，尋找到創作興奮點與自身特色的沙汀，也與他 1935 年回鄉奔母喪，眞實遭遇川北災區中的現實圖景相關；而《自流井》的創作則與王餘杞 1934 年的返鄉探親有密切關聯，正是這次回鄉，王餘杞重溫過去的鹽都生活記憶，輔之以這次回鄉搜集到的辦井燒竈等材料，再次離鄉回到天津便創作出了《自流井》。歸納這一創作發生的模式，我們大體可以推測在耳濡目染之中，左翼作家們大多先是有理論的指導，有創作的主題先行，然後才尋找到適合的素材進行加工創造。

總而言之，地處南方省份的左翼作家，在共產黨的領導下，重視革命文化戰線摧枯拉朽的破壞力量，力求從文化戰線上對統治當局起到瓦解、崩潰

〔註 12〕錢理群等：《中國現代文學三十年》（修訂本），北京大學出版社，1998 年，第 307 頁。

〔註 13〕茅盾：《〈春蠶〉、〈林家鋪子〉及農村題材的作品》，《我走過的道路》（中），人民文學出版社，1984 年，124～146 頁。

作用，破壞統治當局的經濟作爲與形象，是可以想像的。以左翼小說爲武器，爲社會革命、民眾暴動尋找合法性，便包括從經濟敘事角度來予以有力支撐。現代左翼小說以偏至之力與美，鼓吹出了一個時代的最強音。

【作者簡介】

顏同林（1975～），男，湖南省漣源市人，貴州師範大學文學院，教授、文學博士，主要從事中國現當代文學，中國詩歌理論研究。

# 陸、臺靜農鄉土小說的經濟敘事

彭冠龍

## 摘　要

臺靜農故鄉崇尚經商的文化氛圍，以及他自身的商人家庭背景，使他的鄉土小說以經濟敘事見長。經濟敘事最初表現在小說典型環境塑造上，在小說「看與被看」的模式下，呈現出劇本化傾向，進而深刻剖析了鄉土社會中人性的麻木，顯示了魯迅對臺靜農早期小說創作的影響。隨著臺靜農思想上傾向革命，其鄉土小說開始關注社會經濟問題，經濟敘事成爲小說的關注焦點，其鄉土小說階級對立感漸強，並逐漸由鄉土小說向革命小說過渡，這顯現了臺靜農後期鄉土小說與魯迅小說的不同之處。

關鍵字：臺靜農，鄉土小說，經濟敘事

魯迅在《中國新文學大系・小說二集》中最 早提出「鄉土小說」的概念，並將其定義為回憶故鄉、抒寫鄉愁的小說。〔註1〕這一觀點深深地影響著臺靜農的小說創作。臺靜農謹遵魯迅的教導：「從熟悉的生活中選材」，他的作品都反映了故鄉的風土人情和社會狀況，把「耳邊所聽到的、目中所看見的」「人間的辛酸和悽楚」用心血細細寫出。〔註2〕

臺靜農的故鄉是安徽省霍邱縣葉家集，這裡作為安徽霍邱、金寨和河南固始兩省三縣交界地，物產豐富、交通便利，民國時一直是木、竹、麻編製器皿等商品的集散地。《霍邱縣志》中對該地經濟狀況的記述是：「邑中舟車之集，商賈所湊，以葉家集為最。」臺靜農的家庭以經商為業，其祖父「以自己的刻苦勤奮，經營雜貨，逐步興盛，終建立起家室」〔註3〕。臺靜農出生時，其家庭已是當地的大戶人家之一，在鎮南邊開有裕大商店。

出生於這樣一個貿易比較發達的故鄉，生活在這樣一個富裕的商人家庭，臺靜農從小就受到商品經濟的熏陶。在臺靜農回憶故鄉、書寫鄉愁時，這種商業環境影響到臺靜農的鄉土小說創作，在他的鄉土小說中有鮮明投射，為這些作品提供了一個獨特的經濟視角，同時，各種經濟現象構成這些小說的有機組成部分，是一種重要的敘事元素，這就形成了臺靜農鄉土小說中的經濟敘事。

這種經濟敘事首先表現在小說的典型環境塑造上，其次表現在小說所關注的中心問題上。如果按寫作時間的先後順序列一個表，會發現臺靜農的 12 篇鄉土小說中，前 6 篇《天二哥》《吳老爹》《紅燈》《新墳》《燭焰》《拜堂》的經濟敘事除《吳老爹》外都表現在小說的典型環境塑造上，後 6 篇《為彼祈求》《蚯蚓們》《負傷者》《人彘》《被饑餓燃燒的人們》《井》的經濟敘事除《負傷者》外都表現在小說所關注的中心問題上。如果按發表時間的先後順序再列一個表，會發現其他作品先後順序不變，唯獨《吳老爹》這篇小說的位置變動很大，寫作時間排第 2 位，而發表時間排第 6，結合寫作時間順序表，會看到一個有趣的現象：《吳老爹》之前發表的 5 篇作品的經濟敘事都表現在小說的典型環境塑造上，《吳老爹》之後發表的 6 篇作品的經濟敘事，除《負傷者》外都表現在小說所關注的中心問題上，《吳老爹》的經濟敘事既表現在

〔註1〕魯迅：《中國新文學大系・小說二集・導言》（影印本），上海文藝出版社，2003年，第 9 頁。

〔註2〕臺靜農：《〈地之子〉後記》，《臺靜農代表作・建塔者》，華夏出版社，2009年，第 223 頁。

〔註3〕嚴恩圖：《臺靜農傳略》，《安慶師範學院學報》，1985 年 3 期。

小說的典型環境塑造上，又表現在小說所關注的中心問題上，似乎暗示了某種過渡。結合作品內容和史料，我們可以發現這種過渡的內涵實際上反映了臺靜農創作思想的轉變。

研究者歷來喜歡把臺靜農小說與魯迅小說放在一起比較，一致強調二者作品的相似性質，但從經濟敘事的角度來看，臺靜農創作思想轉變前，其鄉土小說與魯迅小說極爲相似，而創作思想轉變後，二者作品的內涵出現了本質的不同。

## 一

「市上」，作爲一個十分典型的經濟環境，在臺靜農最初創作的6篇小說中全部出現過，可以說，這6篇作品所講述的故事要麼全部發生在「市上」，要麼與「市上」緊密相關。這樣一個經濟環境的塑造成爲臺靜農鄉土小說的一種典型經濟敘事，使小說在「看與被看」的模式下，呈現出劇本化傾向，深刻剖析了鄉土社會中人性的麻木，顯示了魯迅對臺靜農小說創作的巨大影響。

### （一）「看與被看」模式

臺靜農鄉土小說體現出了明顯的「看與被看」模式。天二哥與小柿子打架時，周圍人都在一邊旁觀，「他們都想叫小柿子狠狠地吃一頓打」，直到天二哥跌倒在地，才有人出來勸架，但當天二哥再度去打小柿子時，大家又開始旁觀；瘋了的四太太在眾人中出現時，沒人眞的同情她的悲慘命運，而是調侃她、戲弄她，圍觀她那瘋傻的表演，後來四太太被燒死，市上的人也只是去圍觀灰燼裏那一個小小的黑團；用來沖喜的翠兒剛一過門，丈夫就死了，年紀輕輕成了寡婦，這一不幸遭遇也只是引來了無數人的圍觀，這些圍觀者的心情雖然「不是那樣的愉快」，但也「好像上元節看花燈似的」。

「看與被看」模式的實現，是通過「市上」這一經濟環境的塑造實現的。「市」自古是一個商業貿易場所，在這種地方，人員密集，彙聚著社會上的三教九流、五行八作，每天都發生著各種各樣的事情。在臺靜農筆下的「市上」，有地痞無賴天二哥，有說書人吳六先生，有瘋了的四太太，有茶館裏拎茶壺的李大，有天寶號的東家王華亭，有雜貨店的吳家二掌櫃，有做小買賣的小柿子、王三、吳老爹，還有一群閒人爛腿老五、油鬍子、汪老光和蕭二混子等等。這就爲「看與被看」模式的實現提供了基礎。首先是人流密集，有充足的看客和被看者，其次是這裡的人的身份使之很容易變爲看客和被看者。他們各自的身份決定了他們可以百無聊賴，可以多管閒事，可以相互廝打，可以欺負弱小。百無聊賴、多管閒事，就會變成看客；相互廝打、欺負弱小，就會變成被看者。同時，這裡沒有抱打不平的好漢，「看與被看」的模式順理成章的形成了。

從這裡可以發現，看客與被看者的身份雖然各異，但這些身份的本質沒有區別。這些人都不是王侯將相，都不是達官顯貴，都不是英雄好漢，他們之中最強橫的天二哥還要心甘情願地被縣大老爺和蔣大老爺毒打。他們都是社會最底層的人，代表當時中國社會中最多數的人。作品中的這些人，遇見悲慘之人卻只知道戲弄調侃，遇見不平之事卻只知道旁觀熱鬧，對別人只有冷漠，對不幸只有好奇。由此，當時中國社會中最普遍的思想麻木被清晰地呈現出來。這讓我們看到了魯迅小說的影子。

### （二）劇本化傾向

「市上」這一經濟環境，使「看與被看」模式順利實現。受這種模式的影響，同時也由於「市上」經濟環境的直接影響，臺靜農鄉土小說呈現出了劇本化傾向。「看與被看」模式下，小說所敘述的主要內容是看客眼中的被看者的行爲，看客眼中看到了什麼，作品就要表現什麼，看客看見了多少行爲，作品就要表現多少行爲。於是，故事時間與敘事時間實現了相等，作品中的這些內容就成了一個一個的場景〔註4〕，這與劇本的寫法相似。

《天二哥》中，天二哥和小柿子打架這一部分的篇幅佔了全文的一半，幾乎每個細微動作都被描寫出來。「天二哥站起身子，舉了拳頭對著小柿子打來，但一躲開，拳頭落了空；小柿子轉過身子反在天二哥脊梁蓋捶了兩拳」；「天二哥用一隻猛力的腳，將他的花生筐踢翻，銅錢滾了遍地」。《新墳》中，對四太太瘋傻表演的細緻描寫佔了全文的三分之二篇幅。從四太太出場到四太太退場，她說的每句話都沒有省略，看客們對她的戲弄也詳細呈現出來。另外，這裡還有外貌描寫：「手拿著一個細竹竿；穿了一件舊藍布褂，滿身是泥土和鼻涕，頭髮如銀絲般的蓬亂在頭上；滿臉都是皺紋」；還有動作描寫：「她左手拿起那小竹竿，右手一節一節地指著對人說」。《燭焰》中對吳家少爺出殯場面的描寫，《拜堂》中對汪二買東西場面的描寫，等等，無不在「看與被看」模式下呈現出劇本化的傾向。

---

〔註4〕 熱奈特：《敘事話語 新敘事話語》，中國社會科學出版社，1990年，第60頁。

這一傾向淡化了時間感，故事時間與敘事時間相等，就沒有必要再提示任何時間。同時，這一傾向還強化了空間感。對場景的大篇幅展現，使讀者如同置身於「市上」，也成爲一個看客。

「市上」這一經濟環境也直接影響著劇本化傾向的實現。上文已經說明，「市上」的人形形色色，而且十分密集，在這種地方每個人都要表達自己的想法，呈現在文本中，就形成了各種各樣的閒言碎語。正是這些閒言碎語推動了故事情節的發展。

《新墳》中周圍閒人戲弄四太太的語言，表面看來沒有意義，只是一些閒人取樂的話，但聯繫上下文可以發現，如果沒有這些閒言碎語，四太太將會一直重複勸酒的瘋話。經過旁人「故意地打趣」，四太太逐漸把自己的悲慘遭遇用一種喜慶的方式說了出來，最後通過汪老光和蕭二混子的閒話說明了四太太的不幸，使情節得以繼續發展。《燭焰》中路人旁觀吳家少爺出殯時說的話也是人們閒聊的內容，但在這閒聊中卻交代了故事的背景：「姑娘是這樣的漂亮，婆家和媽家，又有錢又有勢」，「吳家少爺一病就去世」，「沖喜也無用」。通過這些閒言碎語，把出殯的場景合情合理的寫出來，另外，在這裡交代的這些的背景，使翠兒被用來沖喜的不幸經歷得以順理成章的展開。《天二哥》中邊打架邊罵的那些話，《拜堂》中買東西時的對話，《紅燈》中大家對得銀娘的議論，無不起著推動情節發展的作用。以人物語言推動情節發展，是劇本最顯著的特徵。

劇本化傾向並沒有減弱小說的表現力，沒有讓小說的內容平面化。相反，這種處理方式把一個鏡頭集中凸顯出來，略去邊邊角角的糾纏，從繁蕪叢雜的社會世象中提取出一個單純簡單的故事，我們只能看到一個固定空間中人物的悲歡，這個空間就像一個舞臺，時間被定格了，這就加強了對小說關注中心——人們的思想麻木——的表現力度。

## 二

通過以上分析可以發現，臺靜農最初創作的幾篇鄉土小說的關注點，在於鄉土社會中底層人民的精神問題，這些作品都力圖揭露人們的精神麻木，作品中的經濟敘事只是一種寫作手法。這顯然與魯迅的影響分不開。

從二人平時交往情況來看，「臺靜農得到魯迅多方面的支持、關懷和幫助，他則以魯迅爲師，尊重、敬仰魯迅，虛心接受魯迅的教誨」，「據魯迅日記不完全的記載，自一九二五年四月二十七日，至一九三六年十月十六日，在十一年半的時間裡，臺靜農曾拜訪魯迅三十九次，致信七十四封，贈書十餘種；魯迅訪臺靜農九次，致信六十九封，贈書二十餘種。現在保存下來的魯迅致臺靜農的信，尚存四十三封」。〔註 5〕

根據臺靜農與魯迅在生活中如此密切的關係，我們可以推想：「在二十年代的鄉土小說作家中，受魯迅影響最大的也許就是臺靜農。」〔註 6〕「魯迅以其思想和創作深深地影響了這位文學青年。」〔註 7〕從二人作品的對比中，確實可以看出這種影響之大，單從經濟敘事的角度來看，臺靜農最初幾篇鄉土小說已經分析過，不再贅述，魯迅的 33 篇白話小說中，有 20 篇明確寫到了經濟問題，其中又有 8 篇當中占的篇幅比較大，比如《阿 Q 正傳》、《端午節》、《白光》、《孔乙己》等等〔註 8〕，但魯迅小說中的經濟敘事也如臺靜農小說中的一樣，只是一種寫作手法，作品所要表現的主要是人們的思想問題，而魯迅的這些作品在創作時間和發表時間上都比臺靜農鄉土小說要早得多。

從臺靜農最初創作的這些作品中可以看出，雖然這時的魯迅「已經成爲站在時代的潮流前面屈指可數的思想家」，而臺靜農「是深深根植於民間的，卻尚未『超脫』出來」〔註 9〕，但臺靜農在盡力師法魯迅，其小說中透露著魯迅小說的神韻。

然而，從《吳老爹》這篇小說開始，臺靜農的鄉土小說創作出現變化。

在《吳老爹》中，經濟敘事既表現在典型環境塑造上，又表現在小說關注中心上。故事仍然發生在「市上」，在這一典型環境中展現著底層人民的精神問題，但是小說所關注的中心問題顯然多了一個——底層人民的經濟問題。作品通過展現少主人在不務正業中一步步走向破產，試圖探索底層人民爲什麼會經濟困難。作者在這篇小說中把這一經濟問題與精神問題相聯繫，認爲經濟問題根源於精神問題。臺靜農在這篇作品中還是要探索精神問題，但是，作品的主幹情節都是在反映經濟問題，這兩個問題糾纏在一起，就造成了主題曖昧。或許臺靜農自己也發現了這篇小說在主題上的曖昧不清，所

〔註 5〕 嚴恩圖：《魯迅與臺靜農》，《安徽師範大學學報》，1983 年 1 期。

〔註 6〕 董炳月：《臺靜農鄉土小說論》，《中國現代文學研究叢刊》，1994 年 2 期。

〔註 7〕 劉小華，徐鼎銘：《「拿赤血獻給中華民族」——記臺靜農先生》，《黨史縱覽》，2001 年 1 期。

〔註 8〕 壽永明，鄒賢堯：《經濟敘事與魯迅小說的文本建構》，《文學評論》2010 年 4 期。

〔註 9〕 張傑：《臺灣版〈臺靜農小說集〉漫談》，《齊齊哈爾師範學院學報》1983 年 4 期。

以遲遲不肯發表。而一年後，這篇作品面世，或許與臺靜農思想的轉變有關。我們可以先大體看一下臺靜農在 1927 年前後的經歷。

1924 年暑假回家，臺靜農親眼目睹了軍閥混戰給人民群眾帶來的災難，農田成了大帥的戰場，農民搶收棉花卻被亂彈擊中。1925 年 5 月，臺靜農積極支持女師大學潮，5 月 2 日發表《壓迫同性之卑劣手段》一文，揭露楊蔭榆的一系列卑劣鎮壓手段。「五卅」慘案的消息傳到北京後，1925 年 6 月 3 日，臺靜農參加了北京的示威遊行，聲援上海人民的反帝鬥爭。1928 年初，「未名社」印行了托洛斯基的《文學與革命》，在寄往濟南「未名社」書刊代銷處時被查獲，臺靜農、李霽野等被捕。1930 年秋，參加「北方左翼作家聯盟」，並成爲五個執行常委之一。

從以上經歷中可以看出，臺靜農在這段時間是逐漸傾向革命的。這必然影響了臺靜農的小說創作思想，他開始關注比較現實的問題——底層人民的經濟問題，由此，經濟敘事深入到了小說的關注中心。

## 三

從發表時間順序表上看，《吳老爹》之後的小說，除《負傷者》之外，其他 5 篇小說的經濟敘事全部表現在作品的關注中心上。「市上」這一經濟環境突然消失，對底層人民精神麻木的剖析也完全不見，於是，《吳老爹》中存在的主題曖昧現象沒有再出現過，這些作品主題明確的指向了底層人民的經濟問題。經過這些變化後，臺靜農的鄉土小說顯現了與魯迅小說不同的風貌。

### （一）擺脫了市鎮喧鬧，冷靜地將筆伸向社會生活的經濟領域

臺靜農後期發表的鄉土小說所講述的故事都遠離「市上」。《爲彼祈求》的故事發生在柳村，這是一個偏僻得幾乎與世隔絕的地方；《蚯蚓們》的故事發生在遇到荒年的霓虹縣稻草灣；《人彘》的故事發生在學校操場旁的桃林裏；《被饑餓燃燒的人們》和《井》的故事發生地不明確，但從故事內容來看，也都是發生在鄉下。這些地方不再有密集的人流，不會有各色人等的閒言碎語，這就擺脫了市鎮的喧鬧，作品的氛圍冷靜下來，作者開始冷靜地觀察窮苦農民，在窮苦的環境中分析農民的窮苦。

《爲彼祈求》中，陳四哥自小成爲孤兒，「獨自沿門討飯，饑寒交迫地過了十二歲」，後來給地主放牛，依然食不果腹，中年時終於有了些積蓄，也有

了媳婦，但好景不長，一場水災又讓他身無分文、開始流浪。如果說《爲彼祈求》中把農民貧困的原因歸結爲天災，那麼，《蚯蚓們》中則加入了大量人禍的成分。《蚯蚓們》反映了賣妻現象。李小是個老實的農民，像蚯蚓一般每日默默地在泥土裏耕耘，在這荒年裏，跑到他的主人那裡去討借貸，但是被主人罵了回來；在實在沒有飯吃的情況下，他只得把自己的妻子賣掉。

《爲彼祈求》和《蚯蚓們》可以視爲臺靜農對農民窮苦原因的分析。《人彘》和《被饑餓燃燒的人們》則可以視爲對窮苦的後果的分析。《人彘》中記述了一個窮人被殺的命運，這個窮人只因「去年天旱欠了三斗課稻，今年又被水淹了一下，秋收以後，不僅去年的不能還，就是今年的還要欠」，就惹惱了地主吳大老爺，總終落得個被刺刀扎死的結果。《被饑餓燃燒的人們》中描寫了一個名字叫做「老柯」的窮人，這個人「年少時忍饑挨餓，中年時忍饑挨餓」，到了老年，「竟瞎了眼，仍叫他忍饑挨餓」，這樣的生活逼得這個人幹起了偷盜的勾當，如果不是主人心善，一再原諒他，那麼他的結果或許也會很慘。

最後一篇鄉土小說《井》探索了窮苦農民一代一代不斷承襲的悲慘命運。小說用了一種近似「循環論」的寫作方法，父親勞苦一生，最終爲了地主花園裏的一口井，放棄耕田，卻被壓死於井底；哥哥勞苦一生，最終因爲遇到天災，交不起租稞，被地主逼得上弔自殺；主人公「他」「終年牛馬般的勞碌，還不能坦然吃碗飽飯」。由此，作品的結尾寫出了窮苦農民擺脫窮苦境遇的出路——投身於無產階級革命中，去創造全人類的新生活。

從這五篇作品的經濟敘事來看，臺靜農對農民經濟問題的探索越來越深，從窮苦的原因，到窮苦所導致的後果，再到一代代農民不斷承襲的窮苦命運。在這步步深入的探索中，作者觸及到了社會生活的經濟領域，對農村鄉土社會中經濟問題的認識不斷深刻起來。這是臺靜農小說與魯迅小說最顯著的不同之處。

臺靜農清醒地看到，農民窮困不是因爲自身的懶惰，也不主要因爲天災，更多的是因爲人禍，是因爲地主對農民冷酷無情地壓榨和逼迫。在農村鄉土社會經濟環境中，農民始終是弱勢的一方，若想擺脫一代代反覆循環的弱勢地位和悲慘命運，必須起來反抗壓迫。由此，我們看到了臺靜農鄉土小說中的階級對立，凸現出自己的個性與風格。

**（二）階級對立感逐漸增強，顯示了鄉土小說向革命小說過度的趨勢**

臺靜農鄉土小說的經濟敘事深入到小說所關注的中心問題之後，使小說觸及到社會經濟的重要領域——農村經濟領域，由此，作者看到了地主對農民的壓迫，反映到文本中，就成爲作品裡的階級對立感。

這種階級對立感是逐漸增強的。《爲彼祈求》中雖然已經出現了地主對農民的壓迫——陳四哥十二歲時受主人的毆打，但作者並沒把這件事作爲陳四哥窮困的根源，作品中主要突出的是天災的無情。而到了《蚯蚓們》中，天災的無情已經被背景化處理了，作品開始出現一點階級對立感，但不強烈，既沒充分體現出地主的兇惡，又沒充分體現出農民生活的困難，只是流露出一股淡淡地憂傷。這兩方面在接下來的《人彘》和《被饑餓燃燒的人們》中分別被強化了。《人彘》中把地主的兇惡寫到極致，只因佃戶窮得兩年交不了租，就將佃戶紮死，草菅人命的本性畢露，同時，對佃戶死亡場面的陰冷描寫，更反襯出地主的兇惡和佃戶的可憐。《被饑餓燃燒的人們》中把農民生活的困難寫到極致，老柯「年少時忍饑挨餓，中年時忍饑挨餓」，到了老年，「竟瞎了眼，仍叫他忍饑挨餓」，他爲了生存不得不去偷糧食，從他每次只偷糧食這一舉動來看，老柯不是個想做小偷的人，其本性還是忠厚的，從他幾次磕頭、幾次哭泣中，可以感受到他偷糧食是被逼無奈的，不去偷或許就活不下去了。《人彘》和《被饑餓燃燒的人們》中的階級對立感已經十分明顯。

《井》這篇小說中的階級對立感達到了頂峰。不耕田的後果是沒有飯吃，但在地主的壓迫下，父親不得不放棄耕田，去給地主的花園挖井，不幸被壓死於井底，所換來的除了「白棺材，三斗米，兩串錢」之外，還有地主的咒罵。哥哥在荒年裡顆粒無收，無法交租，地主就要把他送到衙門裏，逼著他交租，最終哥哥被逼無奈，上弔自殺。在這篇小說裏，地主階級和農民階級的對立異常尖銳，於是，在小說結尾，作者指出了農民擺脫貧困的道路——投身革命、反抗壓迫。

從這種逐漸增強的階級對立感中，我們感到了另外一種傾向——逐漸增強的革命傾向。《爲彼祈求》中尚存有一些宿命觀，散發著一絲「命中注定」的氣息，後來的《蚯蚓們》、《人彘》和《被饑餓燃燒的人們》中，這種宿命觀逐漸褪去，而對農民的同情、對地主的控訴逐漸增強，最終，在《井》的結尾乾脆呼喊出：「在海南革命的火焰正在光芒四射的時候，中原的革命正在觸機待發的時候，他忠誠的做了一個英勇的戰士。」這顯示了向革命小說過渡的趨勢。

臺靜農在 1928 年 1 月到 1928 年 8 月之間已經寫過 7 篇革命小說，比如《建塔者》《死室的彗星》《鐵窗外》等等。這些小說的寫作時間都介於《人彘》和《被饑餓燃燒的人們》之間，比《井》要早，但藝術水平較低，因此，研究者們一向把《被饑餓燃燒的人們》和《井》作爲臺靜農對自己的革命小說在藝術上的反撥，認爲臺靜農是因爲認識到了這些革命小說藝術水平的低下，才又回到鄉土小說創作道路上的。但是，如果聯繫臺靜農的生平，會發現這些革命小說與他的監獄生活和朋友遇害有密切關係，「1928 年 4 月，臺靜農與李霽野、韋叢蕪便同時遭到反動派的逮捕。起因是 3 月未名社將剛印不久的《文學與革命》一書寄往山東一師……被關了 50 多天釋放」，「就在這個時候，同未名社同仁相交甚篤的朋友劉愈（當時是地下黨北京市委負責人之一）慘遭軍閥殺害。臺靜農在悲憤中寫下了紀念文章《春夜的幽靈》」〔註 10〕，這一時期寫的這些革命小說完全脫離了臺靜農一貫的藝術創作脈絡。從臺靜農鄉土小說經濟敘事發展變化的角度來看，眞正接續了他的藝術創作脈絡的作品是《被饑餓燃燒的人們》和《井》，因此，《被饑餓燃燒的人們》和《井》的創作，不是藝術上的反撥，而是藝術上的接續、發展和向革命小說平穩地過渡。後來，臺靜農創作的《被侵蝕者》和《麼武》，便是革命文學的代表性作品，「社會生活階級對立」取代了「底層人民經濟困難」，暴力敘事成爲臺靜農小說的關注點，經濟敘事相應退居幕後了。

總而言之，臺靜農故鄉重視商業的地域氛圍，以及他自身的商人家庭背景，使他的早期鄉土小說以經濟敘事爲主。後來隨著臺靜農思想上傾向革命，他開始關注農村的階級對立與分化，其小說相應觸及到貧富不均、農民暴動等主題，呈現出逐漸向革命小說過渡的痕跡。

【作者簡介】

彭冠龍（1988～），男，山東泰安人，貴州師範大學文學院，中國現當代文學專業在讀碩士研究生，研究方向：中國現代文學。

〔註 10〕韋文康，韋順：《臺靜農傳略》，《新文學史料》1999 年 4 期。

# 柒、抗戰時期「經濟機制」的特殊性與文學轉型——以張恨水創作轉變爲例

張武軍

在過去很長一段時間內，我們總是從物質決定意識、經濟基礎決定上層建築這一固定的模式來看待經濟和文學的關係，這種模式其實還是階級決定論評介文學的體現。很顯然，在這樣的模式框架下，文學和經濟之間的複雜關係並沒有呈現出來，更重要的是這並不會帶給我們對中華民國時期文學更加豐富更加細緻的理解。因此，重提作爲「機制」的民國經濟和那段時期的文學就顯得特別有意義。

在「中華民國」的歷史脈絡中，抗戰時期是較爲特殊的一段，經濟機制的運行和戰前有很大不同。確切地說，知識份子和作家群體所感受和所經驗的經濟生活和經濟方式較之以前有了很大變化，這種變化進而影響作家的人生體驗、寫作方式、寫作態度和創作理念。其中，張恨水的創作轉型就是一個顯著的案例。

張恨水是中國現代文學史一個無法忽視的重要作家，抗戰時期則是張恨水創作生涯中的一個重要階段。然而，張恨水卻在建國後很久以來被文學史和研究界所遺忘，「文革」後，伴隨整個現代文學的重評潮，張恨水研究也在「辯誣」和「正名」中起步，他最初進入文學史的資本卻是抗戰時期的《八十一夢》等，唐弢、嚴家炎主編的《中國現代文學史》爲張恨水留出了兩頁的篇幅，肯定其愛國和進步的積極意義。〔註 1〕從此，張恨水研究的大幕被拉

〔註 1〕 唐弢、嚴家炎主編的《中國現代文學史》，北京：人民文學出版社 1980 年 12

開，對張恨水的評價也不再局限於「愛國的積極評價」，而是在「雅」與「俗」、「傳統與現代」等更深廣的背景中給其定位。自然而然，研究的中心逐漸移到張恨水早期最具影響的通俗小說，張恨水的40年代抗戰時期的作品卻逐漸被冷落和忽視，即便是有應景抗日戰爭勝利60週年而專門召開的「張恨水抗戰作品學術研討會」，很多研究無非又是重回到對張恨水「進步」與「愛國」認識評價中。學界都注意到了張恨水前期和後期創作風格的巨大差異，卻對轉變原因缺乏細緻的分析。目前，學界有人說「九一八」以後以及西北之行歸來，標誌著張恨水創作風格的變化，張恨水也開始了「國難」和「抗戰」題材的小說創作。根據筆者對張恨水小說的閱讀和分析，我以爲抗戰時期進入重慶才是張恨水創作風格變化的眞正開始。其內在原因就在於他在重慶經濟狀況和之前大不相同，進而也決定了張恨水新的創作風格的形成。

日軍全面發動對華戰爭時，張恨水正在南京。更早些時候，張恨水在北平，他的一系列通俗小說相繼發表和出版，尤其是《啼笑因緣》在報紙連載後，爲他帶來了巨大聲名和稿酬。30 年代初，他回到北京，用他所賺的稿酬租賃了一棟相當不錯的宅院，宅院很大，包括大大小小 7 個院子，而且院子裏面有各種花草樹木。張恨水很好地安置了他龐大的家庭。這是張恨水一生中最安定悠閒的日子，通常他的手頭會同時有六七部小說，他必須每天寫五六千字以應付報紙連載的需要。這在其他人看來，是非常艱難的事情，但對於正處於創作高峰期的張恨水來說，並不很費力。他很懂得享受這段幸福的生活，寫作之餘，常去看戲、看電影、和朋友一起下館子。而且因爲有了錢，張恨水也開始像古代文人雅士一樣，搜集古書古董，買花養花。張恨水尤其喜歡菊花，秋天成了他一年的趣聞季節。每逢這時，他家簡直成了菊花的世界。張恨水後來曾滿懷深情回憶道：「我常常招待朋友，在菊花叢中，喝一壺清茶談天。有時，也來二兩白乾，鬧個菊花鍋子，這吃的花瓣，就是我自己培養的。若逢到下過一場濃霜，隔著玻璃窗，看那院子裏滿地鋪了槐葉，太陽將枯樹影子，映在紗窗上，心中乾淨而輕鬆，一杯在手，群芳四繞，這情調是太好的。你別以爲我奢侈，一筆所耗於菊者，不超過二百元。」〔註2〕然而，好日子終究太短暫。日本不斷佔領華北大片地區，有社會責任感和愛國心的張恨水曾發表不少詩文宣傳抗日，引起日軍強烈不滿，「他們也曾因此向

月，第519～521頁。

〔註2〕張恨水：《兩都賦，黃花夢舊廬》，重慶《新民報》，1944年12月28日。

北平的張學良抗議過」〔註 3〕，張恨水被迫遷往上海、南京。在上海，發達的報刊業讓通俗小說大師張恨水經濟更勝之前，其文風則自然承續貫穿。

張恨水經濟狀況眞正變化的抗戰爆發後。南京失陷前，他又被迫從南京逃離出來，前往重慶，開始一段新的苦難生活。隨著戰事越來越深入，張恨水的生活越來越艱難。他不再是之前那個住在公館裏品茶賞菊的悠閒文人，而是蝸居鄉村爲生存伏案寫稿的苦力。張恨水蝸居鄉間最顯著的證據莫過於「豬」和「豬肉」的意象反覆出現其筆下。張恨水散文記載了他的鄰居周嫂與豬爲伍的生活。周嫂原本是隨主人同遷來的女傭，主人請不起傭人後，周嫂的生活景況自然很差。作者描寫周嫂的家：「所謂家，實巢也。……鞠躬入其門，巢高不及丈，長闊則倍之，視線黑黝黝中，見竹床二，傾斜兩側。其間則籮筐，鍬鋤破凳，裂缸，堆置無立足之地。蓋苦鄰已不爲人傭，自種菜，其子病而孱弱，則業小販，此皆謀生之具也。小床上堆敗絮一卷，如醃豬油，蓋婦自臥。另稍寬者，有藍布舊被一，補綻如錦織布其上。則彼亦舐犢情深，居其子也。巢中如此，生活可想，而蚊蚋乃獨愛之，白晝且嗡嗡然紛飛上下。門角巨繩縛一豚，掘地爲淺坑而側窩之，矢溺淋漓，臭氣觸人，夜間主人入室，其情況又可想。」這是一副活脫脫的川渝鄉村圖景，作者描繪的是遷入重慶的女傭的情形，其實周嫂的家和生活境遇也是外來的「下江人」的生活縮影。一方面，下江人逐漸的融入到川渝的生存樣式中來，包括他們的衣食住行，另一方面他們是被迫跌入的困頓的四川鄉場生活中。其實不獨先前的女傭如此，下江人中的原先的「主人們」，曾經生活優越的公務人員和知識份子們，也同樣的墮入困頓生活當中。和張恨水住在同一個地方的那些困苦的公教人員，不得不在公職之餘，自力更生，養豬開田，澆糞種菜。張恨水家人就曾瞞著他養豬種地，補償家中生活開支。張恨水的兒子後來在回憶錄中記述了他們養豬的情形：「那時眞是物價飛漲，豬肉奇缺。逢年過節，想買點豬肉也越來越困難了。因爲哥哥和我都還太小，買豬肉的任務就由文哥承擔，天不亮他就在山腰裏轉，聽到哪兒有殺豬的叫聲就望哪裡奔去，說好說歹，問老鄉買了幾斤豬肉回來。日子長了，覺得這不是個辦法。母親就買了一頭小豬自己餵養。豬娃子愛叫喚，又愛到處亂竄，母親怕它打擾父親的文思，又怕父親嫌髒嫌亂，就把小豬娃藏在屋後的廚房裏，每天臨天亮就把豬趕到山上去，天快黑才趕回家。哥哥們經常到山上打豬草，有時我跟著他們去玩。

〔註 3〕 張恨水：《寫作生涯回憶》，北嶽文藝出版社，1993 年，第 214 頁。

約莫過了一年，父親始終不知道家裏養了一頭豬。直養到一百多斤重，把豬殺了以後，父親看到家裏有那麼多的豬肉，問母親是哪裡買的，母親才眉飛色舞的把養豬的事說了。」〔註4〕張恨水兒子的這段回憶給我們很好的傳達出張恨水的寫作狀態，一方面是張恨水這樣的作家也都跌入到困苦中，另一方面，家人瞞著他養豬種菜表明他對此種行爲的不欣賞，這似乎也傳達了張氏對於知識份子行爲方式和情操的堅守。由這一個情形入手，我們就很容易理解，對於困境不堪的知識份子斯文掃地的悲憫與同情，構成了這時期張恨水小說創作的重要主題和風格特色。

總歸起來，張恨水在重慶生存之苦，是以前所未有，這對於張恨水的創作產生的影響怎麼強調都不爲過。上文通過行、住、食來分析，張恨水專門有詩敘說重慶的衣食住

入蜀三年未作衣，近來天暖也愁眉，破衫已不像東西。襪子跟通嘲鴨蛋，布鞋幫斷像雞皮，派成名士我何疑？

一兩鮮鱗一兩珠，瓦盤久唱食無魚，近還牛肉不登廚。今日怕談三件事，當年空讀五車書，歸期依舊問何如？

借物而今到火柴，兩毛一盒費安排，鄰家乞火點燈來。偏是燭殘遭鼠咬，相期月上把窗開，非關風雅是寒齋。

把筆還須刺激嗎？香煙戒後少抓詩，盧同早早已吃沱茶。尙有破書借友看，卻無美酒向人賒，興來愛唱淚如麻。

（三件事，指衣食住。淚如麻，是《捉放曹》老生唱詞：「陳宮心內亂如麻。」）

這幾闋詼諧卻飽含血淚的詞是張恨水八年重慶生活的眞實寫照，據說，「由於其生動、形象，引起了讀者的強烈共鳴，一時間，和者眾多」，張恨水於是寫了一篇《酸詞餘話》，以謝讀者雅意。〔註5〕

之所以說重慶的生存體驗影響到張恨水創作風格的轉變，就在於張恨水的寫作方式在和過去看似相同卻有了本質的變化。張恨水來重慶前，基本上都是在報紙上連載作品，主要是依靠稿費維持生存，而且是相當不錯的生存條件。在重慶時期，依然是報紙連載，但是賣文就行不通了。張恨水曾經作過一個統計，計算文稿千字的最低血本。「平均每人每日可寫三千字的稿子，

〔註4〕張明明：《養豬》，《回憶我的父親張恨水》，百花文藝出版社1984年，第92頁。

〔註5〕張伍《憶父親張恨水先生》，北京十月文藝出版社1995年8月，第209頁。

按照這個標準，寫一千字的物資消耗，大概如下表，那就是血本：

| | |
|---|---|
| 飯兩碗（一頓） | 八十元 |
| 蔬菜一菜一湯 | 一百元（包括油鹽柴碳） |
| 紙煙五枝（中等貨） | 三十元 |
| 茶葉三錢（中等貨） | 三十元（開水在內） |
| 房租（以一間計） | 三十元（只算一日的三分之一） |
| 紙筆墨 | 二十元（包括信封） |
| 郵票 | 六元（快漲價了） |

這是少的無可再少的估計，約合二百九十六元，而衣鞋醫藥並不在內。若養上個四口之家（不敢八口），再須添上三百元（最少），是賣五百元一千字，就要蝕老本蝕得哭了。」〔註 6〕

從上述張恨水自撰的統計表可以看出，文學上的商業關係已經很難維繫。這個時候能夠從事寫作的，已經不再主要追求商業上的考量，也不再完全是追求市場的暢銷，能夠堅守創作的，更應該是一種知識份子精神理念堅守的體現。正如我們前面通過鼠和豬兩個意象所分析的，張恨水此時的創作更注重對於當權者的批評，對於知識份子尤其是外來知識份子在重慶的苦難中堅守情操的書寫。這時期，他的文字是苦難的生存現實的結晶，這和他以前的文學創作風格上已經有了很大的轉變。張恨水自己也說：「人不經過某種生活，是不會寫出某種文字的。」〔註 7〕作家被拋到社會最底層，這對任何個人來說都是一種巨大的災難和不幸。對於文學來說，未必又不是一件好事。「國家不幸詩家之大幸」，文學上一貫「幸災樂禍」。近代以來，隨著報刊業和教育業的興起與發展。中國的文人有兩個主要生活來源——以寫作和教書爲生。寫作的稿酬、教書的薪水在抗戰前都比較客觀，像張恨水以及魯迅、郭沫若、茅盾、老舍，還有胡適、朱自清、聞一多，他們的稿酬或教書的薪水足以使他們維持比較優越的可以說是「人上人」的生活。然而，抗戰時期這美好的一切都不復存在，日本的侵略與轟炸、戰爭的巨大物資耗費、當局政府的腐敗無能，使得中國的社會經濟急劇衰落，多數人的生活水平都降低到最低線，文人作家也混跡於普通的下層民眾中間，過著艱苦貧窮的生活。這

〔註 6〕張恨水：《文稿千字最低血本》，《張恨水說重慶》，成都：四川文藝出版社 2001 年 3 月，第 21 頁。

〔註 7〕張占國、魏守忠編《張恨水研究資料》，天津人民出版社 1986 年，第 76 頁。

種情形不是一人兩人，而是中國的現代作家們以及其他文人集體被拋到生存的底端。

抗戰時期作家們的經濟條件之艱苦，是中國現代文學史上任何一個時段所未曾有過的。作家創作背後的「經濟機制」制約和改變了作家的創作風格，從而形成了文學的整體轉型。

胡風留下「無米村翁也過年」詩句，讓人倍感心寒；冰心和吳文藻在抗戰時期過著的貧病生活讓人同情。胡風的文學理論和戰前有很大不同，冰心的創作風格也完成了徹底轉型。事實上，抗戰時期作家們幾乎都無法養活自己，很多人在貧病中死去或者選擇自殺。例如當時在戲劇界和文藝界極其活躍的洪深先生為貧困和疾病所折磨，不堪忍受而選擇自殺。1940 年冬天，洪深最鍾愛的長女洪鈴因營養不良而身患重病，洪深卻連買藥的錢都出不起，更不用說對病人精心滋補調養了，而這時，洪深夫婦也是疾病纏身，牙疼時時侵襲著他，也無錢醫治，洪深又染上了慢性瘧疾，常常發作，同時他也一直憂慮著他的肺病。（洪深最後不幸就死於肺癌）1941 年 2 月 5 日，洪深舉家服毒自殺，留下遺書曰：「一切都無辦法，政治、事業、家庭、經濟、如此艱難，不如且歸去。」〔註 8〕幸得郭沫若等人及時趕來，才挽救了洪深一家的性命。

洪深的自殺在當時文人間引起強烈震撼！因為幾乎所有的作家都像洪深一樣親歷著生活的貧苦和淒慘、體會著人生的悲哀與絕望。抗戰時期，作家們基本上沒有了固定的豐厚的經濟來源，能夠自保已屬不易，更何況大部分人都拖家帶口，養家糊口其艱辛可想而知。同時，作家在精神上承受的壓力遠比一般人更多更重。生活的貧苦和展轉流徙，精神的緊張和巨大壓力，作為人文知識份子，他們承受著雙重的摧殘。「貧」和「病」成為寄託在作家身上的孿生兄弟。如老舍所說：「忙而疲，由疲而病；平價米的一些養份顯然是不夠支持這部原本不強健的軀體的。」〔註 9〕可以毫不誇張的說，文人當時幾乎沒有不患病的，陳獨秀病逝於江津；洪深全家陷於貧病而選擇自殺；冰心和吳文藻兩人也常在貧病中度日；老舍年年患貧血頭暈，還割過盲腸。除此之外，抗戰期間不少作家因貧病而去逝。1938 年，原本就患肺病的葉紫在抗戰流浪和貧苦的生活中病情加劇，逝世於老家益陽；1939 年，王禮錫作為慰問團團長奔赴抗日前線，途

〔註 8〕 洪深：引自《洪深——回憶洪深專輯》192 頁，中國文史出版社 1991 年。

〔註 9〕 老舍：《舊詩與貧血》，《抗戰文藝》8 卷 3 期，1943 年 1 月。

中因病逝於洛陽；1941 年著名作家許地山病逝於香港；1942 年，富有才華的女作家蕭紅病逝於香港；1943 年，作家萬迪鶴病逝於重慶；1944 年，王魯彥因肺病逝於桂林；著名音樂家張曙，劇人江村，導演孟斧先後病逝於重慶。文人倒下的最重要的原因是窮，萬迪鶴去逝後，重慶《新華日報》發了題爲「萬迪鶴身後蕭條，郭沫若等捐安葬費，並擬發起捐助遺族」的報導；江村死後《新華日報》也報導說：「劇人江村之死，據說最大原因是窮」〔註 10〕如上所述，窮，加之精神上的巨大壓力，原本貧弱的文人就很容易患病，而患病又沒有錢得到醫治，不得不勞累帶病做事來緩解貧困的生活，繼而使得病情加重，以致慘死，形成「貧」、「累」、「病」三者的惡性循環。抗戰中三種病最爲流行：盲腸炎、瘧疾還有肺病。老舍在文章中就寫到：「十月初，我得了盲腸炎，這個病與瘧疾，在抗戰中的四川是最流行的；大家都吃平價米，裏邊有許多稗子與稻子。一不留神把它們咽下去，入了盲腸，便會出毛病。空襲又多，每每剛端起飯碗警報器響了；只好很快的抓著吞咽一碗飯或粥，顧不得細細的挑揀；於是盲腸炎就應運而生。」〔註 11〕最致命的是肺病，它似乎是知識份子的專利，因此可稱爲典型的「知識份子病」。這病當時醫治代價高，也很難治癒，被稱爲「富貴病」，很多人因此而葬送性命。

當時的稿酬和作品版權費很低，根本不足以維持作家的日常生活，更別說承擔一家人的生存。文協和廣大作家曾發起「千字斗米」運動，號召社會各界援助貧病作家，呼籲保障作家生活。大多數的文人和作家的生存眞成了問題，這在以前根本無法想像。

作家們的經濟困境，對任何一個作家來說，都是一個巨大的不幸，但是這恰恰使作家眞正走向了大眾和民間。從五四開始，就提倡作家應該深入到民眾中間，和下層民眾相結合。這時期作家的生活水平相對比較優越，因而對多數文人和作家來說，他們的走向民間與民眾相結合正如解放後通行的「體驗生活」一樣，只是感官體驗了些許的民眾生活。所以，這就是筆者並不同意把九一八或者西北之行看做張恨水風格轉變的標誌，張恨水九一八後固然在描寫中加入了抗日的書寫，但還是沒有後對生存艱難厚重體驗。張恨水自己也說：「抗戰是全中國人謀求生存，但求每日的日子怎樣度過，這又是前後

〔註 10〕這兩篇報導分別見《新華日報》1943 年 4 月 27 日三版和 1944 年 6 月 3 日四版。

〔註 11〕老舍：《在北碚》，《老舍生活創作自述》，香港三聯書店 1981 年。

方的人民所迫切感受的生活問題。沒有眼前的生活，也就難於爭取永久的生存了。有這麼一個意識，所以我的小說是靠這邊寫。」〔註 12〕

張恨水因爲重慶的苦難經濟狀況而彰顯出與以前大不相同的創作風格，生存堅韌；對權貴諷刺而顯示出的激憤；對不幸者書寫而產生的悲憫風格等等。總體而言，張恨水此時的創作帶有明顯的厚重的生存現實特色，和過去的商業通俗氣息不大一樣，那堅韌、激憤、悲憫中滲透著作家強烈的人道情懷，這也就是我們考察張恨水的創作時不應忽略經濟機制的緣由。

抗戰時期，作家以及整個知識份子群體被拋入社會的底層，經濟的困境使得他們的思索自然無法繞開苦難的生存現實，誠如巴金所說：文學創作「也是在進行鬥爭」，是「爲著自己的生存在掙扎」，這正是體現著戰時文學創作對生存現實的關照。和以前的文學相比，戰時文學更多展示了人的生存，更具有一種博大的人道情懷和悲涼的美學風格。

【作者簡介】

張武軍，1977，陝西大荔人，西南大學文學院，副教授，碩士導師，主要從事抗戰文學和文化研究。

〔註 12〕張占國、魏守忠編《張恨水研究資料》，天津人民出版社 1986 年，第 75 頁。

# 捌、商業運作與民國通俗小說

張　霞


## 摘　要

民國通俗小說的暢銷，有多方面的原因。其中，在作家、讀者爲生產與消費主體的文化市場中，二者之間的中介環節，即現代文化出版產業經營者成功的商業運作，是不可忽視的重要因素。雜誌編輯、出版商花樣繁多的商業運作手段，帶來了通俗小說的暢銷，在保障通俗小說作家的生存需要，保持通俗小說持久發展的生命力方面，有積極的作用；但只認可經濟利潤的市場機制，也讓很多通俗小說無法擺脫粗製濫造、格調低下、庸俗媚眾的痼疾。


關鍵字：商業運作，通俗小說，市場機制

## 一、民國通俗小說的暢銷及原因

民國通俗小說在源流、體例、藝術成規、功能及讀者對象上，都與五四以來的現代白話小說有著涇渭分明的區別。儘管從五四新文學運動之初開始，通俗小說一直受到新文學陣營的猛烈圍攻，但通俗小說卻始終以頑強的生命力頑踞文壇一隅，並長期擁有大量的讀者，佔據著極大的甚至超過新文學的市場份額。民初幾年，以鴛鴦蝴蝶派小說爲主的通俗小說創作盛極一時，對此，魏紹昌曾有描述：「在民國初年至『五四』以前這一時期，文藝雜誌，大報副刊，各種小報，幾乎是鴛蝴派作家的一統天下。」〔註 1〕在一般文學期刊銷量僅有一兩千冊的民初雜誌界，專門刊發通俗小說的《禮拜六》雜誌，第一期就創下二萬冊以上的銷量〔註 2〕。周瘦鵑曾談到：「《禮拜六》曾經風行一時, 每逢星期六清早，發行《禮拜六》的中華圖書館門前，就有許多讀者在等候著。門一開, 就爭先恐後地湧進去購買。這情況倒像清早爭買大餅油條一樣。」〔註 3〕不僅通俗小說雜誌暢銷，通俗小說單行本的銷路也讓人咂舌。鴛鴦蝴蝶派代表作家徐枕亞的《玉梨魂》，「出版兩年以還，行銷達兩萬以上」〔註 4〕，此後多次再版。張靜廬曾談到，「如果替民國以來的小說書銷數做統計，誰都不會否認這部《玉梨魂》是近二十年來銷行最多的一部。」〔註 5〕李涵秋、周瘦鵑、張恨水、秦瘦鷗、平江不肖生、還珠樓主、天虛我生、程小青等人的作品都是一版再版。通俗小說經久不衰的暢銷，讓對它長期持批判否定態度的茅盾在抗戰時期也不得不承認：「事實是，二十年來舊形式只被新文學作者所否定，還沒有被新文學所否定，更沒有被大眾所否定」〔註 6〕。

民國通俗小說的暢銷，有多方面的原因。

首先，是空前繁榮的市場經濟環境和數量龐大的市民階層的崛起。民國時期的上海，是通俗小說生產和消費的中心。這既得益於上海飛速發展的經濟環境尤其是以新聞、報刊及出版爲主的現代文化生產市場的空前繁榮，也離不開上海這座城市所獨具的數量龐大的市民階層。「20 世紀一二十年代之交，中國資

〔註 1〕魏紹昌：《我看鴛鴦蝴蝶派》，(香港) 中華書局，1990 年。
〔註 2〕周瘦鵑：《〈禮拜六〉舊話》，載《禮拜六》第 271 期，1928 年 8 月 25 日。
〔註 3〕周瘦鵑：《閒話〈禮拜六〉》，《花前新記》，江蘇人民出版社，1958 年。
〔註 4〕徐振亞：《枕亞啟示》，《小說叢報》，1915 年第 16 期。
〔註 5〕張靜盧：《在出版界二十年》，上海雜誌公司，1938 年，第 37 頁。
〔註 6〕沈雁冰：《大眾化與利用新形式》，《文藝陣地》1938 第 1 卷第 4 期。

本主義得到迅速發展。這一時期，是中國民族工業的黃金時期。」〔註7〕從辛亥革命到1928年，上海新創辦的民族資本經營的工廠從原來的112家，躍升至1229家。1933年，上海工業總產值已達11億元以上，超過了全國工業總產值的一半〔註8〕上海在工業快速發展的過程中，聚集了越來越多的人口，城市化、商業化水平快速發展。1910年至1927年間，上海人口從128.9萬增至264.1萬，到了三四十年代，上海人口已經達到400萬，成爲全球最大的六都市之一。〔註9〕人口的快速增長，市民階層的擴大，帶來的是商品消費、文化消費需求的相應擴大。因此，以鴛鴦蝴蝶派及後起的禮拜六派小說爲主的通俗小說的興盛，離不開近現代上海經濟的繁榮與市民階層的崛起這些外在條件。

其次，是供求關係的調諧。相對此前的「新小說」而言，鴛蝴派、禮拜六派作家以遊戲消遣的心態創作的「輕便有趣」的才子佳人故事，比新小說家充滿教誨和民族國家焦慮的政論式小說更能滿足普通市民以娛樂消遣爲主的文化消費需要。明顯違背五四以來的新文學潮流的通俗小說，能夠在中國現代文學期間保持經久不衰的生命力，就得益於它趣味性、消遣性、娛樂性的文學定位充分地尊重了廣大市民讀者所保持的傳統的閱讀趣味。

第三，現代文化出版市場的繁榮及隨之而來的成熟的商業運營模式。在作家、讀者爲生產與消費主體的文化市場中，通俗小說的生產者與消費者之間因審美趣味的一致性，獲得了建立良好供需關係的可能。而讓這種良好的供需關係從可能變爲現實的，則主要是作家與讀者之間的中介環節，即由報刊、雜誌、出版公司所構成的現代文化出版產業。在上海的工商、貿易、金融都達到頂峰的二三十年代，上海的文化出版與消費市場也發展到了頂峰。文化出版市場的繁榮帶來了報刊雜誌出版業的強烈競爭，而一直擁有大量市民讀者的通俗小說，在這樣的市場環境中，成爲出版商吸引讀者、獲取商業利潤的重要商品類型。因此，由報刊、雜誌、出版公司所構成的現代文化出版產業出於商業競爭而採取的各種成功的商業運作手段，也是通俗小說得以廣泛傳播、佔領讀者市場的重要原因之一。

〔註7〕（法）白吉爾著，張富強、許世芬譯：《中國資產階級的黃金時代》（1911～1937），上海人民出版社，1994年，第77頁。

〔註8〕張仲禮主編：《近代上海城市研究》，上海人民出版社，1990年，第70頁，315頁。

〔註9〕忻平：《從上海發現歷史——現代化進程中的上海人及其社會生活1927～1937》，上海人民出版社，1996年，第41至42頁。

## 二、商業運作與民國通俗小說的暢銷

儘管新文學在二三十年代逐漸成爲文學主流並佔據越來越多的市場份額，但在文學出版與營銷方面，出版商卻從未小看通俗小說所能帶來的市場利潤。很多出版商爲了吸引青年學生讀者群，在追逐新文學潮流，紛紛改版手裡的通俗小說刊物後，都另闢刊物，專門刊發通俗小說。例如，商務印書館在 1921 年委任沈雁冰全面革新《小說月報》後，又於 1923 年 1 月另外開闢《小說世界》雜誌，專門刊登鴛鴦蝴蝶派小說，並交給胡寄塵、葉勁風等鴛鴦蝴蝶派人物主編。民國著名大報《申報》也有類似的經歷。1932 年 12 月，《申報》老闆史量才啓用剛從法國留學歸來的黎列文改革先前專門刊登通俗文學的《自由談》欄目，通俗小說作家因此失去了這一重要陣地。但 1933 年春，史量才又在《申報》另闢《春秋》欄目，仍交給《自由談》前主編周瘦鵑編輯，繼續刊登通俗作品。出版商改版原來發表通俗作品的刊物以發表新文學作品，固然是出於商業謀利的考慮，老刊物名氣大，能很快地吸引讀者、佔領新文學的市場份額。但出版商在對新文學市場虎視眈眈的同時，並不放棄通俗文學市場，他們清楚地知道通俗文學擁有龐大的讀者隊伍，對通俗文學作品的市場銷路仍然充滿信心，因此才會另闢刊物專門發表通俗作品。

據鄭逸梅的《民國舊派文藝期刊叢話》和范伯群等人所編的《鴛鴦蝴蝶派文藝期刊目錄簡編》統計，在 1911 年到 1928 年的 17 年內，中國文壇的通俗文藝期刊已達 100 種之多〔註 10〕。通俗文學佔有的市場份額極大，因此，相應的市場競爭也非常激烈。對通俗文學市場的準確認識，決定了出版商佔領市場的積極性。在向市場推銷通俗小說方面，出版商除了依靠自己已有的銷售網路、發行渠道之外，還採取多種多樣的商業運作手段進行宣傳推廣。其中比較突出的商業運作手法有以下一些方面：

一、直接延請通俗小說名家主編專門刊登通俗小說的報紙副刊、雜誌。

當時刊載通俗小說的雜誌、報紙副刊，大多都聘請通俗小說名家來擔任編輯。如有正書局及其下屬的《時報》館推出的《小說時報》雜誌，先後由包天笑、李涵秋等通俗小說名家主編。世界書局 1922 年創辦的《紅雜誌》，請嚴獨鶴主編。嚴獨鶴是鴛鴦蝴蝶派圈子中相當具有號召力的人物，他爲世界書局引入了很多鴛鴦蝴蝶派名家的作品。《申報》的《自由談》欄目從 1911

〔註 10〕劉鐵群：《〈禮拜六〉：民初市民文學期刊的代表作》，《廣西師範大學學報》2006 年第 4 期。

年8月創刊起，就長期聘請鴛鴦蝴蝶派、禮拜六派小說名家做編輯，王鈍根、姚鵷雛、陳蝶仙、陳冷血、周瘦鵑等都曾先後擔任過《自由談》的編輯。尤其是周瘦鵑，從1924年1月起擔任《自由談》編輯，一直到1932年11月底。與《申報》齊名的另一大報《新聞報》，也是聘請嚴獨鶴改革主持《快活林》副刊。平襟亞的中央書店推出的《萬象》月刊、《萬象十日刊》最先都是聘請陳蝶仙主編。總體來看，報紙、刊物背後的實力越雄厚，它所聘請的通俗作家的名氣也越大。編輯的通俗名家身份這一象徵資本具有極大的市場號召力，很容易轉化爲經濟資本。因此，借助編輯的名氣，就可以吸引大量喜愛通俗小說的市民讀者。如中華圖書館發行的《禮拜六》雜誌，前一百期由王鈍根主編，就已經廣受讀者歡迎，停刊五年之後再復刊，由王鈍根、周瘦鵑主編後一百期。而此時加入《禮拜六》編輯事務的周瘦鵑，是當時「青年小說家中最富時譽的一個人」〔註11〕。周瘦鵑的加入，是後一百期《禮拜六》雜誌再度走紅的一個不可忽略的因素。周瘦鵑幾乎每期在《禮拜六》上發表一個短篇小說，並且位列首篇，如《一諾》、《血》、《留聲機片》、《父子》、《十年守寡》、《腳》等，這些短篇小說呈現了周瘦鵑小說一貫的哀情風格，很受讀者歡迎，是後百期《禮拜六》雜誌最吸引讀者的招牌作品。可見，通俗名家的名氣及他們擔任編輯後積極爲刊物拉稿寫稿，進一步地擴大了報紙、刊物的市場影響力。二者在文化市場上相得益彰，報紙、刊物的銷路越好，通俗小說的市場影響力也就越大。

二、對報刊、雜誌進行精心的策劃與包裝。

通俗名家擔任報刊雜誌的編輯後，他要做的，就不僅是單單以作家的身份來判斷作品的優劣了，他還要滿足出版商謀利的需要，從編輯的身份考慮如何對刊物進行策劃與包裝，以更好地把作品、刊物推向市場，贏得讀者。出版商及編輯對刊物的策劃與包裝主要涉及以下幾個方面：

首先，從讀者需要出發，有針對性地選擇稿件。例如，張恨水的通俗小說在北方名聲大振之後，上海《新聞報》副刊《快活林》的主編嚴獨鶴便積極爲自己的刊物引進張恨水的作品，以饗對北京市民社會充滿閱讀期待的上海讀者，因此而有了張恨水的《啼笑因緣》在《快活林》的連載。深諳編輯之道的周瘦鵑對此有所總結：「編輯看似容易，實在不是一件容易的事。編輯者選擇稿件，一方面既要適合自己的眼光，而一方面又要迎合讀者的心理。

〔註11〕嚴芙孫：《周瘦鵑》，《全國小說名家專集》，上海雲軒出版部，1923年8月。

讀者們的心理，又各有不同。有的愛這樣，有的卻愛那樣。俗語所謂公要餛飩婆要面，豈不使做媳婦的左右為難呢？雜誌和報章的編輯人，也就好似做媳婦。對於公啊婆啊，一一都要迎合。所以在下就一面做餛飩給公公吃，一面又做面給婆婆吃。總之，樣樣都做一些，讓人家各愛其所就是了。」〔註 12〕

其次，對刊物的發行周期、內容、風格進行精心的策劃和設計。這方面做得非常成功的是《禮拜六》雜誌。《禮拜六》的刊名及每周禮拜六下午發行的發行周期，都出自編輯王鈍根的策劃。王鈍根注意到由西方人帶來的以星期為單位循環作息的時間觀念，在民國初年已經開始逐步被上海市民生活所接納。為了適應新的作息規律給市民生活帶來的變化，他決定在每周的禮拜六出版新策劃的文學周刊，並以「禮拜六」作為刊物的名稱。在內容方面，王鈍根把《禮拜六》設計為供市民階層消閒娛樂的小說雜誌，為保證小說質量，他廣泛地邀請通俗小說名家周瘦鵑、陳蝶仙、陳小蝶、嚴獨鶴、李東野、李常覺、葉聖陶、吳雙熱、李涵秋、許指嚴、胡寄塵、朱瘦菊、程華魂、葉小鳳等為《禮拜六》提供作品。而後百期的《禮拜六》更是幾乎網羅盡了當時所有的通俗小說名家。刊物的版權頁上開列出了「撰述者」名單有：天虛我生（陳蝶仙）、王西神、王鈍根、朱鴛雛、朱瘦菊、江紅焦、呂伯攸、李涵秋、李常覺、吳靈園、沈禹鍾、余空我、周瘦鵑、范君博、陳小蝶、徐卓呆、許指嚴、張碧梧、張舍我、張枕綠、程瞻廬、程小青、葉小鳳、劉麟生、劉鳳生、劉雲舫、劉豁公、嚴獨鶴等。正是這些通俗小說名家的參與和支持，讓《禮拜六》輕便有趣、娛樂消閒的風格引人矚目，並在民初眾多的文學雜誌中脫穎而出，成為發行量最高的通俗小說雜誌。此外，還值得一提的是《小說大觀》雜誌。該雜誌首創小說雜誌季刊式的發行周期，內容豐富，每期三百多頁，抵三本普通刊物，因此，雖每期定價高達一元（當時的雜誌，每本定價最多四角），卻依然暢銷。〔註 13〕在內容與風格策劃方面，因時令、話題或紀念而開闢專號、增刊，也是民國通俗小說刊物慣常採用的方案。如《禮拜六》雜誌有「國恥」專號、「三十節專號」、「復活週年紀念號」、「愛情號」、「新年號」、「聖誕增刊」等。《紅雜誌》有中秋、國慶、國恥、新年等增刊號。這些專號、增刊的設置，給雜誌增添了新鮮的生活氣息和時尚動感的魅力，

〔註 12〕周瘦鵑：《編輯漫談》，《良友》第 8 期。

〔註 13〕鄭逸梅：《民國舊派期刊叢話》，魏紹昌編：《鴛鴦蝴蝶派研究資料》，第 399 頁，上海文藝出版社，1984 年。

很能激起讀者的閱讀興趣。此外，還有新鮮元素的引進。如葉勁風主編的《小說世界》首創在雜誌上登關於電影的劇照和文字。該雜誌自第三卷第五期起在卷首特闢一欄，登載關於影戲的文字和插圖，稱爲「銀幕上的藝術」〔註14〕。

第三，在封面、插頁、裝幀等外形包裝方面，力求美觀新穎，引人注目。由於西方大量先進印刷機器和技術的引進，民國年間上海的印刷出版工藝和技術絲毫不遜色於西方。這樣的現代機器和技術條件，爲民國通俗文學刊物的精美包裝提供了重要的物質基礎。民國期間不少名氣一般的普通刊物都有銅版紙的插圖，裝幀精美的封面，而那些名氣極盛、讀者眾多的刊物在這方面則更是精益求精。前者以周瘦鵑受上海九福製藥公司委託編輯的《樂觀》月刊爲例。該刊 1941 年創刊後只出到 12 期，它的裝幀設計卻頗爲講究。封面爲三色銅版仕女圖，大都是影人的照片，如白楊、李麗華、袁美雲、陳燕燕、李紅、周曼華等。中間有銅版圖，稱爲《小畫報》，有胡伯翔、郎靜山、張珍候的攝影；唐寅、趙善良、石濤、王鑒、徐渭、沈周、董其呂、周臣等古畫及吳昌碩、狄平子、錢瘦鐵、黃幻吾、程小青、徐悲鴻等今畫；以及瘦鵑所栽的盆景照相〔註15〕。後者以王鈍根主編的前百期《禮拜六》雜誌爲例。前百期《禮拜六》在裝禎設計上追求美觀新穎、自成風格。其封面從第 3 期開始採用水彩畫。前百期《禮拜六》封面的水彩畫主要出自丁悚之手。從繪畫的內容來看，以仕女圖居多，也有漫畫和山水畫。其中最有特色的是仕女圖，俊美雅靜，色彩清麗。《禮拜六》的封面不僅追求精美還追求趣味，刊名題字也講究美觀和變化多樣，曾給前百期《禮拜六》題寫刊名的人有王鈍根、葉中泠、吳芝瑛、張聿光、張丹斧、姚鵷雛、王大錯、劉海粟等。除了精心印製封面之外，前百期《禮拜六》基本上都附有銅板插圖，內容主要是風景名勝和人物〔註16〕。《禮拜六》之外，還值得一提的是周瘦鵑 20 年代主編的《紫羅蘭》雜誌。該雜誌將封面中間挖空，襯一幅精印彩色時裝仕女畫，以期達到「畫裏眞眞，呼之欲出」的效果〔註17〕，很吸引讀者。

〔註14〕鄭逸梅：《民國舊派期刊叢話》，魏紹昌編：《鴛鴦蝴蝶派研究資料》，第 431 頁。

〔註15〕鄭逸梅：《民國舊派期刊叢話》，魏紹昌編：《鴛鴦蝴蝶派研究資料》，第 463、464 頁。

〔註16〕參見劉鐵群：《〈禮拜六〉：民初市民文學期刊的代表作》，《廣西師範大學學報》2006 年第 4 期。

〔註17〕王智毅：《周瘦鵑年譜》，王智毅編：《周瘦鵑研究資料》第 31 頁，天津人民出版社，1993 年。

三、花樣繁多的廣告宣傳與推銷，也是出版商及刊物編輯經常採用的商業運作手段。

他們的宣傳與推銷方式主要有：（一）借名家宣傳。除了直接請名家主持編輯刊物外，還在刊物顯要位置推出刊物的主要「撰述人」名單。從上文提到的《禮拜六》雜誌的作者名單可知，位列主要「撰述人」的都是當時的通俗小說名家。著名的小報《晶報》，在它的《晶報出版告白》中也列出了名家無數的作者陣容：「敦請葉小鳳、包天笑、王鈍根、劉迦公、漱六山房、歐陽予倩、孫臞蝯、錢生可、張丹翁、周瘦鵑、沈能毅、胡寄塵諸文豪，擔任短評、小說、筆記、俏皮話諸作。馬二先生、張繆子諸評劇家擔任劇談、腳本。泊塵、丁悚諸畫家擔任插畫。」〔註 18〕有些雜誌在推出自己的作家隊伍時，還往往別出心裁。如《半月》雜誌將自己比作花園，將小說名家周瘦鵑、嚴獨鶴等及江紅蕉、徐半梅等分別比作自己花園中的鳥或花。《紅玫瑰》雜誌以群芳譜的形式呈現自己的作家陣容，把包天笑比作蓮花，把向愷然比作罌粟花〔註 19〕。（二）為通俗小說名家做傳記，或出版小說集，整體推出名家作品。民國通俗小說名家的傳記大多出自同行名家之手。這類傳記或以單篇的形式見諸報刊雜誌，或以多篇結集的方式出版，如 1923 年 8 月由上海雲軒出版部出版的《全國小說名家專集》，1935 年 8 月由上海校經山房出版的《小品大觀》，都以傳記的方式對民國時期的通俗小說名家加以介紹。這些傳記在內容上注重介紹傳主的出身、才氣、著作尤其是逸聞趣事。例如，寫許廑父當年從政，所獲錢財在娼門中揮霍盡淨，後來寫小說仍不棄此好，經常是一邊在妓院中喝花酒，一邊忙裏偷閒把請客票反過來當稿紙寫小說。寫陳小蝶當年時尚，駕駛摩托車與汽車相撞，救治幾月才恢復。寫王小逸因為同時要寫作多篇小說，懶得到各個報館交稿，乾脆把書桌搬到印刷廠，每天在嘈雜的環境裏寫各類小說十篇，人物故事從不誤纏混淆〔註 20〕。對通俗小說名家逸聞趣事的介紹，既能消除作家與讀者之間的距離，又能滿足讀者的「窺視」欲望，從而起到極好的廣告宣傳效果。在出版小說集方面，比較有名的是世界書局於 1924 年及大東書局於 1930 年推出的通俗名家小說集。

〔註 18〕鄭逸梅：《民國舊派期刊叢話》，魏紹昌編：《鴛鴦蝴蝶派研究資料》，第 488 頁。

〔註 19〕慕芳：《文苑群芳譜》，《紅玫瑰》第 1 卷第 32 期，1925。

〔註 20〕嚴芙孫等：《民國舊派小說名家小史》，魏紹昌編：《鴛鴦蝴蝶派研究資料》，第 549、561、568 頁。

（三）借助作家突發性的新聞事件推銷作品。如許嘯天「被汽車碾死，消息在報上一傳播，書賈又大量再版，在報上廣告宣傳，又銷去數萬部，賺了很多的錢。」朱鴛雛死後，「有徵集其舊作者，有臆造其遺稿者」，先前百般刁難他的某書賈，也從這一新聞事件中看到了商機，「急從舊紙篋中，搜得其所謂疵累百出之作，刊於某某雜誌，一字未易，唯於首頁添上特刊二字，名下殿以遺墨二字。」〔註 21〕（四）直接在其他媒體上大做廣告。這方面最具代表性的當首推《禮拜六》雜誌。爲了廣開銷路，《禮拜六》從創刊開始，就在當時全國影響最大的報紙之一《申報》上面連續三天刊登出版告白：《小說周刊〈禮拜六〉出版了》。在前百期《禮拜六》出版發行的近兩年時間裏，幾乎每個星期的《申報》都會出現《禮拜六》的廣告。《禮拜六》在《申報》上所作的廣告不僅次數頻繁，而且花樣翻新、富有特色〔註 22〕。（五）通過價格優惠的方式促銷，擴大銷量和銷路。這種促銷手段是民國時期報刊雜誌經常採用的。以《禮拜六》雜誌爲例。1915 年慶祝新年之際，《禮拜六》以優惠的價格和贈送購書券吸引讀者訂購全年雜誌。在《禮拜六》即將出滿一百期的時候，編輯又策劃將前百期裝訂出售並廣告宣傳：「《禮拜六》百期彙訂，精裝拾冊，定洋十元。」〔註 23〕

## 三、商業運作帶給民國通俗小說的利弊

雜誌編輯、出版商花樣繁多的商業運作手段，在通俗小說作爲商品而流通的過程中，起著重要的作用，也是通俗小說得以廣開銷路、獲得市場和讀者並葆有長久生命力的關鍵環節。這正如林庚白 1933 年在《孑樓隨筆》中所說：「以鬻書報爲業者，不願效忠於革新，惟求營利之有利，章回體小說至今風靡，有自來矣。」〔註 24〕商業手段的成功運作帶來通俗小說的暢銷，其結果可謂有利有弊：在保障通俗小說作家的生存需要、保持通俗小說持久發展的生命力方面，起到了不可忽視的作用；但只認可商業利潤的市場機制，也

〔註 21〕嚴芙孫等：《民國舊派小說名家小史》，魏紹昌編：《鴛鴦蝴蝶派研究資料》，第 577、587 頁。

〔註 22〕參見劉鐵群：《〈禮拜六〉：民初市民文學期刊的代表作》，《廣西師範大學學報》2006 年第 4 期。

〔註 23〕《申報》1916 年 4 月 15 日。

〔註 24〕轉引自范煙橋：《民國舊派小說史略》，魏紹昌編：《鴛鴦蝴蝶派研究資料》，第 270 頁，。

讓很多通俗小說無法擺脫粗製濫造、格調低下、庸俗媚眾的痼疾。

就長期從事通俗小說創作或通俗小說雜誌編輯的通俗作家而言，小說、雜誌的暢銷爲他們的生活提供了重要的經濟來源，這方面最具代表性的分別是張恨水和周瘦鵑。

通俗作家中靠稿酬而生活富裕的首推張恨水。1930 年初，張恨水辭去供職多年的《世界日報》和《世界晚報》副刊的編輯職務，專心從事創作。在《告別朋友們》一文中，他談到辭職的原因，「爲什麼辭去編輯？我一支筆雖幾乎供給十六口之家，然而好在把生活的水平線總維持著無大漲落，現在似乎不至於去沿門托缽而搖尾乞憐。」〔註 25〕可見，稿費收入帶來的經濟保障足以使他養活人數眾多的大家庭，他因此能夠無所顧慮地辭職，成爲「自由撰稿人」作家。30 年代上海小報上曾一度盛傳：張恨水在十分鐘內收入幾萬元稿費，並在北平買下一座王府。這一傳聞雖然誇張，但也並非空穴來風。1930 年秋，張恨水到上海，經趙苕狂介紹，認識了世界書局總經理沈知方，在沈宴請張恨水的席間，張恨水同意把《春明外史》、《金粉世家》的版權以每千字 4 元的價格賣給上海世界書局，這兩部小說都有百萬字。同時趙苕狂還約請張恨水爲世界書局創作四部小說，每 3 個月交一部，字數在 10～20 萬之間，稿酬爲每千字 8 元。儘管張恨水後來只完成了三部（《滿江紅》、《落霞孤鶩》、《美人恩》），但約算一下，張恨水在一席飯之間確實談成了上萬元的稿費收入。當時上海通行的稿費標準是千字 3 至 5 元，千字八元是相當高的標準，上萬元的稿費更不是一個小數目。張恨水用這筆錢解決了弟妹們的婚嫁教育問題，添置了衣服傢具，並租了一套寬大的庭院曲折的房子。此外，他還把相當一筆錢花在聽戲、看電影、吃館子、收藏舊書古董、買花、養花上。經濟上的寬裕，帶來了生活上的舒適和精神上的安逸，張恨水對此毫不諱言：「這筆錢對我的幫助，還是很大的」，「在精神上，對我的寫作是有益的」〔註 26〕。豐厚的源源不斷的稿費、版稅收入，不僅改善了張恨水的生活，甚至還讓他可以投資辦學辦報。1931 年，張恨水出資創辦了「北華美術專科學校」，租用了前清名人裕祿的私邸作校舍，聘請齊白石、李苦禪等著名人士任教。1936 年 4 月 8 日張恨水又出資在南京創辦了《南京人報》。

〔註 25〕張恨水：《寫作生涯回憶·張恨水年譜》，《張恨水全集》，第 62 卷，北嶽文藝出版社，1993 年，第 160 頁。

〔註 26〕張恨水：《寫作生涯回憶》，人民文學出版社，1982 年，第 38、39 頁。

周瘦鵑中學時期寫成劇本《愛之花》，被商務印書館的《小說月報》錄用，獲得 16 元銀洋的稿費。這在當時是一筆不小的收入。這一經歷，讓周瘦鵑意識到從事小說寫作也可能獲得高額的經濟回報，這也成爲他幾年後辭去教職，專事賣文爲生的重要動力。1920 年 4 月 1 日，《申報》老闆史量才正式聘任周瘦鵑爲《自由談》副刊編輯，周瘦鵑開始在《自由談》獨擋一面，並從此有了穩定的職業和收入。1921 年，已住在法租界愷自爾路的一所小洋房裏周瘦鵑，打算進一步改善全家的住房條件。他在《禮拜六》上刊登《瘦鵑啓事》:「瘦鵑現擬遷居，需兩幢屋一宅，以陽曆九月初一起租，租價每月約二十元至三十元，滿意者可酌加，讀者諸君中如有自置之產出租，或有餘屋分租者，請投函西門黃家闕瘦鵑寄廬」。〔註 27〕1922 年，周瘦鵑一家從黃家闕路搬到西門勤業里，「是一宅兩幢的屋子，每月租金三十五元」。〔註 28〕1931 年，周瘦鵑又在蘇州購買了一所園林式的宅子，並於次年舉家遷居蘇州。

商業運作的成功帶來了通俗小說及雜誌的暢銷，這不僅爲通俗名家提供了豐厚的經濟回報，也讓其他名氣一般的通俗作家對通俗小說寫作的經濟成效充滿期待，因而長期地、前赴後繼地堅持通俗小說的創作。因此，商業刺激或市場激勵，是通俗小說獲得長久生命力的重要原因。當然，文化出版產業一心謀求經濟利潤的市場機制，導致了作家過分市場化的寫作心態，也讓很多通俗小說無法擺脫粗製濫造、格調低下、庸俗媚眾的痼疾。

沈雁冰曾批判舊派小說金錢主義的文學觀和商業化的寫作：「只要有地方銷，是可以趕製出來的；只要能迎合社會心理，無論怎樣遷就都可以。」〔註 29〕這一論斷比較準確地指出，市場機制引導下的商業化寫作，是民國時期大量通俗小說質量、格調低下的根本原因。稍有名氣的作家經常要應對多種報刊的需要，同時寫作多部小說用於連載。因此往往是倉促寫就，很難做到心無旁騖、潛心營構，藝術上的粗糙也就無法避免。報刊的市場經營狀況，有時又會直接造成作品外在的缺陷。如報章雜誌停刊或銷路不好會導致一些連載作品中途夭折，銷路很好又會導致作品的無限加長，或同類型作品的重複製作。更爲嚴重的是，商業營利的目的，還讓很多通俗小說作家主動以媚俗的姿態去迎合最廣大層面的讀者趣味，寫作一些庸俗低級的作品。以

〔註 27〕周瘦鵑：《瘦鵑啓示》，《禮拜六》第 124 期。
〔註 28〕周瘦鵑：《我的家庭》，王智毅編：《周瘦鵑研究資料》第 70 頁。
〔註 29〕沈雁冰：《自然主義與中國現代小說》，《小說月報》1922 年第 13 卷第 7 期。

上這些問題，在通俗小說作品中比較常見，連通俗小說大家張恨水的某些作品，都未能避免。

【作者簡介】

張霞（1976～），女，四川邛崍人，西華師範大學文學院副教授，博士，主要從事中國現當代文學研究。

# 玖、抗戰時期文協經濟狀況考察

黃　菊


## 摘　要

抗戰八年中文協的經濟狀況始終處於窘迫的狀態，徵收會員會費，爭取政府資助，接受社會人士的捐贈等構成了文協經費收入的主要來源。在並不寬裕的經濟狀況下，文協仍然堅持維繫著日常會務的支出，發行《抗戰文藝》，支持抗戰文化事業。但經濟環境的惡化，最終仍阻礙了文協活動的開展，不少計劃因經濟和戰爭的因素最終擱置。


關鍵字：文協，經濟收入，會務支出，《抗戰文藝》

在抗戰時期，中國的經濟形勢逆轉，惡劣的通貨膨脹伴隨戰爭而來，貨幣急速貶值，物價飛漲，作家的生活條件隨之惡化。抗戰文學遭遇到了戰爭和經濟的雙重困厄。日軍的轟炸讓印刷廠時時處於毀滅的危險，工人工資上漲，用於印刷的土報紙也脫銷……不少期刊因經費不支而宣告終結，勉力維繫出版的刊物大多也無法按時出版，常常脫期。在上世紀 20、30 年代，維繫一個文學團體，出版一份文學刊物，尚需要組織者殫精竭慮，在 40 年代的大後方，支撐一個文學團隊，出版文學刊物對組織者而言更是挑戰。

在抗戰期間，文協是全國最大的文藝組織，它在抗戰文學中的重要意義不少學者已做了豐富的探討。如果說文協要做的是抗戰文學的大事業，那麼支撐著事業的則是無數細小具體的事務。在無數具體細小事務中，從始至終，最困擾文協發展的問題之一無疑是經費。文協在抗戰的非正常狀態下，維繫了七年多，出版會刊《抗戰文藝》，舉行各類文藝座談會鼓勵抗戰，組織作家戰地訪問團去前線勞軍，關注作家權益和生活等等。這些成就是一點一滴的累積起來的。長期負責文協日常工作的老舍在回顧文協成立一年以來的成績時，曾經說過，「憑熱心是換不來任何東西的。」推動文協各項活動的動力，除了戰時文人們的愛國熱忱，更不得不依賴於協會經費的支持。作品的創作自然源自作家的創作，刊物的發行，文協策劃的每一項活動則無不同經濟有緊密聯繫。

發表在文協會刊《抗戰文藝》上的會務報告和賬目報告記錄下了文協在運作過程中的經濟細節，這些細節顯示文協的經濟狀況一直處於拮据的狀態。從抗戰時老舍和朋友們的通信中，常常可見這位文協「管家」對經費問題犯愁，籌措經費，成了文協總務部主任的重要責任。困窘的經濟狀況限制了文協的發展，更多的活動和計劃不得不擱淺。

## 一

按照《中華文藝界抗敵協會簡章》的章程，文協的經費來源由三部分組成，即：「（一）會員年費一元至五元；（二）特別捐及公私補助費；（三）本會會員著作經本會介紹出版者抽取版費，或稿費百分之五。」〔註 1〕可是戰爭帶來混亂局面，使得設定的章程在實際執行的過程中面臨

〔註 1〕《中華文藝界抗敵協會簡章》，《中國抗日戰爭時期大後方文學書系第一編》，第 19 頁，重慶出版社，1989 年出版。

很多問題，收取會員會費，向政府部門申報補助，無不充滿重重困難。

首先是會員年費收取不易。儘管文協在成立之初即得到了文藝界各方人士的踴躍呼應，各處的會員調查表源源不斷的寄往總會，西安、成都、長沙、廣州等地的分會也在積極籌備，顯示了文藝家們對這一文藝組織的熱心和期待。可是人們的熱情和繳納會費的情況顯得很不相稱。雖然總務部不停的提醒會員們趕緊繳納會費，「希望各處的會員們早交會費，多一分錢就多做一分事。」〔註 2〕「希望各處會員都趕快交費！」但是截至文協成立之後幾個月，會員們繳納會費似乎並不積極。1938 年 7 月總務部在會刊《抗戰文藝》上第一次公佈了賬目，賬目顯示，共收取會費 150 元，計 60 人。〔註 3〕此時文協的會員人數，已達 400 餘人。一年以後，總務部報告一年以來的文協會務時，繳納會費的會員有 170 餘人，合計約 300 餘元。〔註 4〕這兩個資料顯示，繳納會費的會員人數占總會員人數的比例始終未能過半。

造成此種局面顯然並非作家們的主觀意願，而皆因戰爭這一非正常狀態。抗戰爆發以來，在戰爭的逼迫下，固有的穩定生活被戰爭打破，作家們不得不離開自熟悉的環境，或隨就職的機構內遷，或走上戰場，或到內地尋求新的機會，人員的流動性極大。隨著避難遷徙帶來的，還有經濟的窘迫。負責文協總務工作的老舍，在戰前已經是很有威望的名作家，當文協決定由武漢遷至重慶時，他連花錢買船票的事兒「想都不敢想。」〔註 5〕在抗戰時期，無論在戰前經濟狀況如何，作家們在抗戰時經濟狀況幾乎皆不理想。「會員散處各地，已有困難，再加上交通不便，郵遞阻滯，就無法徵收了。在最近幾個月中，大家的住處沒有一定，更無從催交會費；會刊上雖有啓事，可是寄發以後往往被郵局退回。還有，在軍隊或游擊隊中服務的會員，生活極苦，差不多連幾角錢也拿不出，會中即使知道他們的通信處，也不忍得催促了。」〔註 6〕於是，文協的會員會費更多的只能是一種象徵意義，「會員年費」的條例形同虛設。對維繫文協日常工作來說，尚需要更穩定的經費來源。而這樣穩定的經費來源，只能有賴政府的支持。

文協成立後即已經分別向中宣部、教育部、政治部申請經常補助。中宣

〔註 2〕《會務報告小引》，1938 年 5 月 4 日，《抗戰文藝》第一卷第一期。
〔註 3〕《總務部賬目公佈》，1938 年 7 月 30 日，《抗戰文藝》第 15 期。
〔註 4〕《總務部報告》，1939 年 4 月 10 日，《抗戰文藝》第 37 期。
〔註 5〕老舍，《八方風雨》，《老舍文集‧第十四卷》，人民文學出版社，1986 年出版。
〔註 6〕《總務部報告》，1939 年 4 月 10 日，《抗戰文藝》第 37 期。

部允諾每月補助 500 元，教育部允諾每月補助 200 元，政治部也給予文協經常補助每月 500 元。可是，允諾和經費實際到位之間還差著長長的一段距離，需要去跑、去要。爲了催促政府補助及時到位，1938 年 6 月 12 日，文協專門召開臨時理事會，決定由胡風和老舍負責到政治部接洽，姚蓬子、王平陵、沙雁、老舍就去找時任教育部次長的張道藩；陳紀瀅向中宣部催促發給補助。經過一番催促，教育部和中宣部的補助才在 7 月份到位。

除開政府固定的經費支持，文協經費來源中還有熱心人士的捐助。文協成立時曾收到熱心人士的特別捐，其中有：于右任 300 元，馮玉祥 375 元，邵力子 200 元，張道藩 100 元，陳眞如 25 元，白岫 5 元。在初期政府補助未到位，會員會費收取不易的情況下，這些特別捐助無疑大大推進了文協工作的啓動。這些特別捐助者幾乎無一不是當時政府的重要人物，于右任時任國民政府委員、檢察院院長；馮玉祥時任國民政府軍事委員會副委員長；邵力子則是當時的中宣部部長，張道藩爲教育部副部長。這也顯示文協成立時和政府保持了良好的關係。

此外，1939 年 3 月，遠在新加坡的文協常務理事郁達夫得知文協經費困難，遂在他主編的新加坡《星洲日報‧晨星》副刊上發起募捐活動，號召《晨星》的投稿者，將稿酬的一部分或全部捐出。後又在 7 月下旬，倡議《星洲日報》、《星中日報》、《總匯新報》各副刊，從 8 月 7 日至 12 月 2 日，聯合舉行捐助文協的文稿義賣周。前後所得捐款 1300 元，分三次匯出。1940 年 2 月 9 日《的星洲日報》曾刊出老舍收據手跡：「今收到郁達夫匯交文協捐款一千三百元整，舒舍予」。〔註 7〕

在經費的支持而外，文協得到會員、理事們直接、間接的支持不少。馮玉祥對老舍的支持即是一例。老舍在文協任職，是不拿一分報酬的，全憑著他對抗戰事業的熱忱和做事的熱心。文協決定撤離武漢遷往重慶，在老舍離開武漢的當天，馮玉祥派人送去當月薪金 100 元，路費 200 元〔註 8〕。當時，馮玉祥主辦了一份刊物《抗到底》，老舍和何容負責編輯。在把文協背到重慶的同時，老舍也負有將《抗到底》遷至重慶的職責。馮玉祥給老舍提供的個人薪金，也讓老舍沒有後顧之憂。

〔註 7〕 老舍，《致郁達夫‧一九四○年五月十五日》，《老舍書信集》，百花文藝出版社，1992 年出版，第 93 頁。

〔註 8〕 《民國史檔案資料叢書‧馮玉祥日記（五）》，第 507 頁，而林語堂在出國前夕將其在重慶北碚蔡鍔路二十四號的宅邸捐給文協總會作爲會址，無疑雪中送炭。當時因日軍轟炸重慶，文協在臨江門的總會已經受損嚴重，總務部遷至南泉，設立南泉會所。但北碚的會員人數比在南泉還多，很有必要再設一處會所。總務部側邊跟委託老向、以群、蕭伯青等在北碚尋覓會所地址。林語堂的捐助，則爲文協省下了一大筆錢，北碚會所可謂「得來全不費工夫」，連房子裏的所有的木器都借給文協使用，北碚會所的建立幾乎就沒有花什麼錢。

## 二

在做文協的總務部主任之前，老舍當過教師，做過獨立的作家，可能從未料及有一天會成爲全國最大的文藝界組織的管家。當管家不易，更何況當文協這樣一個責任重大卻經濟窘困的組織的管家。既然文協的每一分錢都來得不易，而文協又有那麼的計劃需要去實現，那麼多的活動需要開展，這使得老舍不得不小心謹慎的計劃著每一分錢的去處。

現根據《抗戰文藝》上的有關 1938 年的賬目報告，將該年度的支出梳理如下：

1.7 月之前：

①收入：2555 元

②支出：

| 支出項 | 7 月以前 |
|---|---|
| 籌備會欠款 | 371.5 |
| 出版部 | 714.3 |
| 津貼及工資（3 個月） | 135 |
| 修繕攤款 | 98.88 |
| 房租（2 個月） | 92.3 |
| 購置 | 46 |
| 前線慰勞旅費 | 41.24 |
| 木器租金 | 36.23 |
| 郵電 | 34.28 |
| 紙張信封 | 31.93 |

| 文具 | 24.69 |
|---|---|
| 雜項 | 22.45 |
| 園會茶資 | 21.09 |
| 印刷 | 15 |
| 稿費 | 15 |
| 歡迎反侵略會代表色斯攤款 | 13 |
| 薪炭 | 3.55 |
| 合計 | 1716.44 |

2・7～8 月：

①收入（含結餘）：1924.74 元

②支出：

| 支出項 | 7～8 月 |
|---|---|
| 出版部 | 400 |
| 稿費 | 123 |
| 津貼及工資 | 81 |
| 船票 | 50 |
| 房租 | 15.28 |
| 雜支 | 40.52 |
| 郵電 | 34.21 |
| 招待費 | 37.79 |
| 購置 | 21.59 |
| 印刷 | 17.3 |
| 紙張 | 14.99 |
| 煤電 | 6.2 |
| 文具 | 4.5 |
| 合計 | 846.4 |

3・9～10 月

①收入（含結餘）：2132.81 元

②支出：

| 支出項 | 9～10 月 |
| --- | --- |
| 出版部 | 710 |
| 稿費 | 121 |
| 津貼及工資 | 79 |
| 木器 | 72.45 |
| 房租 | 49.6 |
| 購置 | 41.7 |
| 油印機 | 40 |
| 雜支 | 31.44 |
| 紙張 | 17.55 |
| 魯迅紀念會捐款 | 20 |
| 郵電 | 15.24 |
| 文具 | 8.54 |
| 水電 | 7.37 |
| 合計 | 1214 |

4．11～12 月

①收入（含結餘）：3025.46 元

②支出：

| 支出項 | 11～12 月 |
| --- | --- |
| 出版部 | 700 |
| 津貼及工資 | 130 |
| 房租 | 90 |
| 稿費 | 45 |
| 木器 | 43.25 |
| 郵電 | 40.16 |
| 雜支 | 37.49 |
| 購置 | 30.95 |
| 印刷 | 29.45 |
| 紙張 | 21.77 |
| 水電 | 17.28 |
| 文具 | 13.85 |
| 合計 | 1199 |

從以上資料可以看出，每個月的固定支出中，占比例最大的是出版部，會刊《抗戰文藝》的出版印刷是文協活動的重要板塊。出版部在第三卷第十一期公佈了從第 17 期到 34 期出版《抗戰文藝》的賬目。每一期出版《抗戰文藝》最多的支出都在廣告費和印刷費上。每一期《抗戰文藝》出版前都要登載廣告，從支付的廣告費來看，登載《抗戰文藝》廣告的有《時事新報》、《新蜀報》、《大公報》、《新華日報》，這些都是當時重慶較有影響力的媒體。每期《抗戰文藝》出版前，出版部都會同時在兩個以上的媒體上進行宣傳。這樣的宣傳無疑有助於擴大《抗戰文藝》的知名度，卻似乎不能給文協帶來更多的收入。

除開公開發行，會刊每月要送給會員與補助機關，其中中宣部就要送 500 本，不但不指望賺錢，每月還要賠上五、六百元。此外，還有送到前線去的增刊，在香港出版著《英文會刊》等等，都是無法考慮收益的。《抗戰文藝》的定價，從最初的三日刊零售價一本三分錢，變為周刊後一本五分錢，調整至九元一本，因通貨膨脹 1944 年出版的第九卷第五六期合刊甚至賣到了 120 元。如果銷量好，自然可以為文協增加一筆收入。可惜戰火阻斷交通，會刊在重慶復刊以後，只能行銷於重慶，昆明，貴陽，成都這幾個鄰近城市。「於是，每期只能印五千份，求出支相抵已自不易，更說不到賺錢了。」〔註 9〕除此之外，每個月還要協助分會 100 元。文協每個月的那一千多固定收入，則幾乎不敷使用。

文協經費不充裕，雖按章程應該聘請幹事若干，事實卻是只能請一個拿酬金的專職幹事，前期聘請的專職幹事為蕭伯青，後期為梅林。這個幹事名義上屬於總務部，實際需要兼管各項事務，「須幫著出版部校對印稿，代研究部保管圖書……一天到晚沒有空閒。」〔註 10〕一直負責打理文協事務的老舍，不但從不在文協拿一分報酬，有時甚至還自掏腰包為文協的事兒張羅。

文協總會會址的選取也是經過慎重考慮的。最早在武漢的會址，是與中國文藝社及戲劇協會合租，「既省租金，且頗熱鬧。」文藝社遷走後，劇協也不打算繼續住下去，文協就開始考慮另租小屋。再後來，總務部和出版部分

〔註 9〕 老舍，《八方風雨》，《老舍選集・第五卷》，四川文藝出版社，1986 年出版，第 97 頁。

〔註 10〕 《一年來文協會務的檢討》，《老舍文集・第十五卷》，人民文學出版社，1986 年出版，第 561 頁。

別租房，都是臨時和朋友分租。這是在文協成立不久的時候，為會所的事情已經大費周折。老舍感慨：「發起一個組織，和要結婚一樣，事前全是理想，事後乃須將精神落在煤米柴炭上。團體成立，比家庭安置更難。」「一切交給總務部，而總務部職員遂埋在事務底下，有苦道不出。」「外邊也許以為會中表現者太少，而不知辦事者早已跑酸了腿。」〔註 11〕

現代文學獨立於古典文學的標誌之一，就是現代文學和現代的經濟形態建立了更密切的聯繫。寫作成了獨立的職業，作家可以以寫作為生，稿費和版稅成為作家經濟生活的重要來源。辦刊，稿費支出應該在所有的支出中佔據重要部分。而最初《抗戰文藝》是沒有稿費的，會員們給會刊寄稿，都不收取報酬。所以在 7 月之前，稿酬總計才 15 元。直到文協由武漢遷重慶期間，考慮到文協無法給大家提供車船費，就以稿酬的形式發會員們一些補貼，因此 7～10 月的稿酬也在支出中佔了重要部分。可似乎大家領取稿酬的積極性並不高，「就是這麼連勸帶讓，也才只有十來位領取的。」稿酬在作家的經濟收入的重要構成，文藝界常有為稿酬和版權爭論不休甚至打官司的，到了文協這裡，拿稿酬還得又勸又讓。

至於維繫文協日常運作的一些開銷，如水電、文具、郵電等雜支，是一直收到老舍的嚴格控制，前期的月開銷基本都在兩百元以內的。「我們開茶會，會員自己掏茶資；我們聚餐，大家出飯費。除了開年會，我們不曾把錢花在點心茶飯上過。會中印好的信紙信封是為寫公函用的，會員們和理事們全未揩過油，而理事們為會中通信，幾乎永遠是白賠郵票。」〔註 12〕

## 三

通貨膨脹自戰爭開始就初現苗頭，可在戰爭剛開始的幾年，似乎還不致於影響人們的生活。尤其是歷經顛簸，內遷到重慶的人們，低廉的物價甚至給了他們意外安慰。老舍感歎，「四川的東西可真便宜，一角錢買十個很大的燒餅，一個銅板買一束鮮桂圓。好吧，天雖熱，而物價低，生活容易，我們的心中涼爽了一點。」〔註 13〕胡風和夫人梅志帶著兒子在萬縣候船去重慶，

〔註 11〕《關於文協》，《老舍文集・第十五卷》，人民文學出版社，1986 年出版，第 568 頁。

〔註 12〕《五年來的文協》，《老舍文集・第十五卷》，人民文學出版社，1986 年出版，第 588 頁。

〔註 13〕《八方風雨》，《老舍選集・第五卷》，四川文藝出版社，1986 年出版，第 102

梅志「簡直不相信她手中銅板的價値了。一個銅板可以買到三個大橘子。」「挑擔賣的青菜蘿蔔，一個銅板就能買一斤。」〔註 14〕

可惜樂觀的局面，進入 1940 年後就逐漸被打破。1940 年食品價格開始猛漲，衝擊著人們的日常生活，「1940 年和 1941 年，重慶的食品價格暴漲了將近 1400%。」〔註 15〕《康橋中華民國史》上有 1937～1945 年四川幾個階層民眾的購買力指數比較，在教授、士兵、公務員、產業工人、農民、農民工人幾個群體中，購買力縮水最厲害的即爲教授群體，其次爲公務員。在文協成立的前兩年，儘管窘迫，力求節省之下，畢竟還能維繫。但 1940 年以後，在越來越厲害的通貨膨脹衝擊下，連支撐局面似乎都難以做到了。

政治部的補助也不按月發放了，甚至連拖 10 個月一文不發。老舍對此很是無奈，「催也白費力，不催則連盼望也無。」〔註 16〕1940 年 5 月，文協辦公地點又在大轟炸中遭到破壞，不得不在南泉和北碚各設一會所，總務部的開銷漲了兩三倍。不得不向政治部懇請，補發了補助金。同時還得向社會部申請補助，得到每月補助 300 元。可惜增加的補助和飛漲的物價相比，無疑杯水車薪。雖是極度縮減開支，甚至到了冬季，北碚會所停止生活，辭退工友。到了後來，連會刊的出版都成了問題。在文協從武漢遷到重慶的過程中，會務幾乎處於停頓狀態，會刊卻一直堅持出版。而此時則不斷脫期，1942 年 1 月 9 日的《總務部報告》竟不得不委託《新蜀報》發表。省到了極點，也控制不住每月的開銷從「由二百元左右漲到六七百元。《抗戰文藝》稿金，每期約需三四百元。僅此兩項，已將入不敷出；後半年中，印刷困難，會刊脫期，支出較少，收支遂得勉強相抵。」這個時候，連稿費都難以付清，尚需「文藝獎助金文員會補助」〔註 17〕。

轟炸迫使作家們不得不疏散到重慶郊外，通貨膨脹則讓他們感到了前所未有的生存壓力。戰時的生活日益嚴峻，連一向樂觀的老舍也開始也感到了苦悶。1943 年老舍夫人胡絜青帶著孩子們來到北碚。老舍正在江蘇醫學院做手術，身

頁。

〔註 14〕胡風，《胡風回憶錄》，人民文學出版社，1993 年出版，第 134 頁。

〔註 15〕費正清編，《通貨膨脹災難》，《康橋中華民國史・第十一章》，中國科學出版社，1994 年出版，第 397 頁。

〔註 16〕老舍，《致郁達夫，1940 年 1 月 20 日》，《老舍書信集》，百花文藝出版社，1992 年出版，第 89 頁。

〔註 17〕老舍，《民國三十年會務略報》，《老舍文集・第十五卷》，人民文學出版社，1986 年出版，第 639 頁。

體越來越差，貧血，打擺子的毛病時不時的找著他，生活壓力增大，「身體不好，家屬又來，此後吃飯第一，恐難管文協事務矣。」〔註 18〕從那以後，老舍長期住在北碚，除了文協有非常重要的事，他到重慶的時間越來越少，身體和經濟條件均不允許。爲了省錢，老舍戒酒、戒煙。他的心情變得糟糕，「很願入城一遊，惜錢與車都不方便耳。」「甚盼來碚，苦悶得像一條鎖在柱子上的啞狗！」「頭暈，心緒惡，老想死了倒乾脆。」〔註 19〕

生存危機威脅著每一個人，經費捉襟見肘，文協活動還在繼續開展，可它已經無法主動籌劃活動了，辦事就得花錢，「在今天的生活困難情形下，常教大家賠錢，也有些不忍吧。」〔註 20〕正如老舍後來總結文協工作時，認爲造成文協所有缺陷的重要原因之一就是「人少錢少，想得到而做不來」。〔註 21〕受到經濟的約束，文協的活動漸漸進入停滯狀態。

【作者簡介】

黃菊（1976～），重慶人，四川大學文學與新聞學院 2010 級博士生，主要從事中國現當代文學研究。

〔註 18〕老舍，《致陳白塵》，《老舍書信集》，百花文藝出版社，1992 年出版，第 148 頁。

〔註 19〕老舍，《致王冶秋》，《老舍書信集》，百花文藝出版社，1992 年出版，第 156～157 頁。

〔註 20〕老舍，《五年來的文協》，《老舍文集・第十五卷》，人民文學出版社，1986 年出版，第 592 頁。

〔註 21〕老舍：《文協的過去與未來》，《抗戰文藝》第十卷第六期。